Toutânkhamon
l'ultime secret

CHRISTIAN JACQ

Toutânkhamon l'ultime secret

ÉDITIONS FRANCE LOISIRS

Édition du Club France Loisirs,
avec l'autorisation des Éditions XO

Édition France Loisirs,
123, boulevard de Grenelle, Paris
www.franceloisirs.com

ISBN : 978-2-298-01523-2

Le mystère de la vie continue à nous échapper. Les ombres s'agitent, mais ne se dissipent jamais complètement.

Howard Carter, découvreur
de la tombe de Toutânkhamon.

Ce récit appartient probablement au domaine de la fiction. Néanmoins, j'ai dû modifier les noms d'un certain nombre de personnages, car, paraît-il, la vérité peut parfois n'être pas vraisemblable.

Ch. J.

1

Voulez-vous savoir qui vous êtes vraiment ? Soyez au Caire dans quinze jours, le 28 avril 1951. Rendez-vous à l'église Saint-Serge, à 20 heures. On vous contactera. Ainsi, vous aurez une chance de savoir. Sinon, vous resterez à jamais un inconnu pour vous-même. Et votre existence n'aura été qu'illusion et trompe-l'œil.

En relisant pour la dixième fois cet incroyable message, Mark Wilder heurta un promeneur. Confus, il s'excusa, leva la tête et vit l'obélisque érigé à Central Park en 1881. Il avait été baptisé « aiguille de Cléopâtre », mais, en réalité, était l'œuvre d'un des plus grands pharaons de l'Égypte ancienne, Thoutmosis III. Placé sous la protection du dieu des sages, Thot, ce monarque avait connu un long règne[1] et rédigé le *Livre de la chambre cachée*, destiné à faire revivre l'âme royale au cœur de la lumière.

Marchant au hasard, Mark Wilder ne s'attendait pas à cette rencontre avec la pierre dressée qui perçait les nuages et attirait les forces posi-

1. 1504-1450 avant J.-C.

tives. Les hiéroglyphes gravés sur l'obélisque évoquaient la fête de régénération de Thoutmosis III et sa capacité à transmettre magiquement l'énergie céleste à l'espèce humaine. Un univers fort éloigné de l'agitation new-yorkaise et du monde féroce des avocats d'affaires dont Mark Wilder était l'un des plus brillants représentants. Si brillant qu'on lui promettait une belle carrière politique débouchant, au moins, sur un poste de sénateur. Repéré par les hommes d'influence de l'entourage présidentiel, il faisait l'unanimité. Parfait symbole du miracle américain, il possédait les qualités requises pour occuper de hautes fonctions au service de la patrie.

Mais Mark voulait reprendre son souffle. Âgé de quarante-deux ans, il était pourtant en pleine forme, courait le marathon et tenait tête à d'excellents joueurs de tennis. N'ayant plus rien à prouver dans son métier où il accumulait les succès, à la tête d'une jolie fortune, célibataire endurci, il avait décidé de prendre une année sabbatique et de s'offrir le tour du monde afin de se laver l'esprit en découvrant d'autres pays et d'autres cultures. Son bras droit, Dutsy Malone, saurait tenir le cabinet et gérer les affaires courantes. En cas d'urgence, il parviendrait bien à joindre le patron.

Alors qu'il consultait son programme de voyage, Mark avait reçu cette lettre surprenante en provenance du Caire. En apparence, une plaisanterie idiote ! Un mois plus tôt, aux prises avec un adversaire coriace qu'il avait fini par terrasser, il l'aurait jetée à la corbeille. À la veille de son départ, il s'interrogeait. Son instinct de chasseur le mettait en garde contre une réaction trop rationnelle.

Arpentant Central Park à grandes enjambées, Mark regagna son luxueux bureau de Manhattan. Marcher lui avait souvent permis de trouver des solutions à des problèmes complexes, et il persistait à éviter au maximum la voiture et les ascenseurs.

Les trois premiers mois de cette année 1951 avaient été marqués par des triomphes retentissants de son cabinet, considéré comme le plus performant de New York. Les meilleurs techniciens se bousculaient pour appartenir à son équipe, mais il fallait franchir l'obstacle de Dutsy Malone, au nez infaillible.

Dutsy, le confident de Mark et son seul véritable ami. Il n'était pas jaloux de son patron, se satisfaisait pleinement de son rôle de second, vivait un rare bonheur familial grâce à une épouse épanouie et deux superbes fillettes.

— Ah, te revoilà ! s'exclama Dutsy en tirant une bouffée de son cigare cubain. Avant de t'éclipser, tu devrais me donner ton avis sur trois énormes dossiers. Ensuite, je m'occuperai de l'intendance. Et comme ton année de repos ne dépassera pas trois semaines, la vie normale reprendra bientôt son cours. Trois semaines, j'exagère… Au bout de quinze jours d'hôtels, de plages, de filles aussi jolies qu'idiotes et de visites guidées à mourir d'ennui, tu reprendras le premier avion pour New York !

Sûr de son pronostic, Dutsy Malone fit claquer ses larges bretelles à fleurs tout en contemplant l'homme à la force paisible, au large front, aux yeux marron et à l'allure sportive pour lequel il éprouvait depuis toujours une vive admiration.

— Que penses-tu de cette lettre ? demanda Mark en lui soumettant le document.

Dutsy s'étrangla.

— Du pur délire ! Tu ne vas quand même pas attacher la moindre importance aux divagations d'un aliéné ? Et ce n'est même pas signé !

— Je ne connais pas l'Égypte. Une première escale plutôt attirante.

— Moi, l'Égypte, je la connais : une véritable poudrière ! Aurais-tu oublié la guerre de 1948 ? Les Israéliens ont battu les Égyptiens à plate couture, et Le Caire a connu de graves troubles. On ne comptait plus les attentats commis contre les commerces occidentaux, les grands magasins, les cinémas, les bureaux des sociétés anglaises et françaises, et, bien entendu, les établissements juifs. Des bombes ont explosé dans le quartier juif et causé des dizaines de victimes.

— La guerre est terminée, Dutsy.

— Détrompe-toi ! Depuis la reconnaissance de l'État d'Israël par les puissances occidentales, la situation demeure extrêmement tendue. L'Égypte n'a pas conclu la paix, mais signé un armistice qui peut être rompu à tout moment.

— Le roi Farouk[1] ne passe pas pour un conquérant sanguinaire, objecta Mark Wilder.

— Il est tordu et patient. Pendant l'été 1948, il a mis sous séquestre de nombreux biens appartenant à des Occidentaux. Les plus chanceux étaient absents d'Égypte, les autres ont été emprisonnés. Beaucoup de résidents, vivant depuis longtemps dans le pays, ont été spoliés. Et les soldats de Farouk, assistés de sa police politique, n'ont pas hésité à commettre des assassinats et à tuer des militaires français. Seuls les Anglais parviennent à lui tenir tête. Mais il veut les chasser, récupérer le canal de Suez et s'affirmer comme le chef spirituel et temporel du Moyen-Orient.

Mark sourit.

— D'après les magazines, il passe plutôt son temps à jouer des sommes folles dans les casinos d'Alexandrie, de Monte-Carlo et de Deauville.

Dutsy Malone mastiqua son cigare.

— D'accord, ce gros plein de soupe est un sacré flambeur ! Il peut perdre plus de cinquante mille dollars en une seule soirée, paraît-il. Il n'en reste pas moins un type dangereux qui élimine tous ses opposants.

— Tel n'est pas mon cas, observa l'avocat. Un simple touriste ne menacera pas son trône.

— N'y va pas, Mark. Tu perdras ton temps. Va te prélasser quelques jours aux Caraïbes et reviens vite.

---

1. Sur Farouk, voir J. Bernard-Derosne, *Farouk, la déchéance d'un roi*, Paris, 1953 ; A. Sabet, *Farouk, un roi trahi*, Paris, 1990 ; G. Sinoué, *Le Colonel et l'Enfant-roi*, Paris, 2006.

— Savoir qui je suis vraiment… C'est tentant.

— Bon Dieu de bon Dieu ! Toi, tomber dans un tel traquenard ?

— La vie est parfois étrange, Dutsy. Ne m'offre-t-elle pas l'occasion de percer un mystère ?

De son poing fermé, Malone se frappa le front.

— Et voilà qu'il nous fait de la métaphysique ! File t'amuser au Caire, va voir les pyramides et ton église Saint-Serge, dis bonjour au sphinx de ma part, et rapplique. Ici, on a du travail.

2

Au cœur du Vieux Caire, l'abbé Pacôme coulait une vieillesse paisible. Le temps semblait avoir oublié le vieil érudit qui possédait une immense bibliothèque où se côtoyaient textes égyptiens, coptes, grecs et araméens. Capable de lire les hiéroglyphes, l'abbé recevait volontiers de jeunes chercheurs auxquels il donnait de précieux conseils.

Ce matin-là, sa visiteuse, une commerçante très agitée, recherchait une autre forme de science.

— Mon père, aidez-moi, je vous en supplie !

— Que vous arrive-t-il, mon enfant ?

— Je suis possédée du démon !

— Pourquoi cette certitude ?

— Les clients ne m'achètent plus de paniers, mon mari se désintéresse de moi, mes enfants ne cessent de m'agresser !

— Une mauvaise passe.

— Non, mon père, le démon ! Hier, mes mains se sont couvertes de sang. Chaque nuit, mon lit remue, les meubles gémissent et une forme noire traverse la maison en riant ! Délivrez-moi, je vous en supplie.

— Avez-vous consulté votre curé ?

— Il ne peut rien pour moi ! Chacun sait que vous êtes le plus grand magicien du Caire et que vous avez déjà sauvé des centaines de victimes du démon. Ne m'abandonnez pas, par pitié !

— Voyons cela.

Les yeux remplis d'espoir, la commerçante se laissa examiner.

L'abbé Pacôme palpa ses extrémités, posa l'oreille sur son cœur et la main sur sa nuque.

— Aucun doute, conclut-il. Vous êtes bien la proie d'un *afarit*, une créature agressive qui ronge votre souffle et corrompt votre sang.

— Vous... Vous allez me sauver ?

— Je vais essayer. Agenouillez-vous et priez la Vierge.

La possédée s'exécuta.

L'abbé se vêtit d'une longue robe blanche, seule couleur permettant de communiquer avec l'invisible.

Puis il consulta un grimoire datant de l'époque des Ptolémées et prononça une série de formules fort anciennes s'adressant au roi des démons. Il le contraignit ainsi à lui répondre et à lui révéler l'identité de l'*afarit* qui tourmentait la malheureuse. Un rongeur virulent, mandaté par une parente jalouse.

Pacôme façonna une statue de cire, y grava le nom de l'agresseur et la fit rôtir dans une coupelle de bronze.

Grimaçante, la possédée tomba sur le dos, les bras en croix.

Pendant que les flammes consumaient l'*afarit*, l'abbé brûla de l'encens et versa de l'eau bénite sur le front, la poitrine, les mains et les pieds de la patiente.

Apaisée, elle se releva.

— Je me sens bien, si bien !

— Vous êtes délivrée, mon enfant. Peignez en rouge la porte de votre chambre à coucher et portez sur vous ce talisman.

Le vieillard remit à la jeune femme un petit carré de lin couvert de signes indéchiffrables.

— Mon père... Comment vous remercier ! Je vous donnerai la moitié de ce que je possède, je...

— Je ne veux rien, mon enfant. Vous voir guérie me suffit.

La commerçante embrassa les mains de l'exorciste.

— Que Dieu vous garde longtemps en vie, mon père !

— Qu'il soit fait selon Sa volonté.

Légère, heureuse, la commerçante s'éclipsa.

Pacôme, lui, ferma la porte de son domaine à double tour et pénétra dans un local souterrain dont lui seul connaissait l'existence.

Qui aurait pu supposer que sous l'habit d'un moine copte vénéré par toute la communauté chrétienne du Caire se cachait le dernier prêtre du dieu Amon ? Malgré la christianisation de l'Égypte, à laquelle avait succédé l'invasion arabe, la tradition initiatique des Anciens ne s'était jamais interrompue. Certes, la plupart des adeptes avaient quitté une terre devenue inhospitalière pour se réfugier en Occident, y fonder des communautés et y bâtir des cathédrales où, sous une forme symbolique, le message continuait à être formulé. Mais quelques clans avaient survécu tant bien que mal en Égypte même.

Aujourd'hui, cette longue lignée menaçait de s'éteindre.

La chapelle souterraine de Pacôme était une demeure d'éternité bâtie par ses ancêtres lors des dernières lueurs de la civilisation pharaonique. Un seuil de granit rose, un sol en argent, deux piliers en forme de lotus, un socle pour la barque solaire en acacia, une table d'offrandes et un naos contenant la statuette en or de la déesse Maât, incarnation de la rectitude et de la justesse de l'Univers.

Chaque matin, au nom des initiés passés à l'Orient éternel, Pacôme, dont le nom signifiait « Fidèle de Khnoum », le dieu potier à tête de bélier chargé de façonner des êtres vivants sur son tour, célébrait le rituel d'éveil des puissances divines. Il préservait ainsi une parcelle d'harmonie dans un monde en proie aux pires folies, aux désordres et à la cruauté.

Bientôt, son cœur cesserait de battre, et il rejoindrait ses ancêtres. Auparavant, il devait transmettre l'information capitale qu'il détenait, sans pouvoir l'exploiter lui-même, et remplir une mission dont l'importance dépassait sa personne et son époque. Cette démarche serait peut-être inutile, mais il avait promis de l'accomplir et tiendrait la parole donnée, sous peine d'être condamné par le tribunal d'Osiris et de voir son âme jetée en pâture à la dévoreuse.

Aussi le dernier prêtre d'Amon avait-il écrit à Mark Wilder pour le convier à un entretien au cours duquel il lui révélerait sa véritable identité.

Mais un brillant avocat d'affaires américain, aux ambitions illimitées, accorderait-il le moindre intérêt à une lettre aussi étrange ?

Pacôme prononça les formules de « sortie à la voix », d'« offrande que donne Pharaon » et de « venue en paix » de l'âme réunie, formée de Râ, le soleil du jour, et d'Osiris, celui de la nuit. Une douce lumière emplit le sanctuaire, et le célébrant se sentit transporté auprès de ses prédécesseurs qui, pendant des millénaires, avaient maintenu le lien entre le visible et l'invisible.

Amon, « le dieu caché », le Un engendrant le multiple tout en demeurant Un, accepterait-il de lui répondre ?

Au terme du rituel, Pacôme regarda le double de la lettre qu'il avait envoyée à Mark Wilder.

Au bas du document s'était inscrit le hiéroglyphe des deux jambes en mouvement dont la signification ne souffrait d'aucune obscurité : Mark Wilder viendrait.

3

Mark Wilder s'était endormi dès le décollage pour ne se réveiller qu'à l'atterrissage au Caire. L'avion lui apparaissait comme le lieu de détente idéal. En plein ciel, injoignable, il pouvait enfin s'abandonner à un sommeil réparateur.

Les formalités de débarquement s'effectuèrent dans un joyeux tohu-bohu, bien que policiers et douaniers n'eussent pas la mine particulièrement aimable. En récupérant ses bagages, l'avocat apprit son premier mot arabe, l'un des plus importants : *bakchich,* « pourboire ». L'art suprême consistait à le doser en fonction de l'interlocuteur. Bâti en plein désert, à proximité d'Héliopolis, site antique devenu une banlieue chic de la capitale, l'aéroport reliait au monde moderne la vieille terre des pharaons.

Alors qu'il recherchait le correspondant chargé de l'accueillir, selon la promesse de l'agence de voyages, une forte voix l'interpella :

— Mark ! C'est toi… C'est bien toi ?

— John !

— Ça me fait rudement plaisir de te revoir ! Tourisme ou affaires ?

— Tourisme.
— Ton hôtel ?
— Mena House.
— Excellent choix ! Si tu veux, je t'emmène.
Mark aperçut un petit gabarit qui, peinant à surnager, brandissait un panneau à son nom.
— On m'attend et…
— Ne t'inquiète pas, je règle le problème.
Le petit gabarit parut particulièrement satisfait de son bakchich, et John s'empara du chariot à bagages.
— Je ne voudrais pas perturber ton emploi du temps, avança Mark.
— Tu viens de débarquer en Orient, mon vieux ! Ici, les heures sont élastiques. Rassure-toi : j'ai accompagné un client à l'aéroport, et mon prochain rendez-vous est fixé aux environs de minuit chez un homme politique. Le Caire ne dort jamais. Et l'après-midi, les fonctionnaires font une longue sieste.
La quarantaine alerte, très brun, de taille moyenne, John Hopkins était un négociant international au contact facile. L'intelligence déliée, grand voyageur, capable de conclure des contrats complexes avec des pays douteux, il avait eu plusieurs fois recours au cabinet de Mark Wilder et s'en était toujours félicité. Au-delà des relations d'affaires, les deux hommes avaient sympathisé et s'étaient offert quelques belles parties de tennis âprement disputées avant de se livrer aux joies de la gastronomie.
La Mercedes de John Hopkins s'engagea dans une circulation démente.

— La seule règle du code de la route, précisa-t-il, c'est d'intimider l'adversaire. Les panneaux sont purement décoratifs. Bienvenue au Caire, Mark ! Une ville épuisante, à la fois simple et compliquée. À l'est, les vieux quartiers, avec un nombre incalculable de mosquées et de palais plus ou moins en ruine ; à l'ouest, les quartiers modernes, un morceau d'Europe avec hôtels, magasins et clubs privés. On y donne de superbes réceptions où les élégantes se bousculent. Quand on a de l'argent, la belle vie !

La Mercedes dépassa un autobus bondé. Des grappes humaines s'accrochaient aux fenêtres.

— La surpopulation, c'est le problème majeur, précisa John. Seize millions d'habitants au Caire en 1930, bientôt vingt-cinq ! Et ça risque de continuer à grande vitesse. Les paysans ne cessent de quitter leurs campagnes pour venir s'installer en ville où ils espèrent trouver de meilleures conditions de vie. Et les interdictions du gouvernement ne les arrêtent pas. On construit un peu partout des immeubles à la va-vite, et les gens s'entassent dans des locaux souvent insalubres. De quoi préparer une belle explosion. Pourtant, le pays est riche, et les industries locales marchent plutôt bien. Mais seule une très petite minorité en profite au maximum. Et l'autre ennui, c'est l'inflation galopante qui ruine les classes moyennes. Bref, richesse et misère se côtoient de manière surprenante. Parfois, on rationne la farine, le sucre ou le pétrole. Et moins de 2 % des Égyptiens possèdent plus de la moitié des terres cultivables. Ajoute à tout ça la rancœur et la déception du peuple après la récente défaite militaire de 1948, et tu comprendras la gravité de la situation.

— Toi, pourquoi te trouves-tu ici ? demanda Mark.

— Le coton. J'ai beaucoup investi et je veux récupérer ma mise. Malheureusement, un scandale vient d'éclater à la Bourse d'Alexandrie. Des spéculateurs ont manipulé les cours et se sont fait pincer ! Comme l'épouse d'un ministre aurait participé à la fraude, la colère gronde. Dis donc, Mark… Si tu me donnais un petit coup de main pour moraliser un peu tout ça ?

— Je prends des vacances, John.

— Te connaissant, elles ne dureront pas plus d'une semaine !

— J'ai besoin de repos, et il y a sûrement beaucoup à voir, en Égypte.

— Tu ne seras pas déçu ! Mais quand même… Tu reprendras vite goût au travail et j'aurais vraiment besoin de ton aide afin d'éviter un désastre.

— On verra, John. Attention !

Alors que la Mercedes passait devant l'Opéra, un bolide rouge lui coupa la route.

D'un coup de volant rageur, John parvint à éviter le choc et frôla un groupe de piétons qui poussèrent des cris d'effroi avant de s'immobiliser à quelques centimètres du trottoir.

— Ce fou furieux mériterait la prison ! Mais personne n'osera l'arrêter.

— Pourquoi ? s'étonna Mark.

— Parce qu'il s'agit du roi Farouk en personne ! Ses Rolls-Royce et ses Cadillac, il les conduit comme un malade, en écrasant sans cesse le champignon. Tu as vu la couleur de cette bombe roulante ? Rouge vif ! Elle est réservée à son immense parc automobile, de manière que la police de la route ne l'intercepte pas. Pourtant, à l'âge de vingt-quatre ans, il a eu un grave accident. Mais on jurerait que ça lui donne envie d'aller encore plus vite ! Un jour, un autre psychopathe a tenté de le dépasser… Le roi lui a tiré dans les pneus ! Et les oreilles des Cairotes sont pleines des klaxons hurlants de Farouk qui imitent soit une sonnerie de clairon, soit un refrain d'orgue de Barbarie, soit les gémissements d'un chien écrasé.

— Et c'est ce bonhomme-là qui gouverne l'Égypte ?

— Pour le moment, Mark, pour le moment ! Il faut reconnaître que sa politique se montre efficace et que l'armée, malgré une grogne montante, continue à lui obéir. Enfin, oublie tout ça et prends du bon temps. Au Mena House, ce ne sera pas difficile.

Situé au pied des pyramides, le luxueux hôtel avait été, à l'origine, un pavillon de chasse du khédive Ismaïl. Puis, en 1869, lors des fêtes célébrées à l'occasion de l'ouverture du canal de Suez, le bâtiment avait accueilli des hôtes illustres avant de s'ouvrir au tourisme. Les Anglais appréciaient la terrasse ombragée où l'heure du thé devenait un véritable délice. Meublées à l'orientale, de vastes chambres évoquaient un palais des Mille et Une Nuits. Au cœur du jardin entretenu avec un soin extrême, la piscine apparaissait comme une oasis où l'on ne pouvait que rêver et se détendre.

Un personnel dévoué s'occupa des bagages de Mark, et un maître d'hôtel attentionné offrit sa meilleure table aux deux Américains.

— Je viens souvent ici, avoua John. Le coin est tranquille, loin de l'agitation du Caire. Je te conseille de la laitue et des petits oignons frais pour commencer. Ensuite, l'agneau rôti aux raisins de Corinthe devrait te convenir. Et nous aurons même un vin français !

Mark Wilder éprouvait d'étranges sensations. Pour la première fois de son existence, il manquait de repères et se demandait s'il avait vraiment atterri. Toute proche, la grande pyramide de Khéops était l'impressionnant témoin de cet entretien auquel il ne s'attendait pas.

Il venait à peine d'effleurer l'Égypte et, cependant, il savait déjà qu'elle ne ressemblait à aucun autre pays. Malgré la modernité, la magie du passé n'avait pas disparu. Et, quoi qu'il advienne, il ne regretterait pas d'avoir contemplé ce ciel-là, d'un bleu au charme inoubliable, et respiré cet air-là, d'une pureté naissant de son alliance avec le désert.

— Une idée farfelue me traverse l'esprit, John. Ne serais-tu pas l'auteur de cette lettre ?

L'avocat remit le document à son ami qui le lut rapidement.

— Non, Mark, je n'ai pas écrit cet appel surprenant ! Sinon, je l'aurais signé. Et puis non, je ne t'aurais pas contacté ainsi ! « Savoir qui vous êtes vraiment »... Qu'est-ce que ça signifie ?

— Je ne tarderai peut-être pas à comprendre.

— À première vue, il s'agit d'une plaisanterie.

— Elle m'aura au moins permis de découvrir l'Égypte.

— Le Vieux Caire mérite d'être visité, et Saint-Serge est une belle église. N'oublie quand même pas les pyramides !

— Rassure-toi, je leur réserve ma première visite.

— Ne paresse pas trop longtemps. Dès que tu le jugeras bon, appelle-moi à ce numéro, et nous parlerons de mes problèmes de coton. Tu ne le regretteras pas, je me montrerai généreux. À bientôt. Mark.

L'avocat glissa dans la poche de sa veste la carte de visite de John Hopkins. Grisé par la splendeur du paysage, il sortit du Mena House et se dirigea vers le plateau des pyramides.

4

Une excellente nuit, un somptueux petit déjeuner dans le jardin du Mena House, la visite de la grande pyramide de Khéops, une longue promenade sur le plateau de Guizeh pour mieux apprécier les trois pyramides... Mark Wilder avait oublié les affaires, New York, l'Amérique et le monde moderne. Fasciné par la perfection des géants de pierre, il se sentait à la fois réduit à une sorte de néant et appelé vers la lumière d'un soleil si généreux qu'il écartait du site bien des touristes incapables d'affronter une forte chaleur. D'après les autochtones, cette fin du mois d'avril battait des records.

Au coucher du soleil, Mark songea de nouveau à son étrange rendez-vous. Il s'offrit une bière locale avant de se doucher et de se vêtir d'un costume léger.

À peine sortait-il de l'hôtel qu'un taxi flambant neuf s'immobilisa devant le perron. Un quinquagénaire bedonnant et souriant en jaillit.

— À votre service ! Personne ne connaît Le Caire mieux que moi. Où désirez-vous aller ?

— Le Vieux Caire.

— Montez, je vous fais un bon prix.

— On discute d'abord.

Vu la propreté du véhicule, l'avocat ne lésina pas.

— Je m'appelle Hosni et j'ai huit enfants, révéla le chauffeur. De quel pays venez-vous ?

— Amérique.

— On les aime bien, les Américains ! Ils ont lutté pour la liberté. Les Anglais et les Français, ce sont des colonisateurs. Quand ils partiront, on ne les regrettera pas. C'est votre premier séjour en Égypte ?

— Exact.

— Bienvenue chez nous ! L'hospitalité, ici, c'est sacré. Vous restez longtemps ?

— Ça dépendra.

— Surtout, ne vous pressez pas ! Il faut savoir apprécier chaque moment et découvrir peu à peu le charme du Caire. Vous commencez par les églises chrétiennes ?

— En effet.

— Chrétiens et musulmans, on vit en paix. Autrefois, les juifs étaient tolérés. À cause de la création de l'État d'Israël et de la guerre de 1948, ils sont partis. *Inch Allah !* N'oubliez pas de visiter les mosquées, elles sont splendides.

— Je n'y manquerai pas.

— Quel est votre métier ?

— Les affaires.

— Ah, les affaires ! J'aurais aimé m'y lancer, moi aussi. Mais Dieu ne l'a pas voulu. Après votre séjour au Caire, irez-vous à Louxor ?

— Je ne sais pas encore.
— À cause des affaires ?
— C'est ça.

Cet interrogatoire commençait à irriter Mark. Perceptif, le chauffeur se concentra sur sa conduite, laquelle réclamait une réelle dextérité.

En abordant les vieux quartiers, l'avocat découvrit un monde bariolé qui aurait épouvanté bon nombre de membres de la haute société américaine : ânes chargés de luzerne, sols boueux, odeurs pestilentielles et parfum des épices, cuisine en plein air, femmes voilées de noir côtoyant des jeunes filles vêtues à l'occidentale, personnages costumés et coiffés du tarbouche croisant des hommes portant la *galabieh*, la robe traditionnelle aux couleurs variées, des poulaillers sur les balcons, des chèvres sur les toits, une agitation mêlée de lenteur… Mark Wilder se laissait absorber par le spectacle.

— Le Caire est la mère du monde, rappela le chauffeur. Ici, tous les rêves deviennent réalité.

Couvrant une partie de l'ancienne Fostat, le Vieux Caire était enfermé à l'intérieur des murailles de la Babylone d'Égypte, lieu du combat entre les forces de la lumière et celles des ténèbres.

Le taxi s'immobilisa.

— Où voulez-vous aller exactement ? demanda le chauffeur.

— Je compte me promener au hasard.
— Je ne vous le conseille pas.
— Serait-ce dangereux ?

— Non, mais vous risquez de rater les édifices intéressants. Tout est plus ou moins caché, les murs extérieurs des églises ne présentent aucun intérêt. Sans un bon guide, on manque l'essentiel.

— Conduisez-moi à l'église Saint-Serge.

— Excellent choix ! Je vous recommande la crypte où le Christ, la Vierge et Joseph ont longuement résidé, à l'abri de la canicule et du froid. Et c'est là, également, que fut déposé le berceau contenant l'enfant Moïse, sauvé des eaux. Ensuite, vous irez certainement au musée…

— Je préfère visiter un endroit à fond plutôt que de m'éparpiller.

— À votre service.

Les deux hommes s'engagèrent dans un dédale de ruelles où jouaient des enfants. Sur les murs, Mark remarqua des représentations de saint Georges terrassant le dragon ; quelques balcons étaient ornés de guirlandes électriques entourant l'image du Christ. Çà et là, de lourdes portes de bois clouté.

Le chauffeur fit traverser à son client le jardin du musée, puis ils descendirent les marches menant à une ruelle aboutissant, en contrebas, à l'église Saint-Serge dont la porte centrale était murée.

— Vous pouvez entrer par la porte de droite. Prenez tout votre temps, je vous attends ici.

Mark découvrit une petite basilique. Sa nef, flanquée de bas-côtés, comportait deux rangées de colonnes en marbre. À l'orient, trois sanctuaires séparés de la nef par une cloison ornée de motifs polygonaux, d'étoiles et de croix.

Personne.

L'Américain se dirigea vers l'entrée de la crypte et y descendit. Plafond bas, atmosphère oppressante... La Sainte Famille avait dû passer là quelques moments difficiles.

Mark attendit patiemment 20 heures.

Toujours personne, bien après l'heure fixée.

La lettre était donc une plaisanterie. À moins que... Il regagna l'extérieur.

Assis, le chauffeur fumait une cigarette.

— Satisfait de votre visite ?

— Passionnante.

— Désirez-vous retourner au Mena House ?

— Non, je vais flâner un peu.

— Je peux vous emmener à un excellent restaurant...

— Ça va, mon vieux. Voici le prix convenu, plus un gros bakchich. Bonne soirée.

Ne laissant pas au chauffeur le temps de rétorquer, Mark s'éloigna d'un pas vif et se mêla à la foule.

Après une dizaine de minutes, il acheta du jasmin à un garçonnet ravi et en profita pour vérifier que le chauffeur ne l'avait pas suivi.

Rassuré, il demanda à un vieillard fort digne le chemin pour sortir du Vieux Caire et regagner le centre de la ville. Parlant un mélange de français et d'anglais, il le renseigna aimablement.

— N'auriez-vous pas besoin d'un guide ?

Mark se retourna.

La voix était celle d'une jeune femme d'une trentaine d'années aux cheveux noirs et aux yeux vert d'eau, semblable aux divinités peintes sur les parois des demeures d'éternité des pharaons. À sa beauté s'ajoutaient un charme et une grâce proprement envoûtants.

— Eh bien… Pourquoi pas ?

— Pourquoi n'êtes-vous pas venu seul au rendez-vous, monsieur Wilder ?

5

Le premier moment de stupeur passé, Mark apprécia plutôt la situation.

— Vous parlez un anglais parfait, mademoiselle.

— C'est indispensable lorsqu'on exerce le métier de guide touristique. Je pratique également d'autres langues. Suivez-moi, je vous prie. Nous allons nous comporter comme un guide et son client, désireux de découvrir les richesses cachées du Vieux Caire, depuis le jardin du musée jusqu'au cimetière copte. Ainsi, personne ne s'étonnera de nous voir bavarder.

— Puisque vous connaissez mon nom, puis-je connaître le vôtre ?

— Ateya.

— C'est donc vous qui m'avez écrit et fixé rendez-vous à l'église Saint-Serge ?

— Non, monsieur Wilder.

— Alors… Qui est-ce ?

— Votre attitude suspecte m'interdit de répondre à cette question. Vous avez fait échouer le rendez-vous de 20 heures et je pense qu'il n'y en aura pas d'autre.

Irrité, l'avocat s'immobilisa et regarda la jeune femme droit dans les yeux.

— « Attitude suspecte »... Qu'est-ce que ça signifie ?

J'ai pris au sérieux une lettre anonyme au contenu invraisemblable, j'ai suivi les instructions, et vous m'accusez de je ne sais quel méfait ! Avouez qu'il s'agit d'une plaisanterie stupide, et restons-en là !

Les yeux de la jeune femme flamboyèrent.

— Considérez-vous la vérité comme une plaisanterie, monsieur Wilder ?

— Quelle vérité ?

— Celle qui vous concerne.

— Ah oui, j'oubliais ! Savoir qui je suis vraiment...

— En effet.

— Cessez de vous moquer de moi, mademoiselle, et donnez-moi les véritables motivations du rédacteur de cette lettre.

— Vous connaissez mal l'Égypte, je suppose ?

— C'est mon premier voyage.

— Pourtant, à l'aéroport, un homme vous attendait.

— Comment le savez-vous ?

— J'observais la scène.

— Vous m'espionniez !

— Je n'avais aucune confiance en vous, monsieur Wilder, et j'avais raison. Posez-moi une question sur les églises chrétiennes, vite !

Du coin de l'œil, Ateya observait un moustachu, vêtu à l'européenne, qui s'approchait d'eux.

— Ce séjour de la Sainte Famille en Égypte, c'est sérieux ?

— Tout à fait. Il ne faudrait d'ailleurs pas parler de « fuite en Égypte », mais de retour aux sources. Le Christ n'est pas venu se cacher. Il a recueilli les enseignements des sages, transmis à l'Église copte qui les préserve au sein de ses sanctuaires.

La guide se lança dans une description de l'architecture des basiliques primitives.

Le moustachu s'éloigna.

— C'est un inspecteur chargé de surveiller les guides, expliqua-t-elle. Il m'estime compétente et rédige sur moi d'excellents rapports.

— Tant mieux pour vous ! L'homme qui m'a interpellé à l'aéroport s'appelle John Hopkins. C'est un vieil ami qui se trouvait là par hasard.

— Croyez-vous au hasard ? observa la jeune femme, souriante.

— Supposez-vous que John me guettait ?

— Quand vous le reverrez, demandez-le-lui. Que fait-il en Égypte ?

— Il a investi dans le coton. John est un négociant international qui réside là où les bonnes affaires l'appellent. Demain, il partira pour l'Inde ou la Chine. Mon cabinet l'aide lors de l'établissement de contrats complexes.

— Et vous ignoriez sa présence au Caire ?

— Bien entendu !

À son poignet droit, Ateya portait un bracelet formé de clés de vie en or. L'objet était un petit chef-d'œuvre, façonné par un orfèvre au talent exceptionnel.

— Où résidez-vous ? demanda-t-elle.

— Au Mena House. Je dispose d'une chambre immense et jouis d'une vue fabuleuse sur le plateau des pyramides. Aucune photographie ne peut rendre compte de leur puissance. Même si votre lettre était une farce, je ne regrette pas mon voyage.

— Avez-vous choisi votre taxi ?

— Non, il s'est présenté de lui-même. Il m'a posé cent questions et s'est imposé comme guide. Comme je le trouvais trop collant, je m'en suis débarrassé à la sortie de Saint-Serge.

— Vous a-t-il donné son nom ?

— Hosni.

— Cet homme appartient à la police politique du roi Farouk, chargée de suivre à la trace les étrangers.

— Mais... Je viens d'arriver !

— Un hôte du Mena House n'est pas n'importe qui et mérite forcément une attention particulière. En semant Hosni, vous risquez de sérieux ennuis.

« Dutsy n'avait peut-être pas tort, pensa l'avocat. Il existait des destinations plus tranquilles que l'Égypte. »

— Écoutez, mademoiselle, je ne veux être mêlé à aucune embrouille ! Ou bien vous vous expliquez, ou bien je rentre à New York.

— Faites donc, monsieur Wilder. Ainsi, vous ignorerez à jamais qui vous êtes vraiment et vous passerez le reste de votre existence à le regretter.

La gravité du ton impressionna l'avocat. Il avait une sorte de don pour déceler les affabulateurs et les menteurs. À l'évidence, Ateya n'appartenait pas à ces espèces-là.

— Dites-moi au moins si vous connaissez l'auteur de cette lettre !

— Je le connais.

— Et vous lui accordez votre confiance ?

— Je le vénère. Étant donné sa position, il doit rester hors d'atteinte et ne courir aucun danger. La présence de votre « ami » à l'aéroport et celle d'un indicateur de la police de Farouk n'ont rien de rassurant. Vous m'apparaissez comme un personnage dangereux, monsieur Wilder.

— Je vous répète que John est un vieil ami. Et j'ai été l'objet d'une surveillance comme n'importe quel étranger résidant au Mena House et partant seul à l'aventure dans les rues du Caire.

— C'est une vision très optimiste de la situation.

— Pourquoi ne serait-elle pas la bonne ?

— Parce que le hasard n'existe pas.

Perpétuellement sur ses gardes, Ateya ne cessait d'observer les passants.

— Dois-je vous fixer un nouveau rendez-vous ou vous abandonner à votre ignorance ? Après tout, vous préférez peut-être ne rien savoir.

— Vous excitez ma curiosité, vous exigez une coopération aveugle et, maintenant, vous me rejetez ! N'est-ce pas trop de cruauté ?

La jeune femme sourit de nouveau. Outre la perspective d'un entretien avec l'énigmatique personnage qu'elle vénérait, Mark avait envie de la revoir.

— Désirez-vous sincèrement connaître la vérité ?

— Je le désire, Ateya.

Elle prit un long temps de réflexion.

— Demain, à 20 heures, sortez du Mena House et marchez dix minutes en direction du Caire. Une voiture s'arrêtera à votre hauteur. Le chauffeur prononcera mon nom, vous direz : « Dieu vous bénisse », et il répondra : « Que la Sainte Famille vous protège ». Il vous emmènera voir l'auteur de la lettre, et vous découvrirez qui vous êtes vraiment.

6

La gare du Pont-Limoun desservait la banlieue est du Caire. Il y régnait une agitation permanente, d'autant que les horaires approximatifs des trains semaient une confusion dont Mahmoud profitait pour se fondre dans la foule. Il connaissait tous les policiers en civil du secteur. Casaniers, mal formés, ils arrêtaient de temps en temps un pauvre bougre qui subissait un interrogatoire musclé.

Le soleil de midi était brûlant. Aucun gêneur à l'horizon. Les meutes de Farouk savoureraient une longue sieste après un copieux déjeuner, et Mahmoud pourrait consulter son indicateur sans angoisse.

Âgé de trente-deux ans, longiligne, l'œil vif, Mahmoud possédait le don de passer inaperçu. C'est pourquoi le groupe clandestin et révolutionnaire des Officiers libres l'avait choisi comme agent de liaison avec les multiples informateurs nécessaires pour accumuler des renseignements et préparer une profonde modification du régime.

L'atroce défaite de 1948 avait laissé l'armée égyptienne dans un état de désarroi et de rancœur. Pourtant, quantité de soldats s'étaient bien battus. Mais ils avaient vite constaté que, face à la vaillance et à l'équipement des Israéliens, ils ne disposaient que d'armes déficientes ! Les canons explosaient, déchiquetant les artilleurs, les fusils s'enrayaient, les troupes manquaient de ravitaillement et de soins, les ordres aberrants succédaient aux contre-ordres, et il n'existait aucune stratégie d'ensemble. Bref, on avait envoyé toute une armée au massacre !

Qui était responsable de cette déroute ? Un héros, blessé à trois reprises et jouissant de l'estime de l'ensemble des officiers et des hommes de troupe, désirait faire la lumière sur ce désastre programmé. Né au Soudan en 1901, le général Naguib[1], petit homme têtu et courageux, avait exigé une commission d'enquête.

En apparence, résultats décevants, puisque seuls des comparses, des petits tricheurs appartenant à l'artillerie et à l'intendance, avaient été arrêtés pour calmer l'irritant général. Nommé à la tête de l'infanterie, il persistait pourtant à vouloir « nettoyer les écuries » et aboutissait à une conclusion que partageaient nombre d'officiers supérieurs : le véritable responsable de la défaite égyptienne, celui qui avait condamné ses propres soldats à une mort injuste et honteuse, n'était autre que le roi Farouk en personne !

---

1. On orthographie aussi « Néguib ».

Les trafiquants coupables d'avoir livré des armes défectueuses appartenaient à l'entourage de Farouk et bénéficiaient de sa protection. Cette clique de bandits et de cyniques s'était enrichie sur les cadavres de combattants piégés et vaincus d'avance.

Jamais le général Naguib ne pardonnerait ce crime monstrueux à un Farouk indigne de gouverner. Mais l'armée égyptienne demeurait faible, incapable de chasser l'occupant anglais avec lequel le monarque ne s'entendait pas si mal. Et même les politiciens du principal parti, le Wafd, soi-disant grand défenseur du peuple contre la tyrannie de Farouk, avaient trempé dans l'affaire des livraisons d'armes défectueuses et touché de substantiels pots-de-vin.

Répondant à l'appel de quelques hommes déterminés à protester, le général Naguib avait accepté de prendre la tête d'un groupe de contestataires qui s'exprimait par le biais d'une publication régulière, *La Voix des Officiers libres,* dans laquelle Naguib écrivait des textes incendiaires signés « le Soldat inconnu ».

Curieusement, le pouvoir laissait faire. Cette mollesse encourageait les conjurés à continuer et à supposer qu'ils pouvaient encore gagner du terrain. *Al-Misri,* le grand quotidien du parti Wafd, commençait d'ailleurs à relayer leurs protestations et n'hésitait plus à critiquer leur principal adversaire, le général Sirri Amer, considéré comme l'exécuteur des basses œuvres de Farouk.

D'après Mahmoud, il fallait se montrer extrêmement prudent, car une réaction violente pouvait se produire à tout moment. Secret et cloisonnement étaient appliqués de façon stricte, et, jusqu'à présent, la police n'avait pas perçu le danger.

Clé du succès : le renseignement. Aussi Mahmoud entretenait-il une véritable armée d'indicateurs qui lui permettaient de connaître les intentions de l'adversaire, avec l'espoir de toujours garder au moins un coup d'avance.

Hosni, le chauffeur de taxi, pénétra dans la gare.

Un des éléments les plus brillants de l'équipe. Officiellement employé par la police, il jouait un double jeu particulièrement dangereux, désinformait ses supérieurs et fournissait des renseignements de première main aux Officiers libres, dont il approuvait l'action sans réserve.

Hosni passa devant Mahmoud, fit mine de se diriger vers un quai, puis revint sur ses pas.

Mahmoud restant immobile, il n'y avait pas de danger. Le chauffeur de taxi alluma une cigarette et en proposa une à son interlocuteur qui l'accepta.

Ils pouvaient donc parler en toute sécurité.

— Quoi de neuf, Hosni ?

— Un riche Américain, avocat d'affaires, vient d'arriver au Mena House. Notre correspondant à l'hôtel m'a donné son nom : Mark Wilder.

— Simple touriste ?

— J'en doute.

— Pourquoi ?

— Il n'a pas précisé la fin de son séjour, comme s'il venait accomplir ici une mission dont il ne connaît pas la durée. Et puis il y a plus surprenant. Pour quelqu'un qui prétend visiter l'Égypte pour la première fois, il commence par l'église Saint-Serge ! Un comportement tout à fait inhabituel.

— Un amateur d'art chrétien, semble-t-il.

— À mon avis, il s'en moque. En réalité, il devait avoir un rendez-vous. Mais l'église était vide. Et il y a encore plus significatif : en sortant du sanctuaire, il m'a congédié et s'est éclipsé. J'ai tenté de le suivre, mais il a rompu la filature, tel un excellent professionnel qui connaît bien le Vieux Caire.

— Un espion américain…

— Sans aucun doute. Crois-en mon flair et mon expérience, ce type-là n'est sûrement pas un touriste ordinaire.

— Est-il retourné au Mena House ?

— En effet. Il s'accorde quelques heures de détente entre deux rendez-vous.

— Mets-lui quelqu'un sur le dos, ordonna Mahmoud. Toi, tu es grillé.

— Mes meilleurs hommes sont occupés ailleurs, mais je vais me débrouiller.

— Rien d'inquiétant du côté de la police ?

— La routine habituelle. Personne ne prend au sérieux le bon général Naguib. Au fond, ses récriminations arrangent Farouk. Ne se montre-t-il pas suffisamment large d'esprit pour laisser la parole à un opposant aussi léger qu'une plume ? Les Anglais contrôlent le canal de Suez et le pays entier, Farouk et ses protégés s'enrichissent, les affaires marchent, et l'armée égyptienne ne veut ni ne peut prendre le pouvoir. Les Officiers libres ? De beaux parleurs qui se contentent de critiquer le régime et ne disposent d'aucun appui solide.

— Pas d'opération d'envergure envisagée ?

— Pas la moindre. Farouk est persuadé de régner sans difficultés majeures pendant de nombreuses années. La misère du peuple ne l'empêche pas de dormir.

— Prochain contact ici même, dans huit jours, au coucher du soleil. En cas d'extrême urgence, tu sais comment m'alerter.

Hosni écrasa sa cigarette sur le sol de la gare et s'éloigna.

Mark Wilder… Mahmoud espérait qu'il était bien un agent secret américain et l'homme qu'il lui fallait rencontrer le plus rapidement possible.

7

La soirée était délicieuse. Après s'être teintées des ors du couchant, les pyramides de Guizeh se laissaient recouvrir de nuit, prêtes à affronter le démon des ténèbres qui tenterait d'empêcher la renaissance du soleil. La douceur de l'air fit oublier à Mark Wilder la poussière de l'avenue et le bruit des moteurs. Se conformant aux instructions d'Ateya, il était sorti du Mena House à 20 heures pour marcher en direction du Caire.

À peine deux minutes s'étaient-elles écoulées qu'une Peugeot grise freina brutalement à sa hauteur. La portière s'ouvrit.

— Montez, vite ! On vous file.

L'Américain s'engouffra dans la Peugeot, aux sièges passablement défoncés. Elle redémarra vaillamment, faisant une queue de poisson à une camionnette dont le klaxon poussa des hurlements.

— Ateya, dit le chauffeur, un costaud au cou de taureau.

— Dieu vous bénisse.

— Que la Sainte Famille vous protège. Détendez-vous, vous êtes en sécurité. Votre suiveur a sûrement eu le temps de noter mon numéro, mais c'est une fausse plaque. J'ai eu peur qu'ils soient nombreux et qu'ils nous tombent dessus.

— Où allons-nous ?

— Vous verrez bien.

Mark sentit qu'il ne tirerait rien du chauffeur. Le bonhomme n'avait pas envie de parler et se contentait de remplir sa mission.

Nerveux, disposant de freins médiocres et privé d'amortisseurs, il conduisait beaucoup trop vite, frôlait les autres véhicules en les doublant et klaxonnait à en perdre haleine. Résigné, l'avocat craignit de ne pas arriver à destination.

Le ciel lui étant favorable, aucun accident ne se produisit.

Et le chauffeur s'arrêta à l'orée du fameux quartier des bazars où grouillait une population bigarrée. Il releva sa manche droite, laissant apparaître une croix tatouée sur le poignet.

— Vérifiez que votre guide porte la même. Sinon, ne le suivez pas.

La Peugeot démarra en trombe.

Mark se retrouva seul, perdu au sein d'une foule composée d'autant de femmes que d'hommes aux vêtures variées, allant du costume européen de bonne coupe à des robes en coton coloré. Chacun semblait à la recherche d'une bonne affaire, et l'on discutait ferme avec les commerçants. Pour ne pas attirer l'attention, l'Américain feignit de s'intéresser à un étal couvert de paniers contenant des épices.

Pourquoi s'était-il égaré dans ce théâtre d'ombres ? Soudain, il prit conscience du ridicule de la situation. Lui, brillant avocat new-yorkais, membre de l'*establishment* et futur ténor politique, manipulé par une bande de plaisantins, comme s'il devenait le héros malgré lui d'un roman d'espionnage ! On le suivait, il devait rompre des filatures, on le trimbalait d'un endroit à l'autre… Il était temps de se réveiller. Mark décida de rentrer au Mena House, de faire ses bagages et de prendre le premier avion à destination de New York. Dutsy Malone avait raison : il n'éprouvait aucun goût pour les vacances.

Vêtu d'une robe bleue, un adolescent aux yeux rieurs lui agrippa l'avant-bras.

— Tu as besoin d'un guide, patron ? Moi, je connais les souks et je te montrerai les bons coins.

L'effronté releva sa manche droite et la rabaissa rapidement. L'avocat avait eu le temps d'apercevoir une croix tatouée sur son poignet.

— Écoute, mon garçon…

— Viens, patron, tu ne seras pas déçu.

Contrarié, Mark accepta, uniquement parce qu'il avait envie de revoir Ateya. Peut-être accepterait-elle de dîner avec lui avant son départ. Il voulait en savoir davantage sur cette jeune femme.

L'adolescent l'entraîna au cœur d'un labyrinthe de ruelles peuplées de boutiques dont certaines se réduisaient à des niches creusées dans un mur. On vendait de tout, depuis des produits alimentaires jusqu'à de la verroterie plus ou moins réussie en passant par des tissus allant du médiocre au raffiné.

Le guide ne ralentit l'allure qu'au centre du célèbre Khan el-Khalili, le bazar aux milliers de boutiques fondé au XIIIe siècle. Tout proche de l'université islamique d'Al-Azhar, il avait été inauguré par les Mamelouks dont les milices quadrillaient le pays. Pas un touriste ne manquait ce passage obligé, avec l'espoir de dénicher un trésor à bas prix.

L'adolescent fit signe à l'Occidental d'aller au fond de l'échoppe d'un chaudronnier qui vendait quantité d'objets en cuivre. Le propriétaire, un sexagénaire rugueux, offrit immédiatement un verre de thé noir à l'acheteur potentiel.

— Intéresse-toi aux marchandises, patron, et discute les prix, recommanda l'adolescent. D'abord, tu me payes.

Dix dollars ravirent le jeune copte qui ne songea même pas à demander davantage et disparut dans la foule, abandonnant l'étranger aux mains du marchand.

— Vous avez beaucoup de chance, déclara-t-il. Je suis le meilleur chaudronnier du Caire et je fournis les plus riches familles. Parfois, on m'appelle « l'Alchimiste », parce qu'une légende prétend que les hommes de mon clan savaient, autrefois, transformer le cuivre en or. Mais ce n'est qu'une légende... Néanmoins, nous parvenons encore à façonner des merveilles. Regardez, je vous prie.

On continuait à se moquer de lui. Le gamin l'avait pris pour un pigeon et conduit à un membre de sa fratrie qui tenterait de lui vendre au prix fort un maximum d'objets inutiles.

— Que pensez-vous de ce plat en cuivre repoussé ? Ne ressemble-t-il pas à un soleil qui éclaire la nuit des chercheurs en quête de vérité ? Sans doute ne suffira-t-il pas. J'ai beaucoup mieux dans mon arrière-boutique.

— Désolé, ça ne m'intéresse pas.

— Vous vous trompez, monsieur Wilder. Ne vous fuyez pas vous-même, vous vous égareriez à jamais.

Interloqué, l'Américain, presque malgré lui, emboîta le pas du chaudronnier qui écarta un rideau et l'introduisit dans une pièce tout en longueur, remplie de plats en cuivre, de coupes et de marmites.

Au fond de cette réserve, Ateya, vêtue d'un chemisier blanc et d'une robe rouge. Doucement éclairé par la lueur d'un chandelier, son visage était sublime.

Mark en demeura muet.

— Vous ne me reconnaissez pas ? demanda-t-elle, intriguée.

— Si, bien sûr que si ! Mais tant de précautions…

— Elles étaient nécessaires. La police de Farouk vous considère comme un sujet intéressant, monsieur Wilder, et nous avons dû la semer. Nous patienterons ici quelques minutes afin de vérifier si elle a bien perdu votre trace.

Rester auprès d'Ateya, dans cette pénombre, apparaissait comme un privilège appréciable, presque un moment de grâce.

— Pourquoi la police s'intéresserait-elle à moi ?

— Votre position sociale, sans doute. Un notable de votre envergure ne passe pas inaperçu et mérite attention. Farouk veut tout savoir des riches étrangers qui séjournent sur son territoire et peuvent lui être utiles.

— Allez-vous enfin m'emmener auprès du personnage qui m'a écrit ?

Elle sourit, et Mark sut que, pour la première fois de son existence, il venait de tomber éperdument amoureux.

Cette découverte le privait de tout sens critique, balayait ses certitudes de vieux garçon, brisait les fortifications dressées au fil des ans.

C'était elle, voilà tout.

Et il la suivrait aux confins du monde afin de mieux ressentir sa présence, de goûter ses mystères et de partager ses pensées.

Le rideau se releva, le chaudronnier réapparut.

— Pas de danger. Vous pouvez partir.

Ateya et Mark sortirent de l'échoppe par la petite porte de l'arrière-boutique donnant sur une ruelle remplie de badauds.

Elle marcha d'un pas rapide jusqu'à la sortie du souk où l'attendait une petite Fiat que surveillait un jeune copte. Il lui donna la clé, elle s'installa au volant.

— Montez, monsieur Wilder. Je vous emmène au rendez-vous le plus important de votre existence. Vous allez enfin savoir qui vous êtes vraiment.

8

Bien qu'elle fût une femme, Ateya ne se laissa pas impressionner par les conducteurs mâles et, prenant des risques raisonnables, força plusieurs fois le passage pour suivre sa propre trajectoire. Après avoir emprunté l'avenue El-Azhar, elle gagna la place Midan el-Tahrir, proche du musée égyptien, et bifurqua vers le sud du Caire.

Mark demeurait étrangement calme.

— Vous ne voulez pas savoir où nous allons ? s'étonna la jeune copte.

— Le destin est le destin.

— Vous voilà déjà égyptien !

— Puisque je ne comprends rien à ce qui m'arrive, autant vous faire confiance.

— Nous retournons au Vieux Caire, révéla-t-elle. L'épisode du bazar n'était destiné qu'à égarer d'éventuels curieux.

— De nouveau l'église Saint-Serge ?

— Non, la Suspendue.

— Je ne comprends pas.

— La très ancienne église Al-Moallaqa a été nommée ainsi parce que les extrémités orientale et occidentale de l'édifice reposent sur deux tours datant de l'époque romaine. Sa nef se trouve donc suspendue au-dessus du passage allant de l'une à l'autre et conduisant aujourd'hui à l'intérieur. Du XIe au XIVe siècle, ce fut la résidence des patriarches coptes d'Alexandrie. C'est pourquoi elle conserve un trône épiscopal et demeure un lieu particulièrement vénéré.

— Vous n'allez quand même pas me faire rencontrer le bon Dieu ?

— Qui sait ?

— Pourquoi vous donner tant de peine, Ateya ?

— Je suis heureuse d'accomplir la tâche qui m'a été confiée.

Elle s'immobilisa à la hauteur de l'ancienne entrée du Vieux Caire, délimité par un mur romain. Aussitôt, un gaillard aux larges épaules jaillit de nulle part pour ouvrir la portière, recevoir la clé de contact et surveiller la voiture.

Un instant, Mark hésita.

Et s'il ne s'agissait pas d'une plaisanterie ? S'il allait vraiment découvrir une vérité qu'il n'avait pas envie de connaître ?

— Auriez-vous peur ? interrogea la jeune femme.

— Possible.

— Il est encore temps de reculer. Dès que vous aurez pénétré dans la Suspendue, il sera trop tard.

— Je vous suis.

Connaissant à la perfection le dédale des ruelles, Ateya guida son hôte sans jamais hésiter sur la direction à prendre. Recueilli, Mark ne voyait même pas les passants. Il éprouvait la sensation de remonter le temps, de partir en quête d'une source dont l'eau lui était devenue indispensable.

Jouxtant le musée copte, la Suspendue avait été bâtie sur un plan traditionnel, avec deux rangées de colonnes en marbre, décorées de chapiteaux corinthiens. Ateya et Mark se dirigèrent vers l'iconostase du XIIIe siècle, séparant la nef accueillant les fidèles du sanctuaire où officiait le prêtre qui célébrait le rite dans le secret.

Un homme âgé contemplait les panneaux d'ébène incrustés d'ivoire marquant la frontière entre deux mondes. Sept icônes ornaient la chapelle centrale, dominées par l'image du Christ en gloire assis sur son trône.

— Sa résurrection traduit la victoire de la lumière sur la mort, déclara le vieillard d'une voix douce. Les humains sont des esclaves, inconscients de la lourdeur de leurs chaînes. Pourtant, ils peuvent s'en libérer, à condition de ne plus se regarder eux-mêmes, mais de lever les yeux vers le ciel. Êtes-vous prêt à voir la vérité en face, monsieur Wilder ?

L'Américain sursauta.

— Est-ce vous qui m'avez écrit ?

— C'est bien moi.

Vêtu d'une soutane noire le faisant ressembler à n'importe quel curé copte, le religieux avait un bon visage mais des yeux d'aigle.

L'intensité de son regard effraya Mark.

— Cette lettre est-elle… sérieuse ?

— En douteriez-vous encore ?

— Mettez-vous à ma place ! C'est tellement inattendu, tellement…

— Ou bien vous m'accompagnez dans le jardin de cette église, ou bien vous regagnez votre hôtel et vous ignorerez à jamais l'essentiel. À vous de choisir.

— Ai-je vraiment le choix ?

— Tout individu se trouve, au moins une fois au cours de son existence, à la croisée des chemins. Pour vous, monsieur Wilder, ce moment est arrivé. Et la décision n'appartient qu'à vous.

Décider, c'était le quotidien de Mark. Pourtant, aujourd'hui, il se sentait désespérément seul et démuni.

Ateya demeurait silencieuse, comme si cette situation ne la concernait pas.

— Un peu d'air me fera du bien, trancha-t-il.

Le vieillard le conduisit jusqu'à une cour intérieure agrémentée de quelques arbustes et d'un jardinet. Ateya s'éloigna afin de faire le guet.

— Asseyez-vous à ma gauche, exigea le copte en prenant place sur un banc. Ici, monsieur Wilder, trois arbres ont nourri la Sainte Famille. Et la Vierge apparut au patriarche Ephrem, un saint homme du Xe siècle, au terme de trois jours de jeûne et de prière. Il la vit auprès d'une colonne antique reliant le ciel à la terre, et comprit que le pouvoir de l'esprit pouvait déplacer les montagnes, comme celle du Mokattam, à l'est du Caire. Là, dans l'Antiquité, la lumière terrassait le démon et l'abandonnait à sa propre destruction, noyé dans son sang.

— Jolie légende.

— *Legenda* signifie « ce qui doit être lu et connu », monsieur Wilder. Aujourd'hui, on néglige l'enseignement des Anciens et l'on se gave d'anecdotes inutiles qui pourrissent la pensée et ramènent l'humanité vers l'infantilisme. Négliger les légendes revient à choisir le chemin sans issue de l'ignorance.

— Puis-je savoir qui vous êtes ?

— L'abbé Pacôme, un simple serviteur de Dieu et de la communauté chrétienne, menacée d'extinction dans un pays très majoritairement musulman. Nous, les coptes, sommes pourtant les authentiques descendants des anciens Égyptiens. En 641, lorsque les Arabes ont envahi le pays et imposé l'islam, nous n'avons pas su résister. Aujourd'hui, on nous tolère, mais pour combien de temps ? Mes frères sont orfèvres, pharmaciens, comptables, teinturiers, arpenteurs, mais leur nombre ne cesse de diminuer, et notre influence, de plus en plus modeste, s'étiole. Je crains que la violence du monde ne nous épargne pas.

— J'en suis navré, observa Mark, mais si nous revenions à votre lettre ?

— Vous portez un bien beau prénom. Savez-vous que l'apôtre Marc fut le fondateur de l'Église copte en l'an 40 ? Des Vénitiens dérobèrent son cadavre en 828 et le transportèrent dans la cité des Doges où il servit de protecteur à la fameuse basilique Saint-Marc. D'une certaine manière, ne revenez-vous pas sur la terre de votre ancêtre ?

Mark venait de comprendre ! Ce vieux prêtre recherchait des subsides pour entretenir sa communauté, en grande détresse. Comme tout un chacun, il avait simplement besoin d'argent et envoyé des centaines de lettres énigmatiques à des personnalités riches et influentes afin de les attirer en Égypte et de leur soutirer des fonds.

— J'ai horreur qu'on me force la main, monsieur l'abbé, et je choisis moi-même mes bonnes œuvres en prenant soin de vérifier que je n'ai pas été grugé. Sans vouloir vous offenser, je n'apprécie pas le procédé que vous avez utilisé.

— Vous vous méprenez, monsieur Wilder. Ma démarche n'avait aucun objectif matériel et ne concernait que vous, et vous seul. Ce procédé vous a amené devant moi.

Le calme et la fermeté du ton surprirent l'avocat. Ce vieil abbé, à l'impressionnante dignité, n'avait l'air ni d'un plaisantin ni d'un escroc.

— Eh bien, parlez, je vous en prie !

— Ce n'est pas si simple, observa Pacôme. Bouleverser de fond en comble l'existence d'un individu est un acte grave, d'autant plus que la révélation de la vérité devra s'accompagner d'un engagement de votre part et d'un pacte que vous signerez. Y êtes-vous disposé ?

9

La situation se compliquait.

En tant qu'homme de loi, Mark Wilder n'avait pas l'habitude de signer un document avant de l'avoir lu et relu !

— Pas question de m'engager à la légère. Je veux des explications claires.

L'abbé Pacôme ferma les yeux quelques instants, comme s'il recherchait au plus profond de lui-même les paroles qu'il allait prononcer.

— Procédons par étapes, décréta-t-il. Vous vous appelez bien Mark Wilder ?

— Sans aucun doute.

— Voilà votre principale erreur.

L'avocat sourcilla.

— Que voulez-vous dire ?

— Vous m'avez très bien compris.

— Je crains que non !

— Je connais le nom de votre véritable père et de votre véritable mère, deux êtres exceptionnels pris dans une tourmente qui ne leur a pas permis de vous élever. J'avais juré de garder le silence jusqu'au jour où trop de périls menaceraient l'existence de l'Égypte et, au-delà d'elle, l'équilibre précaire de notre monde. Ce jour étant arrivé, je dois respecter les dernières volontés de votre père et vous confier la mission qu'il voulait vous voir remplir.

Abasourdi, Mark garda le silence un long moment.

— C'est complètement absurde !

— Votre père officiel se prénommait bien Antony, était bien avocat d'affaires et originaire de New York ?

— En effet.

— Et votre mère officielle s'appelait bien Maria Fontana del Vecchio, née à Naples ?

— Exact.

— Antony était rude et autoritaire, Maria douce et prévenante. Ils éprouvaient une réelle affection l'un pour l'autre, et elle ne le quittait jamais, même lorsqu'il faisait un voyage d'affaires.

— Comment le savez-vous ?

— Je les ai rencontrés, affirma l'abbé Pacôme.

Mark n'en croyait pas ses oreilles.

— Rencontrés… Où ça ?

— Ici, au Caire.

— Mes parents ne sont jamais allés en Égypte !

— Ils ont omis de vous parler de ce séjour, conformément aux engagements qu'ils avaient pris.

— Des engagements…

— Antony et Maria ont juré à vos véritables parents de ne jamais vous révéler que vous étiez leur fils et que vous étiez né au Caire. Ils ont tenu parole.

Un instant, les arbustes du jardin de la Suspendue se mirent à tournoyer.

On sombrait en plein délire !

— Sauf votre respect, l'abbé, vous racontez n'importe quoi !

— Pourquoi inventerais-je une fable pareille ? Je vous le répète, le secret était bien gardé et vous n'auriez jamais rien su si nous n'étions pas à la veille de graves événements. Parce que vous êtes l'héritier spirituel d'un couple extraordinaire, peut-être parviendrez-vous à détourner le cours du destin.

— J'aimais mes parents et ils m'aimaient ! protesta Mark. Malheureusement, mon père était un amateur de bolides et ma mère ne désapprouvait pas cette passion. Ils se sont tués lors d'un accident de voiture lorsque j'avais quinze ans. Au lieu de céder au désespoir, j'ai décidé de prendre la suite de mon père et de lui montrer de quoi j'étais capable afin d'honorer sa mémoire. Quant à ma mère, elle souhaitait une carrière politique au service du pays. Ce vœu, je suis sur le point de l'exaucer.

— Votre véritable mission me paraît beaucoup plus importante, monsieur Wilder.

— Je ne veux pas entendre un mot de plus !

— Au contraire, vous souhaitez à présent toute la vérité.

— Vous vous méprenez, l'abbé ! Toute la vérité sur mes parents, je la connais déjà !

— Votre père avait choisi un homme et une femme d'honneur, et il ne s'était pas trompé. Votre mère, elle aussi, avait pleine confiance en eux. Vous savoir heureux, en bonne santé, bien soigné et promis à un bel avenir la consola un peu d'avoir été contrainte de vous abandonner. Elle n'avait pas le choix, et nul ne saurait la condamner.

— Pourquoi teniez-vous tant à me raconter ces stupides mensonges ?

— Vous avez déjà effectué une partie du voyage. Maintenant, il faut aller jusqu'au bout en sachant que votre existence entière en sera modifiée. Demeurer entre deux eaux ne vous procurera qu'angoisse et insatisfaction, et vous n'oublierez pas cet entretien. Ne vous fuyez pas vous-même.

Mark se leva.

— Désolé de mon impolitesse, mais je n'ai vraiment pas été heureux de vous rencontrer.

— Et si vous preniez la peine de vérifier mes dires ?

L'avocat fut piqué au vif.

— De quelle manière ?

— Vos parents adoptifs ont été contraints de régulariser votre situation pour faire de vous un authentique Américain. J'ai gardé en mémoire une indication donnée par Antony Wilder : New York, bureau 303, annexe B, la clé de ses problèmes administratifs. Et puis le nom d'un médecin : docteur Jonathan Gatwick. J'ignore s'il vit encore.

— Monsieur l'abbé, je n'ai pas l'intention de vérifier quoi que ce soit. J'ai eu la chance d'avoir des parents merveilleux, une enfance et une adolescence heureuses, et je ne permettrai à personne de souiller ces moments de bonheur.

— Nous n'avons fait qu'aborder la vérité, monsieur Wilder, et je suis loin de vous avoir transmis l'essentiel.

— C'était notre première et notre dernière entrevue, l'abbé !

— Je méditerai ici tous les jours à la même heure, pendant un mois, et je vous attendrai. Ensuite, mes devoirs m'appelleront ailleurs. Si vous ne venez pas, vous ne saurez pas qui vous êtes vraiment.

— Je crois que j'en sais assez ! Adieu.

Ateya vint au-devant de l'Américain.

— Nous quittons le Vieux Caire par un autre chemin, annonça-t-elle.

— Comme vous voudrez, rétorqua Mark, les nerfs à vif.

— Vous semblez contrarié.

— Pas contrarié, furieux !

— D'ordinaire, l'abbé Pacôme apaise les âmes.

— S'il m'en reste une, elle ressemble à un volcan en éruption ! Je déteste qu'on se moque de moi.

— Je connais l'abbé depuis fort longtemps, et il ne s'est jamais moqué de personne. Ne mettez pas sa parole en doute, vous le regretteriez.

— Une menace ?

— Un simple conseil. Pacôme ne lutte que contre les démons.

L'avocat haussa les épaules. Il ne manquait plus que la magie pour corser l'histoire ! Décidément, l'Amérique et le business avaient du bon. On ne devrait jamais quitter New York.

À l'accès principal du Vieux Caire, entre les deux tours romaines, une Peugeot verte attendait, moteur en marche.

— Ce taxi vous reconduira au Mena House, précisa la jeune femme.

— Vous ne m'accompagnez pas ?

— Ma mission est terminée.

— Avant de reprendre l'avion, j'aurais aimé vous inviter à dîner.

— Je vous le répète, monsieur Wilder : ma mission est terminée.

10

Mark se rua au bar du Mena House et commanda un triple whisky. Il avait la gorge sèche et aurait volontiers frappé un bon moment dans un punching-ball. Toujours aussi irrité, il décida de prendre l'air en arpentant le plateau de Guizeh.

À la nuit tombée, des familles se regroupaient au pied de la grande pyramide pour déguster des gâteaux et goûter la tiédeur de l'air. On se racontait de bonnes histoires, on riait, on jouissait de l'instant présent. Quelques policiers débonnaires déambulaient, se plaignant de leur maigre salaire.

Mark ressentit l'énergie qui montait du sol. Effaçant la fatigue, elle rendait les jambes vigoureuses et leur donnait la capacité de marcher à l'infini.

Tourner autour des géants de pierre offrait une étrange expérience. Le promeneur eut l'impression de franchir le mur séparant son époque de celle des bâtisseurs et de communier, si peu que ce soit, avec l'âme des maîtres d'œuvre.

Chaque mot de l'entretien avec l'abbé Pacôme résonnait en lui comme un coup de tonnerre. Ce vieil homme au rayonnement indéniable n'était pas un plaisantin ! Bien sûr, il se trompait en se faisant l'écho de bruits infondés et dépourvus de sens. Mais comment étaient-ils parvenus jusqu'à lui ?

Mark se remémora les temps forts de son enfance et de son adolescence, auprès d'un père rigoureux et d'une mère lui passant tous ses caprices. Il fallait travailler dur à l'école, tenter de conquérir la première place et subir les réprimandes en cas d'échec. Mais il y avait les matchs de basket avec sa bande de copains, les goûters pantagruéliques et les vacances à la mer et à la montagne. Quand son père grondait trop fort, sa mère le protégeait. Et le petit homme se construisait jour après jour, mêlant efforts et joie de vivre.

Qui aurait pu rêver de meilleurs parents ? Pourtant, l'abbé Pacôme avait semé un doute insupportable. Et puisqu'il le mettait au défi de vérifier son invraisemblable théorie, Mark ne reculerait pas.

De retour dans sa chambre où avait été déposée une corbeille de fruits à côté d'un bouquet de roses, il parvint à joindre Dutsy Malone grâce à l'efficacité d'une opératrice.

— Comment vont les pyramides ?

— Indestructibles.

— Quand rentres-tu ?

— Je compte profiter encore un peu du paysage. Mais j'ai besoin de renseignements.

— Ça y est, estima Dutsy, tu es sur une affaire !

— Si l'on veut. Retrouve-moi au plus vite la trace d'un docteur nommé Jonathan Gatwick. S'il est encore vivant, utilise n'importe quel moyen pour lui faire avouer tout ce qu'il sait à propos de mes parents et de ma naissance.

— Tu es sérieux ?

— Très sérieux. Menace-le si nécessaire, mais qu'il parle !

— Quoi d'autre ?

— Renseigne-toi sur un certain bureau 303, annexe B, qui aurait existé à New York il y a une quarantaine d'années.

— Dans quel secteur administratif ?

— Aucune idée.

— Tu me prends pour Superman !

— Tu es beaucoup plus fort que lui et tu es payé pour ça.

— Qu'est-ce qui se passe, Mark ? Tu as une drôle de voix.

— J'ai un peu trop bu.

— Ça ne te ressemble pas. Aurais-tu des ennuis ?

— Ça dépendra des informations que tu obtiendras.

— Dis-m'en davantage, bon sang !

— C'est trop tôt, Dutsy, et je ne veux pas t'influencer. Tu délègues les dossiers en cours à tes assistants et tu te mets en piste. Je suis extrêmement pressé.

— Entendu, patron. Évite quand même de commettre des imprudences !

— Ce n'est pas mon style. Embrasse de ma part ton épouse et les petites.

En raccrochant, Mark regretta d'avoir entrepris cette démarche ridicule qui n'aboutirait probablement à rien. Au moins, il en aurait le cœur net et pourrait regagner New York en toute sérénité.

*

*   *

Malgré l'heure tardive, la gare du Pont-Limoun était encore remplie de voyageurs qui attendaient un train retardé et de badauds venus fumer une cigarette en évoquant les menus événements de la journée et se plaindre du gouvernement de Farouk, incapable de résoudre leurs problèmes quotidiens, de plus en plus pénibles à supporter. Les riches s'enrichissaient, les pauvres s'appauvrissaient. Et l'infinie patience du peuple avait ses limites. Mais existait-il un seul homme assez honnête et courageux pour briser le cours du destin ?

Hosni repéra Mahmoud qui lisait le journal du parti Wafd.

Autrement dit, les policiers en civil rôdaient dans le secteur.

De son pas lourd, avec une allure pataude, Hosni se dirigea vers un guichet, fit la queue et prit un billet à destination de la banlieue. Mahmoud avait plié son journal et allumé une cigarette.

Plus de danger.

Il pouvait faire son rapport à l'émissaire des Officiers libres.

— Que devient Mark Wilder ?

— Je ne m'étais pas trompé, affirma Hosni. Il s'agit bien d'un agent américain de première force, habitué à rompre les filatures. L'un de mes hommes le surveillait et l'a vu sortir à pied du Mena House en direction du Caire, comportement inhabituel pour un touriste. Il l'a donc suivi mais, quelques minutes plus tard, une voiture s'est arrêtée à la hauteur de l'Américain qui s'est rué à l'intérieur. Elle a redémarré à vive allure.

Mahmoud hocha la tête.

De fait, la stratégie de Wilder ne laissait subsister aucun doute sur ses véritables activités.

— As-tu relevé le numéro de la plaque ?

— Bien entendu, et j'ai demandé au service compétent d'identifier le chauffeur. Peine perdue, ça ne correspond à rien.

— En plus, une fausse plaque… Wilder est-il revenu au Mena House ?

— Le soir même.

— Sais-tu qui l'a ramené ?

— Malheureusement non. C'est l'un des employés de la réception qui m'a signalé le retour de l'Américain, mais il n'a pas vu la voiture qui l'a déposé. Le bonhomme ne sera pas facile à pister. Désires-tu que je renforce mon équipe de surveillance ?

— Non, il s'en apercevrait et prendrait des mesures radicales pour nous filer entre les doigts. Ce genre d'homme sait se débrouiller en milieu hostile, et il ne manque pas de contacts efficaces.

D'un talon nerveux, Mahmoud écrasa sa cigarette.

— Comment dois-je procéder ? s'inquiéta Hosni.

— Dispositif léger et discret, pas d'intervention directe. En revanche, s'il quitte l'hôtel avec ses bagages, tâche de ne pas le perdre et avertis-moi immédiatement.

Au fond, Hosni procurait d'excellentes nouvelles à Mahmoud. Pour la première fois depuis longtemps, ce dernier avait un espoir de sortir de la nasse où il se sentait enfermé. Encore lui faudrait-il agir avec une extrême prudence.

11

Affligé d'une solide gueule de bois, Mark Wilder passa la matinée à sommeiller dans sa chambre et à boire du café. Par moments, il regrettait d'avoir appelé Dutsy. En fin de compte, ne valait-il pas mieux en avoir le cœur net ?

Enfin, le téléphone sonna.

Ce n'était que la réception. Un ami désirait le voir.

La migraine commençait à se dissiper, l'avocat tenait sur ses jambes.

Plutôt élégant dans son costume blanc cassé, John arbora un sourire moqueur.

— Tu as une mine de papier mâché, mon vieux ! Les nuits d'Orient commencent à te ruiner la santé.

— Ce n'est pas du tout ce que tu crois.

— Des ennuis ?

— Rien de sérieux.

— Si tu es libre, je t'emmène déjeuner.

— Je pensais faire une petite diète et…

— Bon, restons ici. Tu prendras un bouillon de légumes et du riz.

— Comme tu voudras.

Confortablement installés à l'abri d'un large parasol, les deux amis conversèrent sous le regard de la grande pyramide de Khéops. Jadis, son revêtement de calcaire blanc reflétait les rayons du soleil et produisait ainsi une lumière éblouissante qui illuminait le pays entier. Aujourd'hui, malgré ses blessures, la géante continuait à faire rayonner l'éternité inscrite dans ses pierres.

— J'ai une invitation à te transmettre, déclara John. Vu ta notoriété, tu fais partie des personnalités étrangères conviées à assister au plus grand événement de l'année, le deuxième mariage du roi Farouk. Un spectacle à ne pas manquer, crois-moi, même si les Égyptiens regrettent la première épouse du monarque, Safi Naz, « Rose pure », tombée amoureuse de lui à quinze ans. Il l'appelait Farida, « la parfaite, la pure, l'unique », mais fut tout de même le premier roi d'Égypte à répudier sa compagne, il y a trois ans. Le peuple l'adorait, et ce comportement n'a pas amélioré la médiocre popularité de Farouk.

— Tu sais, moi, les mariages…

— Impossible de rater ça, décréta John. Il faut que tu apprennes à connaître Farouk, son entourage et le fonctionnement de sa cour pour comprendre la crise que traverse l'Égypte. Bien qu'il soit né au Caire le 11 février 1920, Farouk n'est pas considéré comme un enfant du pays, mais le représentant d'une dynastie turque. Il a même du sang français dans les veines, ce qui n'arrange rien ! Par sa mère, la princesse Nazli, il descend d'un certain Joseph Sève, fils de chapelier, né à Lyon en 1788, et devenu général sous les ordres de Méhémet-Ali ! Farouk parle sept langues, et on lui reproche de préférer l'anglais et le français à l'arabe. Elles sont loin, les espérances nées lors de sa montée sur le trône, le 28 avril 1936 ! Ses vingt-deux millions de sujets croyaient à un grand règne, à davantage de justice sociale et à la réalisation de trois grands projets : la fédération des États arabes, l'annexion du Soudan et l'expulsion des Anglais de la zone du canal de Suez. Échec total. Et son comportement pendant la Seconde Guerre mondiale n'a pas été des plus brillants. Pronazi, comme le grand muphti du Caire qui collaborait avec l'Allemagne, Farouk a été rudement ramené à la raison par les Anglais. L'année dernière, il a dû se résoudre, lors d'élections libres, à voir le vieux parti Wafd obtenir une large majorité à la Chambre des députés et à proclamer son éternel slogan : « L'Égypte aux Égyptiens ! » Mais le parti est aussi corrompu que Farouk lui-même, et ses membres ne songent qu'à s'enrichir. Désormais, le roi oublie le gouvernement du pays et se consacre aux affaires juteuses et aux plaisirs du sexe, de la table et du jeu. Quand l'envie le prend, il change de ministres et nomme de nouveaux officiers, afin de garder l'armée à sa botte. Les titres honorifiques de bey et de pacha se monnayent à prix d'or, et la fortune est assurée à qui fait partie de l'entourage du monarque. Et la population ne ferme plus les yeux.

Sur la pelouse du Mena House, une corneille au large bec sautillait pour atteindre son but, un arrosoir rempli d'eau. Mark se demanda si lui aussi n'était pas devenu une sorte de cible pour son interlocuteur.

— Pourquoi me racontes-tu tout ça, John ? Je ne suis qu'un simple touriste.

— L'Angleterre et la France, deux grandes puissances coloniales, sont en déclin. L'Asie et le Moyen-Orient leur échappent. L'Union soviétique et les États-Unis d'Amérique sont en train de prendre leur place. Nous, Américains, ne devons pas rater la reconquête de l'Égypte. Elle passe par une parfaite connaissance de la situation.

Mark ne dissimula pas son étonnement.

— Nous voilà bien loin de tes simples problèmes de coton, me semble-t-il.

— Je ne vais pas jouer plus longtemps au chat et à la souris, déclara John avec gravité. Notre rencontre, à l'aéroport, ne devait rien au hasard. Je savais que tu prenais l'avion pour Le Caire et je t'y attendais.

— Explique-toi !

— J'appartiens à un service de renseignement récemment créé sur ordre du président Truman, la *Central Intelligence Agency*, et je travaille depuis un an en Égypte, considérée comme une zone stratégique majeure. Et toi, tu es à la fois mon ami, un avocat influent et une future personnalité politique de premier plan.

— La CIA... Ce n'était donc pas une simple rumeur, elle existe bel et bien. Essaierais-tu de me recruter ?

— Bien sûr que non ! Puisque tu te prépares à servir ton pays et que tu te trouves à un endroit brûlant et à un moment crucial, je te demande seulement d'ouvrir tes yeux et tes oreilles. Lors de nos rencontres, tu me feras un rapport oral, et je trierai. Même à ton insu, tu peux récolter un renseignement essentiel pour l'avenir du pays et la politique américaine. Si tu refuses, personne ne te le reprochera. Mais si tu acceptes de m'aider un peu, ta carrière politique pourrait en être facilitée. Il n'y aura pas de dossier, et je te donne ma parole d'ami que ton nom ne sera jamais cité.

— Toi, ne cours-tu pas de grands risques ?

— C'est le métier. Mon réseau est bien implanté et invisible. Mais on ne collecte jamais assez d'informations avant de prendre des décisions capitales.

— Renverser Farouk, par exemple ?

— Nous n'en sommes pas là, Mark ! Mais j'aimerais beaucoup avoir ton avis sur le personnage. Le roi a répudié sa première femme parce qu'elle ne pouvait pas lui donner d'héritier mâle. Si la nouvelle épouse parvient à s'acquitter de cette tâche, peut-être le sort de l'Égypte en sera-t-il modifié. À moins qu'il ne soit trop tard.

John termina sa bière fraîche, Mark son verre d'eau.

— Voilà, mon vieux, je t'ai tout dit. Agis à ta guise.

— Merci de ta franchise.

— À bientôt, j'espère.

John laissa sur la table l'invitation en bonne et due forme au mariage de Farouk.

Au début de son séjour, Mark aurait laissé exploser sa fureur d'être ainsi manipulé. Mais il se trouvait pris dans un tourbillon où il perdait tous ses repères. Et puis il commençait à apprécier le charme si particulier de ce pays, sans doute parce qu'il était tombé amoureux d'Ateya et qu'il ne partirait pas sans la revoir.

Une véritable attitude d'adolescent irréfléchi ! Mais combien de fois, dans son existence, faisait-on des rencontres comme celle-là ?

L'eau commençant vraiment à être trop plate, Mark commanda un bloody mary sérieusement pimenté. Et puis il s'offrirait une longue sieste avec l'espoir, tout à fait vain, de se réveiller l'esprit clair.

12

Quand le téléphone sonna, la nuit était tombée depuis longtemps.

Réveillé en sursaut, Mark chercha le combiné à tâtons et parvint à décrocher.

— Vous avez New York en ligne, annonça l'opératrice.

L'avocat regarda sa montre : 21 h 45.

— C'est moi, Dutsy, dit une voix étrangement sombre. Tu m'entends, Mark ?

— Très bien, Dutsy.

— J'ai mené à bien les enquêtes que tu m'avais confiées. Il a fallu mettre le paquet, mais j'ai obtenu des résultats.

— J'ai l'impression que tu es fâché !

— Fâché, fâché… Disons étonné.

— Qu'as-tu appris d'extraordinaire ?

— Extraordinaire, c'est le mot juste.

La gorge de Mark se serra. Il aurait aimé le rapport décapant d'un Dutsy Malone rigolard, lui annonçant que les « précisions » de l'abbé Pacôme étaient des plaisanteries de vieillard sénile.

La réalité semblait différente.

— Tu as retrouvé la trace du docteur Gatwick ?

— Sans problème. Il a exercé à New York toute sa carrière et coule une paisible retraite dans un appartement de luxe. Un des meilleurs obstétriciens de sa génération, paraît-il, et un homme au grand cœur. Ses vacances, il les passait en Égypte pour enseigner à ses confrères locaux les techniques efficaces en cas d'accouchement difficile.

— En Égypte…

— Les riches familles du Caire ont souvent fait appel à lui. Et il se souvient très bien de tes parents, des gens charmants qui résidaient dans une villa d'Héliopolis.

— Mes parents ne sont jamais allés en Égypte !

— Ils ont oublié de t'en parler, Mark. Ta mère y a vécu des semaines fabuleuses pendant que ton père traitait des affaires. Et ils ont accueilli chez eux une jeune femme enceinte qui devait cacher sa grossesse à ses proches sous peine des pires sévices. Elle a mis au monde un magnifique petit garçon, s'est rétablie et a disparu.

Mark se mit à trembler.

— Comment s'appelait-elle ?

— Le docteur Gatwick n'a jamais su son nom.

— Et le père ?

— Inconnu.

— Cet enfant, qu'est-il devenu ?

— Ta mère était aux anges, elle s'en est occupée comme s'il s'agissait de son bébé.

— Après ma naissance, à qui l'a-t-elle confié ?

Dutsy hésita à répondre. L'avocat alluma la lumière.

— Le docteur Gatwick a précisé que ta mère ne pouvait pas avoir d'enfant.

Peuplé de milliers d'étoiles sur fond de lapis-lazuli, le ciel tomba sur la tête de Mark.

— Ton toubib est devenu gâteux ! Il mélange les cas de plusieurs patientes.

— Possible.

— Et le bureau 303, annexe B ?

— Mes copains de la mairie n'ont eu aucune peine à retrouver sa trace. Il a disparu voici une dizaine d'années, à la suite d'une réorganisation administrative. À l'époque de ta naissance, il s'occupait de la naturalisation d'enfants adoptés au Moyen-Orient.

— Au Moyen-Orient, répéta Mark, interloqué. Que sont devenues les archives ?

— Elles ont été transférées à un nouvel organisme, à l'exception de celles concernant l'année de ta naissance qui ont brûlé lors d'un incendie accidentel.

Un long silence succéda à ces révélations.

— Tu es toujours là, Mark ?

— Bien sûr… Tu as fait un travail formidable, Dutsy.

— Ça dépend de quel point de vue on se place. C'est quoi, cette embrouille ?

— Je ne possède pas encore toutes les données. Grâce à toi, j'espère y voir plus clair.

— Moi, j'ai l'impression que tu rentres dans un sacré tunnel ! Et si tu prenais le premier avion pour New York ?

— J'en avais l'intention, mais ce n'est plus possible. Je dois rester en Égypte un certain temps, Dutsy, afin d'éclaircir la situation.

— Est-ce vraiment nécessaire ? Tu es un grand patron, admiré et estimé, tu vas devenir un homme d'État, une vaste route s'ouvre devant toi… Oublie ces crétineries, Mark, et rentre à la maison.

— La maison, c'est toi qui la tiens, Dutsy. Moi, je dois comprendre ce qui m'arrive.

— OK, boss. Mais ne traîne pas.

Tel un fauve en cage, Mark fit les cent pas dans sa chambre. Puis il prit une douche brûlante pendant un bon quart d'heure. Quand l'eau cessa de couler, l'énigme n'avait pas disparu.

Si le docteur Gatwick n'avait pas menti, sa mère n'était pas sa mère, mais cette femme mystérieuse qui avait accouché dans la villa cairote de ses parents adoptifs et dont l'abbé Pacôme prétendait connaître le nom, sans oublier celui de son véritable père.

Les Wilder étaient suffisamment riches pour l'adopter, obtenir des papiers en extrême urgence et faire disparaître le dossier afin que leur fils ne puisse jamais découvrir ses véritables origines.

On nageait en pleine folie !

Et pourtant…

Trop tard pour se rendre à la Suspendue et interroger l'abbé Pacôme. Dès le lendemain, l'avocat le soumettrait à un interrogatoire serré et obtiendrait enfin la vérité.

On frappa à sa porte.

— Un colis en provenance du palais de Sa Majesté, annonça fièrement le livreur.

Mark le gratifia d'un bon pourboire et découvrit un smoking digne des soirées new-yorkaises les plus huppées.

L'accompagnait un petit mot : « Sa Majesté le roi Farouk est heureuse de vous compter au nombre de ses invités pour la célébration de son mariage, demain 6 mai, au palais d'Abdine. Une voiture officielle passera vous prendre. »

Rédigé à la main, le texte était signé d'Antonio Pulli, bras droit du monarque.

13

Le Caire était en effervescence. Ici, on appréciait les beaux mariages, et Farouk avait vu grand. Une foule immense assisterait à l'arrivée de la fiancée, parée de bijoux et vêtue d'une robe créée à Paris qui avait coûté une fortune. Quatre mille soldats lui feraient une haie d'honneur, des cadets de l'armée et une fanfare réunie précéderaient le cortège en route vers le palais royal, envahi de cadeaux. Et cent un coups de canon annonceraient l'union du roi Farouk et de Narriman Sadek, une jolie femme à la chevelure châtaine agrémentée de quelques mèches blondes.

Officiellement, le monarque et la timide jeune fille s'étaient rencontrés par hasard, et l'amour avait enflammé leur cœur. En réalité, Farouk l'avait remarquée avant son divorce et décidé de se l'approprier. Petite difficulté : Narriman était déjà fiancée à un économiste égyptien, diplômé de Harvard. Mais comment s'opposer à la volonté du roi ? Brutalement exclu du jeu, l'ex-fiancé ne décolérait pas. Narriman, elle, se sentait fière et heureuse d'épouser l'homme le plus puissant du pays.

Sur l'ordre de son maître et seigneur, elle avait séjourné à Rome pour s'y cultiver, apprendre les bonnes manières et les quatre langues que Farouk jugeait indispensables : l'anglais, l'allemand, le français et l'italien. Un professeur de gymnastique l'avait aidée à façonner un corps parfait et une cantatrice à fredonner des airs d'opéra. Farouk voulait une reine instruite, élégante et racée.

Le peuple regrettait la première épouse du roi, très appréciée, mais une journée de festivités était toujours bonne à prendre. Pendant quelques heures, on oublierait les difficultés du quotidien.

La Cadillac où Mark était confortablement installé passa place de l'Opéra, emprunta la rue Ibrahim-Pacha et arriva au palais d'Abdine, lourde construction de style baroque datant du XIXe siècle. Sa façade impressionnante et ses vastes salons parsemés de colonnes de marbre étaient dus à un architecte italien, Verucci Bey, que l'on qualifiait de « sinistre vieillard » en raison de son caractère et de l'austérité de ses bâtisses.

Des policiers en grand uniforme réglaient le ballet des voitures officielles amenant les invités. Plusieurs chambellans les accueillaient.

L'Américain remit son invitation à l'un d'eux.

— Si vous voulez me suivre, monsieur Wilder.

Ils grimpèrent un escalier monumental, sous le regard des lanciers de la garde, et Mark fut introduit dans le salon du canal de Suez, décoré de grands tableaux consacrés aux bateaux qui l'empruntaient.

Une armée de serviteurs proposait aux invités des gâteaux et des boissons. On papotait, on mangeait, on buvait, on était fier de se montrer et de porter un smoking somptueux et la dernière robe à la mode. Exactement le genre de réception que Mark détestait et qu'il évitait au maximum.

Un homme nerveux d'une quarantaine d'années se dirigea vers lui.

— Très heureux de vous rencontrer, monsieur Wilder ! Je m'appelle Antonio Pulli et je m'honore de servir au mieux Sa Majesté.

Les deux hommes se serrèrent la main.

— Quelle magnifique journée, ne trouvez-vous pas ? Ce mariage restera dans la mémoire des Égyptiens, j'en suis persuadé. Venez, cherchons un endroit plus tranquille.

Vêtu à la dernière mode européenne, rapide et décidé, dépourvu d'ostentation, Pulli conduisit l'avocat dans un salon un peu moins vaste où une autre armée de serviteurs disposait la montagne de cadeaux offerts aux nouveaux mariés.

— Je suis originaire de Naples, précisa Pulli, et mon père était responsable de la bonne marche du circuit électrique de cet immense palais. Un travail de haute précision, croyez-moi ! Il m'a appris le métier, et j'ai eu la chance, très jeune, de pouvoir réparer les jouets du futur roi Farouk. Il m'a honoré de sa confiance, puis de son amitié et m'a décerné le titre de bey en me nommant secrétaire de ses Affaires privées. Une tâche fort exigeante qui ne me laisse pas un instant de repos ! Mais je suis fier de servir un grand monarque et de le soulager du poids des problèmes matériels. Êtes-vous satisfait de votre séjour en Égypte, monsieur Wilder ?

— Très satisfait.

— C'est le premier, me semble-t-il ?

— En effet.

— En raison de son emplacement au pied des pyramides, le Mena House est un hôtel incomparable. Il faudrait de nombreuses années pour découvrir toutes les richesses de l'Égypte ! Mais il n'y a pas que le passé et l'archéologie, monsieur Wilder. Ce pays extraordinaire doit rentrer dans l'ère de la modernité et du progrès, et c'est le souci constant du roi. Bien des Occidentaux, notamment les Français et les Anglais, ne comprennent pas toujours le désir d'indépendance de notre peuple. Pour un Américain, c'est différent : n'a-t-il pas un sens inné de la liberté ?

— On peut le supposer.

— Vous contenterez-vous de faire du tourisme, demanda Antonio Pulli, ou comptez-vous, à l'occasion, vous intéresser au monde des affaires ?

— Mon but premier est de changer d'air et de me reposer, mais qui sait ? La vie réserve parfois des surprises, et je garde l'esprit ouvert.

— L'Égypte présente de formidables occasions à saisir, affirma le secrétaire privé de Farouk, et Sa Majesté tient beaucoup au développement économique. Lui seul mettra fin à la misère qui frappe encore trop notre peuple. Un avocat de votre envergure pourrait nous rendre de grands services, tant le droit des affaires devient compliqué.

— Pourquoi pas ? avança prudemment Mark.

— J'aurais aimé bavarder longuement avec vous, mais cette journée est très particulière et je dois régler encore quelques détails afin que le cérémonial se déroule à la perfection. Sa Majesté désire que le peuple participe à son bonheur et qu'il n'y ait pas la moindre anicroche. À bientôt, j'espère.

— Moi de même.

Mark demeura circonspect. En lui accordant cet entretien privé en un pareil moment, Antonio Pulli prouvait l'importance qu'il attachait à la personne de l'Américain. Et son appel d'offres était explicite. Mais à quoi menait-il ?

Soudain, la rumeur enfla : la mariée ne tarderait plus à arriver ! N'entendait-on pas la fanfare nuptiale ? Et chacun de se réjouir de la fastueuse cérémonie, des banquets, des feux d'artifice et de l'armada de felouques illuminées sur le Nil. Cette nuit, personne ne dormirait.

Pour Mark, c'était le moment de s'éclipser.

Un Européen distingué lui fournit un renseignement crucial : l'adresse d'un magasin de vêtements où il troqua son smoking contre une tenue moins voyante, moyennant un supplément quelque peu outré. Mais c'était un jour de fête, et il n'y avait plus de prix.

S'aidant d'un plan détaillé du Caire dont il avait pris soin de se munir, l'avocat explora le centre de la ville, visiblement heureuse d'accueillir une nouvelle reine.

En ne retournant pas au Mena House et en se mêlant aux badauds, Mark était certain d'échapper à d'éventuels suiveurs et de ne pas les mener à l'abbé Pacôme qui avait tant à lui dire. Cette fois, il faudrait dissiper le mystère et obtenir des explications claires. La montagne n'accoucherait-elle pas d'une souris ? Non, puisque l'enquête menée par Dutsy avait abouti à des résultats incroyables !

L'abbé Pacôme savait.

Pourquoi avait-il attendu si longtemps pour écrire à Mark et lui révéler enfin la vérité ? Le climat de tension qui envahissait le pays avait-il influencé sa décision ? Sans doute le mariage de Farouk et la naissance d'un héritier de la dynastie amélioreraient-ils la situation.

Mark songeait à Ateya. Elle lui manquait. Il avait envie de converser avec elle, de la regarder, d'admirer son sourire et son élégance naturelle. Il ne concevait plus la vie sans sa présence. Pourtant, il n'était même pas certain de la revoir !

Si, il la reverrait.

À force de ténacité, il avait toujours obtenu ce qu'il désirait. L'abbé Pacôme connaissait forcément l'adresse de la jeune femme. Mark lui expliquerait qu'il n'était pas un don Juan succombant au charme oriental, la prierait de l'écouter avec attention et de ne pas prononcer de paroles définitives avant qu'ils se découvrent mieux.

Et si Ateya avait déjà un homme dans sa vie ? Peut-être ne s'agissait-il que d'une liaison passagère, facile à rompre. Elle, une Égyptienne, lui, un Américain : ne s'abandonnait-il pas à un rêve irréalisable ?

L'esprit en feu, il prit la direction du Vieux Caire. Le soleil se couchait, et les festivités continuaient. En cette nuit chaude de mai, les Cairotes allaient chanter et danser, sans oublier de boire à la santé du roi et de la reine. Même les pieux musulmans goûteraient un peu de bière ou d'alcool.

Mark arpenta les ruelles jusqu'à l'heure du rendez-vous. Grâce à sa bonne mémoire visuelle, il retrouva sans peine le chemin de la Suspendue et gagna le jardin.

Assis sur un banc, l'abbé Pacôme méditait.

14

Mark s'assit à gauche de l'abbé.

— Vous aviez raison, déclara-t-il d'une voix nerveuse. Les Wilder ne sont que mes parents adoptifs, et ils m'ont caché la vérité.

— Ils ont tenu leur parole. Dieu leur en sera reconnaissant. Cette vérité, désirez-vous la connaître, avec toutes les conséquences qu'elle implique ?

— Ma présence le prouve.

— Je crains qu'il ne s'agisse que d'une simple curiosité, avança Pacôme. Avez-vous suffisamment réfléchi à l'importance de votre démarche ?

— J'ai pris le temps nécessaire. Pendant que Le Caire célébrait le mariage de Farouk, j'ai déambulé afin de faire le bilan de ces derniers jours et j'ai abouti à une conclusion. À présent, je veux savoir. Tout savoir.

— Mon intention n'est pas de vous nuire, monsieur Wilder, mais mes révélations bouleverseront votre existence et vous amèneront sur des chemins dangereux. Apparemment tout tracé, votre destin sera modifié et j'ignore si vous en supporterez le poids. C'est pourquoi, avant de vous apprendre le nom de votre véritable père et de votre véritable mère, je dois exiger de vous le serment que vous remplirez sans faiblir la mission qu'ils vous confient au-delà de la mort.

— Autrement dit, m'engager sans savoir à quoi je m'engage !

— À vous de trancher. Ne vous ai-je pas donné assez d'indications ?

— Pourquoi avez-vous décidé de me contacter ?

— Le ciel se trouble et les enfers s'agitent, monsieur Wilder. Et s'il reste une petite chance de voir la lumière triompher des ténèbres, c'est vous qui l'incarnez. Une immense responsabilité que vous pouvez refuser d'endosser. Nul ne vous le reprochera.

— Je n'ai pas l'habitude de reculer devant l'obstacle.

— La taille de celui-là n'a aucune mesure avec ceux que vous avez affrontés.

— Chercheriez-vous à m'effrayer ?

— Bien entendu. Face aux forces de destruction, la peur est la première étape à franchir. Sans elle, on demeure dans l'inconscience et la stupidité.

— Et si, en réalité, vous ne saviez rien ? Si toute cette histoire n'était qu'un rideau de fumée pour m'amener je ne sais où ?

— Votre enquête ne vous a-t-elle pas prouvé le contraire ? Vous vous interrogez cependant sur ma modeste personne et l'authenticité de mon message. Apprenez, monsieur Wilder, que j'appartiens à une lignée très particulière, sans grand rapport avec le christianisme et l'islam nés dans cette région et désireux de dominer le monde en s'imposant par la force, si nécessaire. Quand l'écriture copte apparut, au deuxième siècle avant la naissance de Jésus, les anciens Égyptiens avaient conscience qu'ils ne tarderaient plus à disparaître et qu'ils devraient, désormais, transmettre leur sagesse sous un langage codé. Les initiés furent contraints de se vêtir d'habits chrétiens et d'adhérer à la nouvelle croyance afin de survivre après la fermeture des temples et le massacre des derniers résistants. Nourrie de l'enseignement des prêtres égyptiens, l'Église copte se sépara de Rome et accomplit un miracle : cohabiter avec l'islam. Mais les miracles ne durent pas, et notre situation se dégrade chaque jour davantage. Pour nous, l'Égypte n'est pas « la maison des esclaves » dont parle l'Ancien Testament, dans le livre de l'Exode, la demeure du diable et le lieu de l'ignorance mais, au contraire, la demeure céleste, le ciel sur la terre et le temple du monde entier. En 1945, sur le site de Chénoboskion, près de Nag Hammadi en Haute-Égypte, des fouilleurs ont ramené au jour l'une des bibliothèques de mes ancêtres, composée de textes que l'Église romaine a refusé d'intégrer à la Bible, comme l'*Évangile des Égyptiens*, les deux *Apocalypses de Jacques* ou le *Verbe authentique*. Bien peu d'êtres furent jugés dignes de consulter ces écrits dont une bonne partie est encore secrète. Et il en allait ainsi de leur véritable source, les textes rédigés par les grands sages de l'Égypte pharaonique qui demeurent ma nourriture quotidienne.

Mark avait l'impression d'entendre un homme d'un autre monde.

— Voilà où vous mènera votre serment, poursuivit Pacôme, si les forces de destruction ne vous terrassent pas avant que vous réussissiez à remplir votre mission : préserver un trésor sans lequel l'humanité perdra la tête et sombrera dans le néant.

L'Américain était abasourdi.

— Je n'ai pas le pouvoir de sauver la planète à moi seul ! C'est réservé aux héros de films d'aventures.

— Ne vous sous-estimez pas, recommanda l'abbé Pacôme dont le visage s'orna d'un léger sourire. Il suffit parfois d'un seul être pour modifier l'avenir.

— Je suis un avocat d'affaires, pas un prêtre copte spécialiste des textes ésotériques !

— Vous êtes aussi le fils d'un père exceptionnel qui a précisément trouvé le moyen de faire triompher la lumière mais n'a pas eu la possibilité de l'utiliser. À vous, son fils, revient cette tâche. Désirez-vous prolonger son œuvre et la mener jusqu'à son terme ?

— Ne seriez-vous pas plus qualifié que moi ?

— D'abord, à mon âge, je n'ai plus la capacité d'entreprendre les démarches nécessaires ; ensuite, seule votre magie personnelle, identique à celle de votre père, permet d'envisager un succès. Sinon, je vous aurais laissé dormir tranquille.

Mark n'affrontait plus une simple tempête, mais une véritable tornade.

— Allons chez moi, proposa l'abbé Pacôme. Avant que vous preniez votre décision, je dois effectuer un rite de protection.

Le vieil homme peinait à marcher et s'aidait de sa canne. Mark tentait de reprendre ses esprits, tout en songeant à l'importance de la parole donnée, tellement dédaignée dans un monde moderne où le mensonge était devenu une arme indispensable.

Jamais il n'avait été ainsi placé devant lui-même et des responsabilités dont il percevait le poids sans en connaître la nature réelle.

Située dans une ruelle déserte où n'habitaient que des coptes, la demeure de l'abbé Pacôme se présentait comme une vaste bibliothèque, composée de manuscrits, de parchemins et de livres anciens.

— Attendez-moi un instant, monsieur Wilder.

Quand l'abbé réapparut, il portait une robe blanche et tenait une ampoule couleur or.

— Elle contient une huile sainte, celle de l'allégresse, destinée à protéger les voyageurs de l'esprit en écartant les démons de leur route. Veuillez vous agenouiller.

Voilà bien longtemps que l'Américain n'avait pas accompli ce geste ! Maladroitement, il s'exécuta.

L'abbé récita des textes évoquant les forces redoutables contenues dans les mille et une sortes de feux qui rongeaient les êtres. Un à un, il les pacifia avant d'oindre le front, les sourcils, le cœur et les mains de Mark, envahi d'une incomparable sensation de bien-être.

La tornade s'apaisa, les pensées se mirent en place comme les éléments d'un jeu de construction, et Mark eut l'impression de devenir enfin le maître de la situation et de trouver la meilleure solution après l'étude approfondie d'un dossier complexe.

Assis dans un fauteuil à haut dossier, il vit l'abbé Pacôme lui proposer un verre rempli d'une liqueur ambrée.

— Un excellent cognac qu'appréciait votre père. Dans les moments difficiles, ce breuvage lui redonnait du courage.

Mark savoura le nectar.

— Avez-vous pris une décision ? demanda l'abbé.

— Dites-moi la vérité, et je remplirai la mission que mon père m'a confiée au-delà de la mort.

— Pendant plusieurs semaines, affirma Pacôme, vous serez protégé de l'assaut des forces du mal. Ensuite, je devrai intervenir de nouveau. Votre serment déclenche un processus irréversible à l'issue incertaine.

— Qui étaient mes parents ?

— Nous ne sommes pas au bon endroit pour que vous puissiez percevoir toute l'importance de cette révélation. Le musée du Caire me paraît plus adéquat.

— Le musée ? Mais nous sommes en pleine nuit !

Pacôme sourit.

— Plusieurs heures se sont écoulées pendant notre rituel, monsieur Wilder. Le soleil est levé depuis longtemps.

15

Dès qu'il pénétra dans le musée du Caire, que certains archéologues comparaient à la caverne d'Ali Baba, l'abbé Pacôme retrouva une seconde jeunesse et se déplaça avec davantage d'aisance. La vision du nombre incroyable de chefs-d'œuvre accumulés ici lui redonnait de l'énergie, comme s'il communiait naturellement avec l'âme immortelle des statues.

Pacôme emmena Mark jusqu'aux galeries où étaient exposés les innombrables trésors provenant de la tombe de Toutânkhamon.

Et là, ce fut l'éblouissement.

Le souffle coupé, le regard tellement stupéfait qu'il ne savait plus où se poser, Mark découvrit les chapelles d'or, les lits en bois doré, les coffrets, les statues, les trônes, les bijoux, et resta interdit devant le masque d'or exprimant une vie d'une intensité incroyable.

L'abbé laissa s'établir un profond contact entre l'Américain et le pharaon. Sans s'en douter, Mark franchissait un seuil et entrait dans un nouvel univers.

Puis Pacôme entraîna son hôte un peu à l'écart.

— Votre mère était égyptienne, très belle, et se prénommait Raifa, déclara-t-il. Et votre père s'appelait Howard Carter, le plus grand archéologue de tous les temps, celui qui a découvert la tombe de Toutânkhamon, à l'issue de longues années de recherches et d'épreuves. Vous admirez les merveilles qu'il a ramenées au jour et vous participez ainsi à sa Quête et à l'essentiel de son existence.

Très lentement, les deux hommes parcoururent les salles, s'attardant sur une statuette, une paire de sandales ou un collier.

— Votre père est né le 9 mai 1874[1], à Londres, et a vécu son enfance à Swaffham, dans le Norfolk, d'où étaient originaires ses parents. Son père, Samuel John Carter, travaillait pour une revue célèbre, les *Illustrated London News*, qui publiait ses dessins d'animaux et de scènes de la vie paysanne. Le petit Howard suivait ses traces et se révélait, lui aussi, excellent dessinateur et aquarelliste, lorsque le destin modifia radicalement sa carrière. En 1890, le professeur Percy E. Newberry emmena en Égypte le jeune Howard, âgé de seize ans, et le chargea de reproduire des scènes de tombeaux égyptiens. Votre père devint ainsi le plus jeune membre de l'Egypt Exploration Fund, association savante et privée se vouant à entreprendre des fouilles « pour une meilleure connaissance de l'histoire et des arts de l'ancienne Égypte, et l'illustration des récits

1. Et non en 1873, selon l'inscription erronée de la tombe.

de l'Ancien Testament ». Vous constaterez, plus tard, l'importance de cette précision. Votre père s'éprit de la terre des pharaons et se forma sur le terrain au métier d'égyptologue, notamment en devenant l'assistant du grand patron de l'époque, sir William Flinders Petrie, qui imposait de rigoureuses méthodes de travail. Il fut aussi le second d'un Suisse, sir Édouard Naville, le fouilleur du temple de la reine pharaon Hatchepsout, sur la rive ouest de Thèbes. En 1899, le Français Gaston Maspero, qui estimait beaucoup Howard Carter, le nomma inspecteur des monuments de Haute-Égypte et de Nubie. Un beau succès pour un jeune homme de vingt-cinq ans, à qui l'on reprochera toujours de ne pas sortir d'une université et de ne pas pouvoir exhiber de diplômes. Mais nul ne connaissait mieux que lui les sites anciens et la population actuelle. C'est à Louxor qu'il rencontra une institutrice, Raifa, une jeune femme moderne, désireuse de se libérer du carcan des traditions. Au fil de leurs conversations, de plus en plus rapprochées, un grand amour naquit. Malgré tout ce qui les séparait, ils ne résistèrent pas à se l'avouer. Bien entendu, cette liaison devait rester absolument secrète, afin de ne pas provoquer un énorme scandale. À l'automne 1904, Howard Carter fut nommé inspecteur-chef de la Basse-Égypte et s'occupa donc de l'immense nécropole de Saqqara où, le 8 janvier 1905, des Français ivres se bagarrèrent avec des gardiens. Votre père intervint en faveur de ces derniers, les Français portèrent plainte contre lui.

Malgré l'insistance de Maspero, harcelé par les autorités, Howard Carter refusa obstinément de présenter des excuses à la bande de goujats. Il fut donc licencié, sa carrière officielle se brisa net et il se retrouva à la rue. Amoureux de Raifa, il ne quitta pas l'Égypte et parvint à survivre en peignant des tableaux et en se lançant dans le commerce des antiquités. Si les Anglais ne l'appréciaient guère, il n'en allait pas de même des Américains et de certains spécialistes du Metropolitan Museum de New York.

— New York, répéta Mark, qui voyait la toile se tisser et prendre corps.

— En 1907, poursuivit l'abbé Pacôme, Howard Carter s'installa à Louxor. Depuis longtemps, il n'avait qu'une idée en tête : conduire des fouilles dans la Vallée des Rois, y découvrir la tombe d'un pharaon, Toutânkhamon, présent dans les listes royales mais disparu de l'histoire. Comme aucun objet à son nom n'avait jamais circulé, Carter en déduisait justement que sa tombe devait être intacte et contenir des merveilles. Une tombe de pharaon intacte... Quelle utopie ! Pourtant, la chance sourit de nouveau à Carter lorsqu'il rencontra lord Carnarvon, venu en Égypte pour des raisons de santé. Intelligent, curieux de tout, il décida d'occuper son temps en faisant de l'archéologie et engagea un expert que lui recommanda Maspero, à savoir Howard Carter. L'horizon s'ouvrait de nouveau, et le but était fixé : obtenir la concession de fouilles dans la Vallée des Rois où opérait un amateur américain fortuné, Theodore Davis. En décembre 1911, Raifa accoucha d'un garçon au Caire, dans le plus grand secret. Grâce à un ami de votre père, en liaison avec le Metropolitan Museum, elle fut accueillie par les Wilder et bénéficia des soins d'un spécialiste. Alors se produisit un événement inattendu. Ne pouvant pas avoir d'enfant, les Wilder émirent le désir de vous adopter, promirent de vous donner une excellente éducation et de vous assurer un avenir brillant. Ni Raifa ni Howard Carter ne pouvaient vous reconnaître. Elle aurait eu de graves ennuis, risquant d'être discrètement supprimée par sa propre famille ; et les rêves de l'égyptologue, discrédité, auraient été définitivement anéantis. Même si cette solution leur brisait le cœur, ils n'avaient pas le choix. Je ne crois pas qu'on puisse les taxer de lâcheté. Ils ont pensé à votre bonheur et à votre avenir, pas aux leurs, et ont juré de ne jamais rien révéler. De leur côté, les Wilder s'occuperaient des formalités et vous considéreraient désormais comme leur véritable fils.

— Et vous, s'étonna Mark, vous piétinez leur serment de silence !

— Nécessité fait loi, rétorqua l'abbé Pacôme. En juin 1914, Davis, âgé de soixante-dix-sept ans et malade, abandonna la Vallée des Rois à Carnarvon. Howard Carter se lança dans des recherches titanesques qui aboutirent, le 26 novembre 1922, lors de l'ultime saison de fouilles programmée, à la découverte des marches de l'escalier menant à la tombe de Toutânkhamon. Malheureusement,

Raifa n'était plus de ce monde et n'assista pas au triomphe d'Howard. Un triomphe accompagné de multiples épreuves et injustices, et dix années d'efforts parfois surhumains pour vider la tombe de ses trésors. En 1933, votre père tomba malade, et les dernières années de son existence ne furent guère réjouissantes. L'Angleterre ne lui accorda ni honneurs ni décoration, comme s'il était un paria, et il n'entreprit aucune autre fouille. Sa vie et son âme demeurèrent liées à Toutânkhamon, et à Toutânkhamon seul.

— Est-il retourné en Égypte ?

— Il aimait tellement ce pays qu'il continuait à séjourner dans la demeure qu'il avait bâtie, à l'entrée de la Vallée des Rois. Nous y avons conversé de longues heures. Il aimait aussi boire un verre au Winter Palace, seul, et regarder les jeux des oiseaux qu'il savait si bien dessiner. Toujours soigneusement habillé, plutôt coquet, il demeurait d'une impressionnante dignité. Il revivait son extraordinaire aventure par la pensée, et ne se lassait pas de contempler la rive d'Occident où la déesse de l'autre monde accueillait en son sein les « justes de voix ».

— Où et quand est-il mort ?

— Votre père est décédé à Londres le 2 mars 1939 et a été enterré au cimetière de Putney Vale, au sud de la capitale. Mais cette fin terrestre n'a pas mis un terme à la recherche des trésors de Toutânkhamon et à la connaissance des mystères qu'il nous a transmis. C'est pourquoi j'ai été contraint de rompre le silence.

16

L'abbé Pacôme et Mark Wilder s'immobilisèrent devant l'un des lits de résurrection de Toutânkhamon, en forme d'hippopotame. Il incarnait la mystérieuse déesse Ipet, matrice de l'univers chargée de compter les êtres capables de franchir l'épreuve de la mort.

— L'une des tâches premières de votre père, lorsqu'il a exploré cette tombe fabuleuse, consistait à découvrir des papyrus. On espérait qu'ils offriraient un maximum d'informations sur le roi lui-même, mais aussi sur Akhénaton et son règne troublé, les Hébreux et leur séjour en Égypte, l'Exode et d'autres épisodes de la Bible. Vu l'énorme quantité d'objets et de cachettes possibles, il faudrait probablement beaucoup de temps et de patience avant de mettre la main sur ces documents inestimables.

— Ont-ils été retrouvés ? interrogea Mark.

— Officiellement, non. Mais lors de son dernier séjour en Égypte, Howard Carter m'en a parlé. « Si vous estimez que l'Égypte court de graves dangers, a-t-il déclaré, révélez à mon fils sa véritable identité et demandez-lui d'agir. En fonction de la loi de Maât et de celle du sang, lui seul pourra utiliser les papyrus de manière juste. » Je lui ai demandé de m'indiquer où ces textes inestimables étaient dissimulés, il a jugé bon de différer cette confidence, estimant que le moment juste n'était pas encore venu. Vu son caractère, inutile d'insister. Et ce fut une grave erreur, car il est décédé avant de m'avoir transmis son secret. Aujourd'hui, l'Égypte est effectivement en grand péril. De tragiques bouleversements vont se produire, à la fois dans les domaines politique et spirituel. Point n'est besoin d'être devin pour annoncer un conflit entre Israël et le monde arabe, sans oublier la montée de l'intolérance et du fanatisme. À partir de l'Égypte, ils déferleront sur le monde, et nous autres, les coptes, serons balayés. À moins que vous ne retrouviez ces papyrus et que la magie de leur contenu éclaire et pacifie les esprits.

— « La loi de Maât et celle du sang... » Qu'est-ce que cela signifie ?

— À la fois fils charnel et spirituel d'Howard Carter, vous seul pouvez être le serviteur de son *ka*, sa puissance vitale indestructible. En la ranimant par votre fidélité à sa mémoire et votre quête de la vérité, vous contribuerez à façonner son immortalité. Voici l'engagement solennel que vous avez pris, Mark : retrouver les papyrus de Toutânkhamon. Si vous renoncez, les ténèbres triompheront.

Pour échapper à un groupe de touristes bruyants, les deux hommes s'éloignèrent et choisirent un endroit moins fréquenté, face à d'admirables statuettes, les « Répondants », capables d'entendre la voix du ressuscité, de lui obéir et d'accomplir en sa faveur d'indispensables tâches dans l'autre monde.

— Vous m'aviez annoncé que vos révélations bouleverseraient mon existence, rappela l'avocat, et vous ne m'avez pas menti. Et moi, je ne reprends pas la parole que j'ai donnée. La mission confiée par mon père au-delà de la mort, je l'accomplirai.

L'abbé Pacôme masqua son émotion. Si le fils était doté de la même obstination que son père, rien n'était perdu.

— Où et comment chercher ? interrogea Mark.

— Howard Carter était un homme très secret et il comptait fort peu d'amis. Avait-il cependant partagé sa découverte des papyrus avec l'un d'eux ou bien fait une confidence ? Arthur Callender, surnommé « Pecky », fut sans doute son plus proche collaborateur. Ancien manager des chemins de fer égyptiens, architecte et ingénieur, ce bon géant à la placidité inaltérable profitait d'une retraite paisible à Armant, au sud de Louxor, lorsque Carter lui demanda de l'aider à fouiller la tombe de Toutânkhamon. Comme Callender savait tout faire et ne rechignait devant aucun travail, qu'il s'agisse d'installer l'électricité ou de fabriquer une caisse, il fut l'auxiliaire le plus précieux de votre père. Lui a dû voir les papyrus. Hélas ! il s'est effacé dès la fin du chantier, et même la date de sa mort, probablement

1937, demeure incertaine. Le chimiste Alfred Lucas, décédé en 1945, et l'égyptologue Newberry, en 1949, eux, ne savaient rien. Ils ont aidé Carter qui les estimait, certes, mais ne les considérait pas comme des intimes. Quand j'ai appris qu'il vivait ses derniers jours, je suis parti pour Londres où je suis malheureusement arrivé trop tard. J'ai néanmoins assisté à l'enterrement, au cimetière de Putney Vale. Maigre assistance, et peu de personnes susceptibles de m'aider, à l'exception de deux femmes qui comptèrent beaucoup dans la vie de votre père. La première, sa nièce Phyllis Walker, se montra d'un dévouement admirable envers lui pendant l'ultime partie de son existence. C'est elle qui m'alerta sur la gravité de l'état de Carter et recueillit son dernier soupir. Elle avait séjourné avec lui à Louxor, et je l'ai rencontrée plusieurs fois. À Londres, elle m'a juré qu'elle n'avait jamais entendu parler des papyrus de Toutânkhamon, et je ne doute pas de sa parole. Le cas de la seconde femme, lady Evelyn, est plus ambigu. Fille de lord Carnarvon, elle admirait votre père et pénétra la première, en grand secret, dans la chambre funéraire, avant l'ouverture officielle. Cette belle jeune femme, intelligente et passionnée, vécut des moments extraordinaires aux côtés d'Howard Carter. Mais il n'était qu'un roturier, elle une aristocrate. Je lui ai longuement parlé, à Londres : elle ne se souvenait pas d'avoir vu des papyrus, sans nier totalement leur existence. Ce sera l'une des pistes à suivre, Mark : tâchez de la revoir et d'obtenir davantage. N'oublions pas que lord Carnarvon était un collectionneur et qu'il aurait dû recueillir une partie du trésor de Toutânkhamon si le gouvernement égyptien n'avait pas modifié la loi sur le partage des antiquités. Le prestigieux château familial de Highclere sera l'un de vos objectifs.

— Mon père ne possédait-il pas sa propre collection d'antiquités égyptiennes ?

— Si, mais fort modeste. Les deux objets les plus remarquables étaient un sphinx en faïence du pharaon Amenhotep III et un « Répondant » provenant certainement de la tombe de Toutânkhamon. Tous ses biens ont été dispersés lors d'une vente publique, et ne figurait aucun papyrus. Cependant, la piste anglaise ne doit pas être négligée, pour d'autres raisons. D'abord, des papiers personnels de Carter se trouvent dans un musée d'Oxford ; ensuite, l'égyptologue Gardiner, spécialiste des hiéroglyphes qui travailla avec Carter et déchiffra des inscriptions de la tombe, détient peut-être des informations essentielles.

— Autrement dit, un voyage en Angleterre s'impose.

— Je vous conseille de commencer par là, en effet. Il existe deux autres pistes, tout aussi sérieuses. Décédé en 1928, l'égyptologue Arthur Mace fut l'un des principaux collaborateurs de votre père. Il appartenait au Metropolitan Museum, comme le photographe Harry Burton, exécuteur testamentaire d'Howard Carter qui lui légua d'ailleurs 250 livres sterling. Il eut le privilège de prendre des clichés des objets du tombeau à chaque étape de l'exploration.

— Est-il encore de ce monde ?

— Il l'a malheureusement quitté en 1940. Un troisième personnage, Herbert Winlock, était un ami de votre père et l'une des têtes pensantes du même Metropolitan Museum, lequel devint acquéreur de magnifiques objets de la collection Carnarvon. Elle comportait des chefs-d'œuvre provenant de la tombe de Toutânkhamon. Et Carter disposait même d'un bureau provisoire dans ce musée qui joua un rôle déterminant tout au long de son histoire de fouilleur.

— Ne me dites pas que ce Winlock a disparu, lui aussi !

— Il est décédé le 25 janvier 1950. Sans doute le Metropolitan Museum de New York possédait-il des documents inédits appartenant à Carter, voire… les papyrus ! N'oublions pas qu'il lui a légué sa demeure tant aimée de Louxor et tout ce qu'elle contenait. Quelques indices, plus maigres, pourraient orienter vers d'autres musées américains. Je vous remettrai un dossier complet, et il vous faudra vérifier chaque hypothèse.

— Si je vous comprends bien, j'ai un maximum de chances de retrouver les papyrus de Toutânkhamon soit en Angleterre, soit aux États-Unis.

— Telle est mon opinion. Et je compte sur vous pour tenir vos engagements et me rapporter au plus vite ces documents vitaux. Ensuite, nous parlerons plus longuement de Carter et du message secret de Toutânkhamon.

Mark s'attendait à une tâche plus difficile. Mais serait-elle aussi aisée qu'il le supposait ?

— Dites-moi, mon père... Ce voyage est-il exempt de tout danger ?

— Certainement pas, mon fils.

17

À Louxor, petite ville de province située à six cent trente kilomètres du Caire, le mariage de Farouk n'avait pas eu le même retentissement que dans la capitale. Ici, après la fin de la saison touristique qui durait de novembre à mars, on vivait au ralenti sous le soleil de la Haute-Égypte. Les temples de Karnak et de Louxor, sur la rive est, n'accueillaient plus qu'un nombre restreint de visiteurs, et les grands sites de la rive ouest, notamment la Vallée des Rois, retournaient peu à peu au silence.

Pourtant, le Professeur n'avait pas encore quitté l'Égypte. D'ordinaire, au début des fortes chaleurs, il prenait la direction de Paris, de Londres, de Rome, de Berlin ou de New York pour rencontrer ses collègues, donner des conférences ou recevoir de nouvelles distinctions. Depuis quelques nuits, il dormait mal et revivait d'étranges souvenirs, comme si un lointain passé remontait à la surface. Aussi le Professeur avait-il décidé de différer un peu son départ, sous prétexte de terminer des tâches administratives.

Ce matin-là, il éconduisit une belle quantité de solliciteurs, notamment une égyptologue française de petite taille, aussi excitée qu'ambitieuse, qui savait tout sur tout et aurait mérité la médaille d'or aux jeux Olympiques de la vanité. Le Professeur déjeuna avec des officiels égyptiens, flattés de son invitation, puis leur montra les chantiers de fouilles en cours dont les activités ne reprendraient qu'à l'automne.

De retour à son bureau, il classa des dossiers.

Soudain, la torche s'enflamma d'elle-même.

Une torche antique, découverte dans le village de Deir el-Medineh habité par les artisans qui avaient bâti et décoré les demeures d'éternité de la Vallée des Rois, notamment celle de Toutânkhamon. Le Professeur aurait dû la donner au musée du Caire, mais elle lui servait depuis longtemps de signal d'alarme grâce auquel il pouvait prévoir les attaques de ses ennemis.

Cette fois, la flamme se montra particulièrement vive et nourrie.

Autrement dit, un rude combat en prévision.

Le Professeur comprenait à présent la raison de sa gêne et se félicitait d'avoir écouté son instinct. Restait à découvrir l'identité de l'adversaire. Comme d'habitude, un messager frapperait à sa porte pour la lui apprendre.

*

* *

Le vieillard se leva avec peine. Les années passées à travailler sur les chantiers de fouilles avaient usé son corps, mais il ne regrettait pas cette existence laborieuse, car elle lui avait procuré de nombreuses joies, tout en lui permettant de construire une maison où il abritait ses enfants et ses petits-enfants. Plusieurs chambres, une cuisine avec un four dans un angle, une magnifique batterie d'ustensiles en terre cuite, une salle d'hôtes équipée de banquettes, un enclos pour le bétail et une cave qui aurait fait rêver n'importe quel archéologue. Il s'agissait, en réalité, d'une tombe du Nouvel Empire dont les bas-reliefs, partiellement intacts, étaient recouverts de noir de fumée. Et le puits aux momies demeurait inviolé.

Le vieillard songea à cet incroyable matin de novembre 1922 où il avait dégagé la première marche d'un escalier antique, menant peut-être à l'entrée d'une sépulture. Son patron, Howard Carter, avait accouru. Voilà tant d'années qu'il recherchait en vain la dernière demeure d'un pharaon mystérieux, Toutânkhamon !

Et si c'était lui, enfin ?

Le vieillard appréciait beaucoup Howard Carter. Il parlait arabe, traitait ses ouvriers avec respect et n'hésitait pas à retrousser ses manches. À la différence de tant d'autres savants prétentieux et distants, il travaillait sur le terrain, connaissait bien le pays et ses habitants.

Et c'était bien Toutânkhamon !

Howard Carter appartenait à cette catégorie d'êtres exceptionnels qui réalisent leur rêve en surmontant tous les obstacles et en ne déviant jamais de leur chemin.

Alors que le vieillard buvait une tasse de thé noir brûlant, l'une de ses filles, vêtue d'une robe noire, fit irruption dans la maison.

— C'est grave, très grave !

— Que se passe-t-il ?

— Ton troisième petit-fils…

La voix s'étranglait d'émotion.

— Parle !

— Il est mort.

— Un accident ?

— Bien pis ! C'est le Salawa.

— Le Salawa de retour ? Impossible.

— Le cheikh et l'iman l'ont confirmé. Toute la rive ouest est déjà informée.

Selon la coutume, on enterrait le défunt le jour même. Déjà, les pleureuses appartenant à la famille et au voisinage faisaient entendre leurs lamentations.

Le vieillard fut pétrifié.

Voilà si longtemps que le Salawa n'était pas réapparu à Louxor ! D'aucuns prétendaient qu'il était la réincarnation du redoutable dieu à tête de chacal, Anubis, gardien des nécropoles. Il dévorait l'âme des enfants pour punir les familles coupables d'avoir commis des méfaits.

Et il venait de frapper celle d'un vieil homme, proche collaborateur d'Howard Carter qui avait troublé le repos du pharaon Toutânkhamon et dévoilé des secrets qu'il eût mieux valu enfouir à jamais.

Le terrible châtiment infligé par le Salawa était une mise en garde.

Le vieillard devait garder un silence absolu et ne transmettre à personne les confidences de Carter. Désormais, le Salawa ferait de nouveau régner la loi de la terreur.

*

* *

John Hopkins avait passé une nuit délicieuse dans les bras passionnés d'une jolie secrétaire travaillant au palais d'Abdine. Éprise du progrès à l'occidentale, la jeune femme était ravie de servir le roi, de jouir d'un bon salaire, de pouvoir s'habiller selon ses goûts et de se promener tête nue dans la rue. Et l'été, à Alexandrie, elle se prélassait sur les plages en maillot de bain. Accessoirement, et sans penser à mal, elle fournissait à son amant des renseignements sur le fonctionnement des palais de Farouk et les habitudes du monarque.

La sonnerie du téléphone réveilla l'agent de la CIA qui espérait, enfin seul chez lui, jouir d'une grasse matinée.

Son correspondant ne prononça qu'un mot : « Darling ».

— Le soleil se lève sur les pyramides, répondit John, utilisant la phrase-code de la semaine.

— Il est parti.

— De qui parles-tu ?

— De Mark Wilder. Il vient de prendre l'avion pour Londres.

— Londres, tu en es sûr ?

— Certain !
— Accompagné ?
— Seul.
— Des contacts, à l'aéroport ?
— Apparemment aucun.

Bien entendu, John allait prévenir son correspondant londonien. Ce n'était pas le moment de perdre la trace de son ami Mark, surtout s'il tentait de fricoter avec les cousins britanniques. Mais pourquoi trahirait-il l'Amérique ?

*
*   *

Mahmoud rédigeait une note de synthèse à l'intention du général Naguib lorsqu'il reçut une information désolante : l'avocat Mark Wilder venait de quitter Le Caire. Autrement dit, sa mission en Égypte était terminée.

Sa destination étonna l'agent de liaison des Officiers libres : Londres. Qu'allait faire cet espion américain en Angleterre ? À l'évidence, communiquer à ses homologues britanniques ce qu'il avait découvert en Égypte. Les informer… ou bien les désinformer ?

Sur la question égyptienne, et particulièrement sur le sujet brûlant du contrôle du canal de Suez, Mahmoud était bien placé pour savoir qu'Américains et Anglais ne s'entendaient pas. Ces derniers voulaient continuer à régner en maîtres absolus.

Quel jeu pratiquait Wilder ? Mahmoud ne le saurait sans doute jamais. Déçu, il espérait pouvoir l'utiliser afin de sortir de la nasse dans laquelle il était enfermé.

Restait un mince espoir : que l'avocat revînt en Égypte.

Alors, Mahmoud agirait.

*

* *

Pendant presque toute la messe, Ateya n'avait pas songé à Dieu mais à Mark Wilder. Se reprochant cette distraction coupable, elle communia avec ferveur, mais fut obligée de reconnaître que l'Américain lui manquait. Elle appréciait sa manière d'être, son ton de voix, l'énergie qui l'animait. Porteur d'un autre monde, il lui ouvrait de nouveaux horizons.

Par bonheur, cette séparation n'était pas définitive. D'après l'abbé Pacôme, Mark Wilder ne tarderait pas à revenir.

*

* *

On frappa à la porte du Professeur.

— Entrez.

C'était le chef de ses domestiques, un bon père de famille rondouillard et affable. Il lui apportait du thé.

Ses mains tremblaient, son visage était décomposé.

— Serais-tu souffrant ?

— Non, Professeur, non…

— Des ennuis ?

— Je n'ose pas vous dire…

— Parle, je t'en prie.

— Vous n'allez pas me croire !

— Dis toujours !

— Le Salawa… Le Salawa vient de réapparaître, et il a déjà tué un enfant !

Le Professeur hocha la tête. La situation était encore plus grave qu'il ne le supposait. Plus question de quitter Louxor.

18

Avant de partir pour Londres, Mark avait longuement téléphoné à son ami Dutsy Malone pour qu'il organisât des rendez-vous et obtînt des informations sur les personnalités qu'il allait rencontrer. Dutsy étant l'efficacité personnifiée, l'avocat voyageait tranquille.

L'un des journaux parus au Caire le matin du départ publiait un article surprenant, intitulé « Qui est-ce ? », en fournissant les traits de caractère du personnage incriminé : « Est-il intelligent ? Est-ce un idiot ? On ne sait pas, car il a parfois le génie de l'intelligence, et puis ses actes sont ceux d'un fou. Son visage a des reflets d'innocence, et puis des regards de criminel. Est-il bon ? Est-il lâche ? Il a les yeux furieux du tigre mais il fuit comme un rat. Il voit, et pourtant il paraît aveugle. Il vit et, parfois, on le croirait mort. Il est à la fois au ciel et en enfer. Il a tout gagné puis tout perdu. Ce qu'il a ne l'intéresse plus. Seul l'intéresse ce qu'il ne possède pas encore. Il veut tout. Il veut prendre aux hommes jusqu'à leur dernière chemise. Sa volupté est de voler aux autres ce qu'ils détiennent, qu'il s'agisse de biens précieux ou de camelote. Il vole pour voler, il vole tout le monde, même ses amis, même sa famille. Telle est sa volupté, tel est son vice. Il pense que nul ne s'en apercevra, car il croit qu'il n'est entouré que de voleurs. S'il se regarde, le miroir grossit et déforme les images successives qu'il reçoit de lui-même : grand nationaliste, homme glorieux, voleur, chef de bande. Ce sont là, du moins, les rôles qu'il se distribue à lui-même. Il n'hésite jamais entre les vertus et le péché, car le péché l'attire irrésistiblement et lui procure plus de jouissance que la vertu. Ses amis s'en désolent. Pour tenter de l'excuser ils disent : 'C'est un malade.' Mais le peuple ne s'y trompe pas. Il dit : 'C'est le plus grand des voleurs.' D'ailleurs, nul ne peut se tromper sur cet homme, puisque chacun, d'une façon quelconque, a été sa victime[1]. »

Lisant le même article, deux hommes d'affaires égyptiens assis derrière Mark éclatèrent de rire.

— Quel beau portrait de Farouk ! s'exclama l'un d'eux. Lui seul ne se reconnaîtra pas, et il enverra au siège du journal l'un de ses secrétaires demander au directeur l'identité du monstre si parfaitement décrit.

« Guère réjouissant pour l'avenir du roi », pensa Mark qui, pendant le vol, tenta d'assimiler les révélations de l'abbé Pacôme. En avion, il se sentait toujours parfaitement détendu, et sa pensée évoluait en toute liberté, comme s'il était lui-

1. Texte cité par J. Bernard-Derosne, *Farouk*, p. 147-149.

même un oiseau surmontant les contingences terrestres.

Lui, fils de Raifa l'Égyptienne et d'Howard Carter, le découvreur de la tombe de Toutânkhamon... Un rêve ou la réalité ? L'abbé Pacôme avait raison : savoir qui il était vraiment bouleversait son existence et le contraignait à remplir une mission à laquelle rien ne l'avait préparé.

Cette tâche ne l'effrayait pas. Au contraire, elle le passionnait. Peut-être était-il arrivé au terme des artifices techniques de son métier d'avocat, sans doute éprouvait-il le désir de découvrir d'autres dimensions de la vie. Au fond, l'abbé Pacôme lui offrait un fabuleux cadeau ! En pénétrant dans un monde inconnu, Mark se sentait animé d'une énergie nouvelle et de la volonté d'aboutir. Oui, il retrouverait les papyrus de Toutânkhamon et participerait ainsi, au-delà du temps et de la mort, à l'extraordinaire aventure de son père.

L'avocat connaissait bien Londres, une ville agréable à vivre et jamais ennuyeuse. Travailler avec ses collègues anglais n'était pas facile, mais entre personnes à l'esprit ouvert, on finissait toujours par s'entendre. Et comment oublier que, sans l'Angleterre, l'Europe aurait été nazifiée ? Avec un courage et une solidarité exemplaires, les Anglais avaient tenu bon face aux monstres hitlériens, au-delà du concevable.

Un employé du Connaught, fleuron de l'hôtellerie londonienne, l'attendait à l'aéroport. Il s'occupa de ses bagages et le conduisit jusqu'à une Bentley où lui fut servi l'un de ces whiskys écossais hors d'âge capables d'effacer la fatigue de n'importe quel voyage.

Posté aux arrivées, l'agent de la CIA fut pris de vitesse. Le temps de rejoindre sa voiture, la Bentley avait disparu dans la circulation.

Il finirait par retrouver l'avocat, mais risquait un sacré savon.

*

* *

Un délicieux parfum de l'époque victorienne flottait dans la suite du Connaught que Mark aimait retrouver lors de ses séjours à Londres. Mobilier ancien, authentiques tapis d'Iran, lit douillet, fauteuils profonds propices à la réflexion, véritable sherry trônant au milieu de canapés au saumon et au concombre, permanence de la culture indémodable de la vieille Angleterre, à l'écart du modernisme à tout crin... Mark s'offrit quelques minutes de repos avant de téléphoner à Dutsy, dont la voix rugueuse véhiculait sa détermination habituelle.

— Bien installé, patron ?

— Le Connaught reste fidèle à sa réputation. Comment vont les affaires ?

— Le surmenage normal. J'ai besoin de ton avis sur quelques points délicats.

Mark trancha rapidement, et Dutsy se sentit soulagé. L'ultime décision n'était pas sa spécialité.

— Tu as obtenu mes rendez-vous ?

— Affirmatif, répondit Dutsy, mais ça n'a pas été facile ! Ton Gardiner n'est pas un marrant, paraît-il. Vous déjeunez demain au Ritz, à 12 h 30 précises. Costume strict.

— Qu'as-tu appris sur lui ?

— Alan Henderson Gardiner est né en 1879. Il porte bien ses soixante-douze ans, d'autant plus que les égyptologues le considèrent comme le meilleur spécialiste de la lecture des hiéroglyphes. Il est l'auteur d'une *Grammaire égyptienne*[1] qui fait autorité et qu'utilisent tous les étudiants. Le bonhomme est né coiffé, sa jolie fortune lui a donné une totale indépendance matérielle. Il ne se considère pas comme quantité négligeable, a la dent plutôt dure et ne manque pas du sens des affaires. C'est justement grâce à l'un de nos correspondants londoniens que j'ai pu obtenir une entrevue avec l'un des plus célèbres avocats new-yorkais. Gardiner ne dédaigne pas de rencontrer de hautes personnalités, et croit que tu vas lui parler finance internationale.

— Excellent, Dutsy.

— Ses adversaires disent qu'il se comporte comme un politicien et que personne ne peut percer sa carapace. Mais dis-moi... Pourquoi as-tu fait tout ce trajet pour rencontrer un vieil érudit grognon ?

— Pour tenter de découvrir la vérité.

— Alors, tu crois vraiment que les Wilder n'étaient que tes parents adoptifs ?

1. *Egyptian Grammar*, 1re édition parue en 1927.

— Ne m'as-tu pas fourni des arguments décisifs ? La lettre en provenance du Caire n'était pas une plaisanterie.

Dutsy garda le silence quelques instants.

— Tu te sens vraiment bien, patron ?

— Rassure-toi, je me porte à merveille.

— Dans quelle aventure t'es-tu lancé ?

— Ce n'est pas encore très clair, mais je progresse.

— Ne musarde quand même pas trop ! Ici, on bosse.

— Et mon autre rendez-vous ?

— Avec lady Beauchamp, pas de problème. Elle te recevra lundi prochain, à l'heure du thé. À propos... En ce qui concerne Gardiner, n'oublie pas de lui donner du « sir Alan ». Il y tient beaucoup.

19

Le maître d'hôtel du Ritz, établissement où régnaient encore le bon goût et le respect des traditions, conduisit sir Alan, vêtu d'un strict costume bleu trois pièces sur mesure, à la table tranquille où l'attendait Mark qui salua l'égyptologue sans lui serrer la main, comme il convenait.

— Rencontrer un érudit de votre stature est un grand honneur.

— Asseyons-nous, cher monsieur. Je suppose que vous ne venez pas des États-Unis pour discuter d'un problème de philologie égyptienne. Commandons, voulez-vous ? Ensuite, vous m'exposerez les motifs de cet entretien.

Feuilleté aux champignons et sole de Douvres, accompagnés d'un vin blanc français, formaient un menu acceptable.

Après avoir évoqué les activités de son cabinet, tel un étudiant passant un oral devant un professeur particulièrement sévère, Mark décida d'abandonner la stratégie de contournement, visiblement vouée à l'échec, et entra dans le vif du sujet.

Le risque à courir était de voir Gardiner se refermer, peut-être même quitter la table.

— Sir Alan, je suis venu vous parler de Carter.

— Carter… Howard Carter ?

— Le découvreur de la tombe de Toutânkhamon.

Le regard de l'égyptologue se perdit un instant dans le vague, puis il reprit sa contenance coutumière.

— Vous étiez amis, je crois ?

— N'exagérons rien, rectifia sèchement Gardiner. J'appréciais surtout lord Carnarvon, le mécène qui lui a permis de fouiller dans la Vallée des Rois. Carter disait de moi : « Plus je le connais, moins je l'apprécie. » Et ce sentiment était réciproque. À l'automne 1934, nous nous sommes même définitivement brouillés.

— Pour quelle raison, sir Alan ?

— Carter m'avait mis dans une situation désagréable, je dirais même tout à fait odieuse, et son comportement était inexcusable. Il m'avait confié une amulette en faïence représentant une patte de bovidé, le signe hiéroglyphique qui se lit *ouhem* et signifie « répéter, renouveler ». Bien entendu, il me garantissait que ce petit objet fragile ne provenait pas du trésor de Toutânkhamon, propriété de l'Égypte. Le conservateur en chef du musée du Caire, Rex Engelbach, qui détestait Carter, affirma le contraire ! Il s'agissait donc d'un vol, et je pouvais être accusé de recel. J'ai donc restitué l'amulette et démontré mon innocence en prouvant la culpabilité de Carter. Mais ce dernier s'est obstiné en affirmant que l'amulette n'appartenait pas à Toutânkhamon, et il a critiqué mon attitude. Déjà fort tièdes, nos relations sont devenues glaciales. J'ai décidé de cesser toute collaboration avec un archéologue si peu rigoureux, d'ailleurs non diplômé, et de ne lui procurer aucune aide philologique.

Gardiner but une gorgée de vin.

— Au fond, je n'éprouve plus aucun ressentiment envers Carter auquel son caractère trop entier a coûté fort cher et je déplore qu'il n'ait publié qu'un ouvrage destiné au grand public, et non une étude scientifique. Afin d'honorer sa mémoire, je suis même entré en contact avec les autorités égyptiennes pour envisager une splendide publication qui rendrait justice au travail de Carter, à savoir un rapport en six volumes sur la tombe de Toutânkhamon.

— A-t-il découvert des papyrus ? demanda Mark sur le ton le plus détaché possible.

Gardiner n'hésita pas.

— En effet, et d'une grande importance historique, puisque les Hébreux y sont mentionnés.

L'avocat parvint à garder son calme.

Ainsi, sa première démarche avait été la bonne ! Il suffisait donc d'interroger un spécialiste, puis de le convaincre de lui remettre les documents.

— Et… vous les avez lus ?

— Bien entendu, comme tout égyptologue digne de ce nom. La publication scientifique[1], en dépit de ses imperfections, a permis aux érudits

1. A.H. Sayce et A.E. Cowley, *Aramaic Papyri discovered at Assuan*, Londres, 1906.

de prendre connaissance de ces papyrus araméens, rédigés dans la langue originelle de la Bible. Ils démontrent que, sous la seconde occupation perse de l'Égypte, entre 343 et 332 avant Jésus-Christ, les Hébreux étaient bien présents dans la région d'Assouan et y pratiquaient leur culte.

— Ce n'est pas l'époque de Toutânkhamon, s'étonna Mark.

— Certes pas, s'indigna sir Alan. Mais qui vous a parlé de Toutânkhamon ?

— Ces papyrus ne proviennent-ils pas de sa tombe ?

— Bien sûr que non ! Carter les a découverts en 1904, et ils ont été publiés en 1906.

La déception fut immense. Mais il restait encore une chance.

— La tombe de Toutânkhamon abritait bien des papyrus, n'est-ce pas ?

Cette fois, Gardiner hésita.

— Carter en était persuadé, mais il se trompait. Pourtant, quand il a ouvert le coffret n° 43, il a bien cru mettre la main sur une belle collection de textes. Mais il ne s'agissait que de simples rouleaux de lin.

— N'y avait-il pas un nombre considérable de boîtes et de coffrets ?

— En effet, mais aucun ne contenait de papyrus.

— Tous ont-ils été ouverts ? demanda Mark.

— Bien entendu ! Et l'on a retrouvé des vêtements, des sandales, des bijoux et quantité d'autres objets plus ou moins précieux. Mais pas de papyrus, au grand dépit du monde scientifique.

— L'Angleterre possède-t-elle des archives de Carter ?

— Elles sont conservées à Oxford. En 1945, sa nièce, Phyllis Walker a remis au Griffith Institute de nombreux documents, dont les dessins reproduisant les fêtes évoquées sur les murs du temple de Louxor, exécutés à ma demande.

— Pourrais-je consulter ces archives ?

— Désirez-vous un mot d'introduction auprès du conservateur de l'Ashmolean Museum ?

— Ce serait fort aimable, sir Alan.

— Rien de plus facile. Surtout, oubliez les papyrus de Toutânkhamon. Ils n'ont jamais existé.

*

* *

À Oxford, grâce au petit mot de Gardiner, Mark eut tout le loisir d'étudier les archives de Carter que les égyptologues utilisaient pour poursuivre l'étude des trésors découverts dans la tombe de Toutânkhamon. S'y trouvaient également des dessins concernant le temple de Deir el-Bahari et des notes relatives aux travaux archéologiques de Carter à Thèbes et dans le Delta.

Mais pas la moindre trace des papyrus de Toutânkhamon, et pas une ligne de l'égyptologue à leur sujet.

Pourtant, Mark ne fut pas découragé. On ne gagnait pas toujours du premier coup.

20

Fille de lord Carnarvon, la mécène et amie d'Howard Carter, lady Evelyn Beauchamp, reçut Mark à l'heure du thé, dans un salon orné de tableaux champêtres. Son service achevé, le maître d'hôtel s'éclipsa.

Lady Evelyn était une fort jolie femme, d'une rare distinction, à la voix douce. L'âge n'avait pas de prise sur elle, comme si sa passion pour les merveilles de Toutânkhamon s'était évertuée à stopper le temps.

— Pourrais-je connaître le motif de votre visite, monsieur Wilder ?

— Il n'a rien de professionnel. J'aimerais que vous me parliez des dernières années de l'existence d'Howard Carter.

— Howard Carter, répéta-t-elle, comme si ce prénom et ce nom évoquaient d'ardents souvenirs, trop longtemps enfouis.

Mark laissa la rêverie s'emparer de l'élégante lady et se garda bien d'interrompre le flux d'images qui surgissait du passé.

— Howard était souffrant, déclara-t-elle, et il partageait son temps entre l'Égypte et l'Angleterre. Les mois d'hiver, il séjournait dans sa chère demeure de Louxor que les autochtones appelaient « le château Carter ». Il était fasciné par le spectacle du désert et la rive occidentale de Thèbes, et l'on prétend qu'il avait noué une amitié avec un chacal, l'incarnation d'Anubis, qui lui rendait visite à la nuit tombée. L'été, Howard passait quelques semaines à l'hôtel Kulm, de Saint-Moritz, dont le directeur avait vécu seize ans en Égypte. En 1932, Howard déménagea pour habiter 49, Albert Court, un appartement plutôt spacieux et confortable, dans un bel immeuble victorien. Il menait une existence solitaire, dînait souvent au restaurant et n'entretenait que des relations superficielles avec un nombre restreint de personnes, sans se confier à quiconque. Il ne fréquentait aucun égyptologue et se réfugiait sans doute dans le souvenir de ces années exaltantes au cours desquelles il avait recherché, trouvé et fouillé la tombe de Toutânkhamon. Lui, l'autodidacte et le passionné, avait heurté tant de médiocres et de jaloux que les autorités se montrèrent, à son égard, d'une ingratitude inqualifiable. Comment avait-il osé devenir le plus grand archéologue de tous les temps sans sortir de l'université, et en défiant les services officiels et les gouvernements ! Il ignorait la souplesse et la compromission, détestait les savants au cœur sec et les politiciens tordus. Mais il a ressuscité Toutânkhamon, et l'éclat de ses trésors anime notre monde d'une lumière nouvelle.

L'émotion de lady Evelyn était communicative. Mark l'aurait écoutée pendant des heures.

— Pardonnez-moi de m'être ainsi laissée aller... J'aurais d'abord dû vous demander pourquoi vous vous intéressiez à Howard Carter.

— Désirez-vous connaître la vérité, lady Evelyn ?

— Serait-elle si effrayante ?

— Disons... surprenante.

— À votre gré, monsieur Wilder.

— Seule cette vérité vous donnera peut-être l'envie de m'aider. L'abbé Pacôme, un religieux copte, ne vous est pas inconnu, je suppose ?

— Je l'ai rencontré, en effet.

— Cet abbé a recueilli les confidences d'Howard Carter et m'a révélé un secret jusqu'à présent bien gardé : d'après Pacôme, je serais le fils de Carter et d'une Égyptienne.

Le regard de lady Evelyn ne vacilla pas.

— Avez-vous des preuves ?

— Seulement des présomptions et la parole de l'abbé Pacôme.

— Pourquoi mentirait-il ? Êtes-vous aussi indomptable, farouche, passionné et têtu que votre père ?

— Ce n'est pas impossible.

— En ce cas, qu'attendez-vous de moi ?

— J'ai reçu pour mission de retrouver les papyrus de Toutânkhamon. D'après Gardiner, autorité incontestable, ils n'ont jamais existé. Howard Carter vous aurait-il parlé de ces documents ?

Lady Evelyn prit un long temps de réflexion.

— Ils existent, affirma-t-elle.

— Savez-vous où ils sont cachés ?

— Je l'ignore, mais une hypothèse me traverse l'esprit. En souvenir d'Howard, je vais tenter de l'explorer. Donnez à mon maître d'hôtel un numéro de téléphone auquel je pourrai vous joindre. Merci de m'avoir permis de goûter à un passé exaltant, monsieur Wilder... ou devrais-je dire : monsieur Carter ?

*

* *

Mark passa de longues heures au British Museum, riche en antiquités égyptiennes de première importance. Statues, sarcophages et stèles commençaient à devenir familiers, comme s'il étudiait cet art lumineux et serein depuis fort longtemps. L'expérience et le travail acharné de son père ne le nourrissaient-ils pas à son insu ?

En fin d'après-midi, alors qu'il buvait un verre de champagne au Connaught, on le demanda au téléphone.

C'était lady Evelyn.

— Soyez après-demain au château de Highclere, à 14 h 30 précises. Robert Taylor vous y attendra. Il a reçu des instructions.

— Comment vous remercier, je...

— Bonne chance, et qu'Howard Carter vous protège.

*

* *

Highclere, le château des Carnarvon, était une impressionnante bâtisse d'allure néogothique sise au cœur d'un immense parc dont les plus beaux fleurons, des cèdres du Liban, animaient des pelouses admirablement entretenues. Là reposaient le mécène de Carter et sa chienne, le fox-terrier Suzy, morte à l'instant même où son maître fermait les yeux dans un hôpital du Caire. Outre une remarquable bibliothèque, Highclere se vantait de posséder le bureau et le fauteuil qu'utilisait, à l'île d'Elbe, le tyran Napoléon terrassé par l'Angleterre.

Un personnage austère, d'un âge indéterminé et d'une distinction à toute épreuve, accueillit le visiteur.

— Monsieur Mark Wilder, je présume ? Lady Evelyn vous a recommandé. Je suis Robert Taylor, le *butler* de cette honorable demeure. Si vous voulez me suivre…

L'Américain savait qu'un authentique *butler* était bien davantage qu'un majordome ou un maître d'hôtel. Participant de l'âme même du château et de la lignée familiale, il préservait les traditions contre vents et marées, et savait garder de lourds secrets.

— Je suis au service des Carnarvon depuis 1936, révéla Robert Taylor, et la famille m'honore de sa pleine et entière confiance. En m'assurant que vous étiez un homme d'honneur, lady Evelyn m'a ordonné de vous montrer un trésor caché dans cette demeure, étant entendu que vous continuerez à en ignorer l'existence.

— Vous avez ma parole.

Le *butler* hocha la tête, et conduisit son hôte jusqu'à un placard dissimulé au sein du mur séparant le fumoir de la bibliothèque.

— Je suis informé de l'existence aventureuse de feu lord Carnarvon, sixième du nom, et de son amitié avec l'archéologue Howard Carter, précisa Robert Taylor. À l'époque, et avant le conflit avec les autorités égyptiennes, les heureux fouilleurs avaient le droit de conserver certaines de leurs trouvailles.

Les yeux de Mark brillèrent d'excitation.

Autrement dit, une partie du trésor de Toutânkhamon se trouvait ici, à Highclere, pieusement préservée depuis de nombreuses années ! Et dans ce dépôt secret, les papyrus...

— Je vais ouvrir ce placard, annonça le *butler*, et vous laisser contempler son contenu. Ensuite, vous quitterez Highclere en oubliant ce que vous avez vu.

— Je réitère ma promesse.

— La promesse d'un homme d'honneur vaut toutes les signatures.

Très lentement, le *butler* ouvrit les portes.

Il y avait là près de trois cents objets formant une petite collection d'antiquités égyptiennes[1] tout à fait passionnante : statuettes, vases d'albâtre, bronzes, bijoux et une tête en bois sculpté du

---

1. Elle ne sera officiellement dévoilée qu'en 1988. Voir N. Reeves, « The Search for Tutankhamon, The Final Chapter », *Aramco World*, Washington DC 39, n° 6, 6-13 et *Le Figaro Magazine* du 6 décembre 1988, p. 90-93.

pharaon Amenhotep III, le père du célèbre Akhénaton. Ils provenaient des fouilles conduites par Carter à Thèbes et dans le Delta, au service de lord Carnarvon.

L'examen de Mark fut long et minutieux. Le *butler* ne manifesta aucun signe d'impatience.

Enfin, l'avocat dut accepter sa déception : pas le moindre papyrus.

— Merci de votre confiance, monsieur Taylor.

Le *butler* referma hermétiquement les portes du placard.

21

Quand l'agent de la CIA vit l'avion de Mark Wilder décoller pour New York, il se sentit soulagé. Enfin, il était débarrassé de ce personnage encombrant dont, piteusement, il n'avait retrouvé la trace qu'à l'aéroport de Londres.

Ainsi son rapport serait-il des plus succincts, puisqu'il ignorait à quoi l'avocat avait occupé son temps pendant son séjour, où il s'était rendu et qui il avait contacté. John serait mécontent, mais à l'impossible, nul n'était tenu. Ce Wilder se révélait diablement futé et l'antenne CIA de Londres manquait de personnel pour remplir ses multiples tâches. Après tout, ce compatriote ne menaçait sûrement pas la sécurité des États-Unis !

Puisqu'il rentrait au pays, d'autres s'occuperaient de son cas.

*

* *

— Ce n'est pas trop tôt ! s'exclama Dutsy en voyant Mark franchir le seuil de son bureau. On est sur une affaire du tonnerre de Dieu qui nous rapportera un paquet de dollars, et on a besoin de l'œil du maître.

Dis donc, patron, tu n'avais jamais pris d'aussi longues vacances !

— Et ce n'est pas fini.

Dutsy Malone alluma un énorme cigare cubain.

— Si tu éclaircissais un peu cette embrouille afin que je ne meure pas idiot ?

— Un abbé copte m'a révélé l'identité de mes parents. Ma mère était égyptienne, et mon père un Anglais, Howard Carter, le découvreur de la tombe de Toutânkhamon.

— Tu ne donnes pas dans le médiocre ! Avec toi, ça ne m'étonne pas. Ton abbé t'a-t-il fourni des preuves irréfutables ?

— Je ne dispose que de sa parole et de quelques indices troublants, notamment ceux que tu as recueillis.

— Même pour un avocat génial dans ton style, ça fait un dossier plutôt léger !

— N'oublie pas l'intime conviction.

Dutsy Malone tira une énorme bouffée.

— Et... tu l'as ?

— Elle se forme peu à peu.

— Pourquoi t'es-tu rendu à Londres ?

— Toujours d'après l'abbé Pacôme, mon père m'aurait confié une mission : retrouver les papyrus de Toutânkhamon dont le contenu serait explosif. Personne ne sait où ils sont conservés, et moi seul peux trouver la bonne piste, qui semblait conduire en Angleterre. Échec total.

Dutsy Malone n'en croyait pas ses oreilles.

— Tu me racontes une légende orientale, patron ! Je rêve ou quoi ?

— Selon un témoignage sérieux, ces papyrus ont bel et bien existé. Et la piste passe par le Metropolitan Museum auquel Howard Carter fut relié de multiples façons. Nous allons donc mener une enquête approfondie avant que je rencontre un responsable qualifié.

— C'est... C'est sérieux ?

— Très sérieux.

— Et mon dossier... Tu l'étudies ?

— Bien entendu.

Dutsy fut soulagé. Mark n'avait pas complètement perdu la tête.

*

* *

Alors que s'achevait l'immeuble des Nations unies, un nouveau « machin » voué à l'impuissance, et que la commission d'enquête présidée par le sénateur McCarthy pourchassait les communistes, le Metropolitan Museum demeurait le sanctuaire de valeurs anciennes, mais immuables.

Le responsable était un homme austère et compassé. Conscient de l'importance de sa fonction, il la remplissait avec le maximum de sérieux, se considérant comme le gardien des splendides antiquités égyptiennes du Metropolitan Museum. Aussi son temps lui apparaissait-il infiniment précieux et n'accordait-il de rendez-vous qu'à des personnes de qualité.

Le grand avocat Mark Wilder en faisait partie.

— Je viens de visiter le département égyptien, précisa ce dernier. Une pure merveille.

Le responsable se haussa du col.

— La provenance de certains objets ne pose-t-elle pas de graves problèmes juridiques ? demanda l'avocat.

— Certainement pas, répondit sèchement le responsable.

— En êtes-vous si sûr ?

— Tout à fait sûr.

Mark consulta ses notes.

— Deux anneaux en pâte de verre portant le nom de Toutânkhamon et un chien en bronze provenant de l'antichambre de sa tombe, une coupe contenant un onguent, des fragments de tissu et de natte, deux clous d'or et deux autres d'argent prélevés sur les sarcophages du pharaon… Je continue ?

— Je connais cette liste aussi bien que vous, trancha le responsable.

— Selon la loi égyptienne adoptée à l'époque de la découverte de la tombe de Toutânkhamon, jamais ces objets n'auraient dû sortir du pays.

— Nous les avons achetés dans des conditions tout à fait correctes.

— À Howard Carter, à lord Carnarvon, à leurs héritiers entre 1926 et 1940, je sais. Néanmoins, le comportement des autorités administratives du musée ne fut-il pas un peu… léger ?

— Le Louvre et le British Museum sont remplis d'objets volés, rappela le responsable. Nous, nous avons négocié. Et vous êtes américain, maître ! Voir préservés chez vous ces modestes vestiges, en si petit nombre par rapport aux centaines de chefs-d'œuvre exposés au Caire, devrait vous réjouir.

— Il existe une autre liste d'une dizaine d'objets, dont un anneau en or massif, qui ne sont pas formellement attribués à Toutânkhamon d'après les fichiers du musée, mais dont la provenance ne fait aucun doute. Et cet anneau fut offert au musée soit par Carnarvon, soit par Carter, pour le remercier de son aide indispensable et efficace.

— Comment pouvez-vous être aussi bien renseigné ?

— C'est mon métier.

— Que voulez-vous exactement ? s'inquiéta le responsable.

— Avoir accès aux réserves du musée et à tous les objets achetés à Carter, à Carnarvon et à leurs héritiers.

— Vous cherchez… quelque chose de précis ?

— Je suis très pressé. Entre personnes de bonne compagnie, on finit toujours par s'entendre. Si vous m'accordez immédiatement cette autorisation, tout ira pour le mieux. Et quoi qu'il arrive, je me montrerai d'une discrétion absolue. Vous et moi, ne tenons-nous pas à la parfaite réputation du Metropolitan ?

— L'un de mes assistants va vous accompagner.

Les portes s'ouvrirent.

En découvrant une palette de scribe, une écritoire en ivoire et des pinceaux provenant de la succession Carter, Mark crut qu'il approchait du but. Son père n'avait-il pas confié ce matériel d'écriture et les papyrus au musée américain pour être certain qu'ils seraient en sécurité ?

Il contempla d'autres petits chefs-d'œuvre appartenant probablement à Toutânkhamon, tels des pots à onguent ou un flacon à parfum, dressa un inventaire complet, scruta fichiers, notes et rapports.

Aucune trace de papyrus.

22

Un orage éclata au-dessus de New York, et l'avion de Mark Wilder fut durement secoué. Indifférent aux cris des passagers, l'avocat songeait à son infructueux périple américain. Après avoir exploré le moindre recoin du Metropolitan Museum et consulté les archives, il s'était rendu au Brooklyn Museum qui, au début des années quarante, avait acheté quelques objets à un antiquaire londonien, les tenant lui-même de la succession Carter. Une statuette de femme, un collier, une cuillère à onguent, un vase miniature, une sauterelle en ivoire... De petites merveilles extraites du trésor de Toutânkhamon, certes, mais aucun papyrus.

Utilisant le dossier fourni par l'abbé Pacôme et les résultats de l'enquête menée par Dutsy, Mark s'était intéressé aux autres musées[1] susceptibles d'avoir acquis des objets sortis de la tombe du roi.

---

1. Pour toutes les informations concernant les musées américains, voir T. Hoving, *Tout-Ankh-Amon, histoire secrète d'une découverte*, Paris, 1979, p. 296 sq.

D'abord, la William Rockhill Nelson Art Gallery, à Kansas City, détentrice des éléments en or détachés d'un collier de Toutânkhamon, remis par Howard Carter en personne à son médecin, lequel les avait vendus à un antiquaire londonien, fournisseur du musée. Le médecin, un homme de confiance qui avait pu également recevoir des papyrus !

Nouvelle déception.

Ensuite, l'Art Museum de Cincinnati, propriétaire d'une œuvre exceptionnelle, une panthère en bronze. Elle aurait fait partie des merveilles déposées dans la tombe mais ne s'accompagnait d'aucun papyrus. Le conservateur conseilla à Mark de se rendre au Museum of Art de Cleveland qui, d'après certaines rumeurs, possédait au moins une amulette suspecte.

Peine perdue.

Restait l'Institut de l'université de Chicago, fondé par James Henry Breasted, décédé en 1935. L'égyptologue américain avait été invité à travailler dans la tombe de Toutânkhamon, notamment pour s'occuper des inscriptions. En dépit d'un accueil plutôt sympathique, Mark ne recueillit aucune information digne d'intérêt.

Il regagna New York où son avion, malgré les turbulences, finit par atterrir. Des salves d'applaudissements saluèrent le savoir-faire du pilote, et les rescapés n'apprécièrent jamais autant la pluie battante.

L'agent de la CIA chargé d'étudier les faits et gestes de Mark Wilder avertit ses chefs que l'avocat était de retour chez lui.

*
* *

Dutsy Malone dévora une énorme entrecôte recouverte de sauce tomate et bardée de frites géantes, sans oublier de boire sa deuxième pinte de bière irlandaise. Mark s'était contenté d'une salade, d'une côte d'agneau et d'un verre de vin.

— Ne te laisse pas dépérir, patron ! Les meilleures plaisanteries ne sont-elles pas les plus courtes ? Oublie cette histoire de fous et reviens à l'essentiel. J'ai d'excellentes nouvelles concernant ta carrière politique. D'après une récente enquête d'opinion, tu plais beaucoup aux femmes et recueilles des avis favorables dans toutes les couches de la population, y compris parmi les hommes politiques. Autrement dit, ta candidature se présente au mieux, et il n'existe aucun adversaire à ta taille. Méfiance, cependant ! Les coups tordus ne manqueront pas. Comme tu n'as rien à cacher, ils se retourneront contre leurs auteurs. À toi de tenir le cap et de ne pas céder un pouce de terrain. Tu m'écoutes, patron ?

— Oui, bien sûr…

— Toi, tu penses encore à Howard Carter et aux papyrus de Toutânkhamon !

— Difficile de faire autrement, ne crois-tu pas ?

— C'était une belle légende, elle t'a lavé l'esprit, et les vacances sont terminées. Oublie le passé, quel qu'il soit, et ne songe qu'à l'avenir, à ton avenir. Foi de Dutsy, il s'annonce sacrément brillant ! Toutes les portes s'ouvrent devant toi, et tu n'as pas le droit de renoncer à cause d'un fantasme oriental.

— Il s'agit de mon père, Dutsy, et d'un engagement que je dois tenir.

— Ne mélange pas tout ! D'abord, il faudrait être certain qu'Howard Carter est bien ton père, et tu n'en obtiendras jamais la preuve. Ensuite, ton curé égyptien n'a-t-il pas inventé cette mission ? Enfin, il est évident que ces papyrus, s'ils ont existé, ont disparu. À supposer qu'ils aient contenu quelques informations importantes, voire gênantes, quelle meilleure solution pour leur propriétaire que de les détruire ? Prends cette affaire par n'importe quel bout, et tu parviendras au même résultat : elle est terminée, et tu perdras ton temps à t'occuper de fantômes. Comme ta réputation ne cesse de croître, d'énormes dossiers arrivent au cabinet, et tu ne dois pas commettre de faux pas tout en préparant ta campagne électorale. Je te le confirme, patron : les vacances sont terminées.

*

* *

L'automne arrivait à New York, et Mark n'avait pas vu passer l'été. L'afflux de travail l'avait contraint à engager plusieurs collaborateurs de haut niveau, avec l'accord de Dutsy, formidable chef d'équipe. De nombreux hommes politiques influents approuvaient ouvertement la candidature de l'avocat, et il devait multiplier dîners et entretiens confidentiels.

Lors d'une promenade solitaire à Central Park, il revit l'obélisque de Thoutmosis III.

Et les hiéroglyphes lui sautèrent au visage, telles des langues de feu dissipant la carapace de ténèbres et d'illusions dont il s'était recouvert.

Les affaires, la politique, l'ambition, la carrière... Il s'en détachait, devait respecter la parole donnée à l'abbé Pacôme, honorer la mémoire de son père et revoir Ateya. Impossible d'oublier la jeune femme et de vivre sans elle. C'était peut-être cela, l'amour, la nécessité absolue d'unir deux destins et d'accomplir un voyage vers le même horizon.

Et si Ateya, elle, l'avait oublié ?

Quand Mark s'installa à son bureau pour signer un fabuleux contrat, Dutsy Malone sentit aussitôt que quelque chose clochait.

— Tu m'as l'air fatigué, patron.

— J'ai besoin d'un peu de repos, tu as raison. Cet été trop studieux m'a épuisé.

— Un petit week-end en Californie te remettra d'aplomb.

— Insuffisant.

— Tu ne comptes pas retourner en Égypte, j'espère ?

— Là-bas, paraît-il, octobre est l'un des mois les plus agréables.

— Un bref séjour, c'est sûr ?

— Pourquoi s'éterniserait-il ?

Sachant que retenir son patron serait impossible, Dutsy Malone n'insista pas et préféra mettre au net les dossiers qu'il consulterait avant son départ.

Songeur, Mark était arrivé à une conclusion : l'abbé Pacôme savait que les papyrus de Toutânkhamon ne se trouvaient ni en Angleterre ni aux États-Unis.

En l'obligeant à effectuer ce périple et à mener ces recherches infructueuses, l'abbé voulait le mettre à l'épreuve et savoir si le fils d'Howard Carter était digne de son père et de sa mission.

S'il se décourageait à la suite de cet échec et s'il n'en comprenait pas le motif, Pacôme aurait eu raison de ne pas lui révéler toute la vérité. En revanche, s'il surmontait sa déception et revenait en Égypte, alors, l'abbé le mettrait sur la bonne piste.

23

— Salut, Mark ! Heureux de te revoir en Égypte, dit John, chaleureux. Bon voyage ?
— Excellent.
— Je t'emmène au Mena House ?
— Volontiers.
L'agent de la CIA avait changé de voiture. Deux porteurs chargèrent les bagages de l'avocat dans le coffre de la Cadillac qui s'élança dans la circulation anarchique du Caire.
— Tu m'attendais ou tu passais là par hasard ?
— Tu connais la réponse, Mark. Dès que ton nom est apparu sur une liste de passagers, j'ai été averti. Ton absence m'a paru bien longue.
— Étais-tu certain que je reviendrais ?
— On revient toujours en Égypte ! Une seule visite ne suffit pas. Tu as dû être fort occupé, cet été.
— Je n'ai pas eu une minute à moi.
— Les affaires et la politique… Tu deviens un personnage de plus en plus important, paraît-il.
— N'exagérons rien, John. Je mène ma barque, et le parcours se révèle plutôt favorable. Mais le vent peut tourner.

— Ne te rabaisse pas ! Tu grimpes vers les sommets et tu joueras un rôle de premier plan. Ce que je comprends mal, c'est la raison de ton voyage en Angleterre.

— Me ferais-tu espionner en permanence ?

— Pas espionner, protéger. Je te l'ai déjà confié, de hautes personnalités comptent beaucoup sur toi, et l'on veille sur ta sécurité.

— Même en Angleterre et aux États-Unis ?

— Mes correspondants exécutent les ordres. À Londres, tu les as semés à la manière d'un professionnel.

Mark éclata de rire.

— Loin de moi cette intention ! Je n'avais même pas repéré tes anges gardiens.

— Faute technique de leur part ou bien simple concours de circonstances... Ça peut arriver. Qu'allais-tu faire en Angleterre ?

— Suis-je obligé de te répondre ?

— Bien sûr que non ! Mais ne vaut-il pas mieux maintenir entre nous un climat de confiance ?

— Je désirais conclure une affaire délicate grâce à un contact personnel et revoir des amis.

— Ces amis ne sont pas des agents des services secrets britanniques, j'espère ?

— Certainement pas !

— Tu vois, Mark, nous ne sommes pas toujours des alliés, surtout en ce qui concerne l'Égypte et le canal de Suez. De mauvaises fréquentations pourraient te causer de graves ennuis. Tu n'as qu'une seule carte à jouer : celle de l'Amérique.

— J'en suis tout à fait persuadé.

— En ce cas, pas de problème. Ici, en revanche, ça ne s'arrange pas. Farouk a fait un voyage de noces tonitruant et dépensé une fortune par jour dans les palaces où il s'est goinfré encore plus que d'habitude. Un hôtelier italien a même déclaré : « Des clients à ce tarif-là, ça ne peut pas durer. » La population égyptienne ne se contente pas de détester son roi, elle commence à le mépriser. Et lui seul ne s'en aperçoit pas. La situation politique devient malsaine. Comptes-tu rester longtemps ?

— Aussi longtemps que nécessaire.

— Si les autorités te contactent, fais-le-moi savoir sans délai. Tous les renseignements que tu me fourniras, même minimes, pourront m'être utiles afin d'éviter un désastre et de préserver les intérêts de notre pays.

La grande pyramide de Khéops apparut dans le lointain. Écoutant John d'une oreille distraite, Mark n'avait d'yeux que pour elle.

Enfin, il était de retour chez lui.

La proximité du désert, la pureté de l'air, l'embrasement du soleil couchant, la douceur d'une soirée d'octobre étaient autant de bonheurs qui rendaient l'âme légère, apte à communier avec le mystère imprégnant cette terre divinisée.

Mark franchissait une nouvelle frontière. Il passait du monde ordinaire, si lourd, si étouffant, à celui des êtres capables de bâtir des rayons de lumière pour toucher le sommet du ciel.

La Cadillac s'immobilisa devant les marches menant à l'entrée du Mena House. Aussitôt, deux employés coiffés d'un tarbouche vinrent accueillir leur hôte.

— Bonne soirée, Mark. Ne commets pas d'imprudence.

L'avocat hocha la tête.

D'une hauteur sous plafond difficile à calculer, sa vaste chambre était digne d'un palais. En s'asseyant sur le rebord du lit monumental, l'avocat tenta de retrouver une forme de stabilité. Ce pays qu'il connaissait si peu, il l'aimait déjà à la folie, comme s'il avait toujours vécu ici.

On frappa à sa porte, il ouvrit.

Elle.

C'était elle, sublime dans sa robe rouge. L'élégance, le charme et la magie.

— Vous êtes… Vous êtes magnifique !

— Je ne vous dérange pas ?

— Entrez, je vous en prie.

Il referma doucement la porte de sa chambre pour ne pas briser le miracle de cet instant. Tout en demeurant inaccessible, Ateya se trouvait tout près de lui.

— J'espérais que vous reviendriez, dit-elle d'une voix qui le fit frissonner. Les semaines s'écoulaient, et je commençais à douter. Et puis l'un des employés de la réception, un copte, m'a annoncé que vous veniez d'arriver.

— J'ai eu beaucoup de travail, Ateya, et j'ai dû vérifier chacun des éléments que m'avait fourni l'abbé Pacôme, tant en Angleterre qu'en Amérique.

— Lui accordez-vous toujours votre confiance ?

— Plus que jamais !

— Il désire vous parler au plus vite. Un taxi vous attend.

— M'accompagnez-vous ?

— Non, je devais juste vous transmettre les instructions.

— Quand nous reverrons-nous, Ateya ?

— Je l'ignore. Dépêchez-vous.

Elle disparut.

Contrarié, Mark se lava le visage et s'aspergea d'eau de Cologne. Puis il sortit de l'hôtel.

En bas des marches, un taxi peint en vert. Le chauffeur avait une bonne tête.

— Vous venez de New York ?

— Exact.

— Si je vous dit « l'abbé », que répondez-vous ?

— Pacôme.

— Allons-y, monsieur Wilder.

Le bonhomme ne manquait pas d'habileté. Il parvint à doubler des camions lourdement chargés, évita des piétons suicidaires, rasa des ânes tirant des charrettes remplies de briques.

— On nous suit, annonça-t-il. Un professionnel. Et je n'arrive pas à le semer. Nous appliquerons donc le plan prévu. Je vous dépose devant l'Opéra, vous revenez sur vos pas et vous vous engouffrez dans une Peugeot noire qui s'arrêtera à votre hauteur.

La manœuvre fut promptement exécutée.

Pris au dépourvu, le suiveur tenta de réagir, mais le flot de circulation l'empêcha de faire demi-tour, et la Peugeot noire lui échappa.

Son conducteur était un petit homme nerveux. Sans avoir prononcé un seul mot, il déposa Mark à proximité du Vieux Caire. Un adolescent lui montra la croix copte tatouée sur son poignet et le guida jusqu'à la Suspendue.

L'avocat se rendit aussitôt au jardin.

Un religieux en soutane noire était assis sur le banc et lisait un texte ancien rédigé en copte.

Mais il ne s'agissait pas de l'abbé Pacôme.

24

Mark hésita.

Devait-il adresser la parole au religieux ou bien quitter les lieux au plus vite ? Ne lui avait-on pas tendu un piège après avoir réduit Pacôme au silence ?

Le prêtre se leva et se dirigea vers lui.

— Suivez-moi, mon fils.

L'avocat lui emboîta le pas.

Ne commettait-il pas une imprudence fatale en faisant ainsi confiance à un inconnu ? Le prêtre le guida jusqu'à une ruelle moins animée que les principales artères du Vieux Caire et lui désigna une antique porte cloutée.

— Frappez trois coups, et l'on vous ouvrira.

Mark obéit.

La porte s'ouvrit, apparut l'abbé Pacôme.

— Entrez, Mark.

L'avocat découvrit une immense bibliothèque dont chaque étagère était chargée de livres anciens soigneusement reliés.

— L'une des mémoires du peuple copte, révéla Pacôme. Je conserve ici des textes hiéroglyphiques, grecs, araméens et coptes. Beaucoup ne sont pas encore traduits. Rapportez-vous les papyrus de Toutânkhamon ?

— Vous savez bien que non. Vous m'avez infligé une épreuve pour savoir si j'étais à la fois désireux et capable d'entreprendre cette recherche.

— N'avez-vous pas fait d'intéressantes rencontres ?

— Seule lady Evelyn croit à l'existence de ces papyrus, mais elle se trompait en pensant qu'ils étaient dissimulés à Highclere. Quant aux égyptologues, ils n'ont jamais vu ces documents. Les musées américains n'abritent que quelques objets appartenant au trésor de Toutânkhamon, et pas de papyrus. Les archives de Carter, conservées à Oxford, n'y font pas allusion. Tout cela, vous le saviez déjà !

— En effet, reconnut Pacôme. Vous deviez néanmoins suivre vous-même ce chemin afin d'en percevoir les premières difficultés. Êtes-vous décidé à continuer, Mark ?

— Ma présence ne vous fournit-elle pas la réponse ?

— Allons nous asseoir au salon. J'ai un excellent armagnac hors d'âge à vous offrir pour vous remettre de vos émotions.

Accompagné de pâtisseries locales, le breuvage régénérateur méritait d'être connu.

— Je suis parvenu à une conclusion, déclara Mark : s'ils existent, les papyrus de Toutânkhamon ne peuvent se trouver qu'en Égypte.

— Ne doutez plus de leur réalité et soyez certain qu'en poursuivant cette recherche sur la terre des pharaons nous déclencherons des forces hostiles, acharnées à nous détruire et à nous empêcher de révéler la vérité. Je ne manque pas d'armes pour les combattre, mais la victoire est loin d'être acquise. D'un côté, je vous promets dangers et rudes affrontements ; de l'autre, il y a votre brillante carrière.

— Il n'est plus temps de choisir, me semble-t-il, puisque je vous ai donné ma parole.

— Vous êtes bien le digne fils d'Howard Carter, estima l'abbé Pacôme. À la différence de la plupart des égyptologues, il avait perçu l'ampleur de la spiritualité des anciens Égyptiens, considérés par les érudits modernes comme des païens qu'aveuglaient des superstitions. D'après Carter, au contraire, ils étaient des modèles de foi et de fidélité à un idéal, aujourd'hui inconcevable dans notre monde de matérialisme cynique. « L'ombre des dieux antiques garde sur nous tout son empire », m'a-t-il confié. Une étude superficielle de la mythologie et de la religion des anciens Égyptiens pourrait induire que nous avons progressé par rapport à eux. Mais si nous sommes capables de percevoir leur pensée, nous renonçons à tout sentiment de supériorité. Aucune personne dotée d'intelligence et de sensibilité ne niera que l'art pharaonique ait corporifié l'essentiel, à savoir l'animation de la matière par l'esprit et le rayonnement de la lumière du premier matin. Malgré nos progrès techniques, nous en avons perdu le sens. Votre père a passé des heures à contempler le plafond astrologique de la chambre de résurrection du pharaon Séthi Ier, dans la Vallée des Rois. Elle représente le corps immense de la déesse du Ciel, Nout, femme aux dimensions du cosmos. Elle fait naître tous les corps célestes qui se meuvent en son sein et influencent les multiples formes de vie. « Il ne s'agit pas, ainsi que l'ont suggéré quelques imbéciles, déclarait Carter, de productions de cerveaux détraqués, mais de symboles ayant une signification cachée et d'une haute portée, dont seuls les anciens collèges de prêtres pouvaient fournir la clé[1]. »

— Et cette clé serait offerte par les papyrus de Toutânkhamon ? avança Mark.

— C'est une certitude. Et un certain nombre d'esprits destructeurs souhaitent ne jamais la voir utilisée.

— Pardonnez-moi cette observation, mon père : comment votre apologie de la spiritualité des anciens Égyptiens s'accorde-t-elle avec votre foi chrétienne ? En vous écoutant rapporter les opinions de Carter, j'ai eu la sensation que vous les partagiez et que vous étiez l'héritier de ces collèges de prêtres capables de déchiffrer les mystères.

— Nous en reparlerons plus tard, décréta l'abbé Pacôme en remplissant de nouveau les verres. Le moment est venu de reprendre votre

1. Les paroles et la pensée de Carter rapportées ici sont, bien entendu, authentiques.

Quête, cette fois en Égypte même et en utilisant les indices que votre père nous a laissés. Le premier d'entre eux concerne trois messagers qu'il rencontra alors qu'il recherchait la tombe d'Akhénaton et de Néfertiti, en Moyenne-Égypte, une région magnifique où il vécut quelques-unes des plus belles heures de son existence. Ces trois hommes appartenaient à une tribu plutôt difficile d'accès, à laquelle Howard Carter aurait pu confier les papyrus.

— Si son chef les détient, comment le convaincrai-je de me les remettre ?

— Vous ne partirez pas seul, Mark. Une personne qui connaît bien l'histoire des trois messagers et le chef de leur tribu vous accompagnera. Vous, vous n'avez qu'à prouver votre qualité, et je ne doute pas un instant de vos talents d'avocat.

— S'agit-il d'une nouvelle épreuve, ou bien ignorez-vous vraiment où se trouvent les papyrus ? demanda brutalement Mark.

— Je l'ignore vraiment, et les véritables épreuves commencent. Bientôt, on saura que vous menez cette Quête, et les dangers surgiront.

— La faune new-yorkaise me paraît tout aussi redoutable, qu'il s'agisse du milieu des affaires ou de la politique !

— Ici s'ajouteront des démons surgis des ténèbres.

— Ne savez-vous pas les terrasser, mon père ?

— Je m'y emploierai.

— Quand dois-je partir ?

— Au début de la semaine prochaine. Les préparatifs matériels seront terminés, et vous serez considéré comme l'un des rares touristes désireux d'admirer des sites peu fréquentés, en dépit de leurs richesses archéologiques.

— Et quand serai-je contacté par mon accompagnateur ?

— La veille du départ. Officiellement, vous ferez une belle excursion.

— Puis-je connaître son nom ?

— C'est l'un des meilleurs guides d'Égypte, une jeune femme copte que vous avez déjà rencontrée : Ateya.

25

En cette matinée ensoleillée du 7 octobre 1951, Mark Wilder revenait d'une longue promenade sur le plateau des pyramides lorsque le directeur du Mena House lui remit un pli provenant du palais royal.

Il s'agissait d'une invitation signée d'Antonio Pulli, le secrétaire particulier de Farouk. Elle conviait l'avocat à dîner, le lendemain soir à 23 heures, au Scarabée. Sa Majesté désirait rencontrer cet hôte exceptionnel.

Mark appela aussitôt John.

— Un souci en perspective.

— Ne m'en dis pas davantage au téléphone. Rendez-vous à 17 heures au cinéma Metro.

Mark déjeuna seul dans les jardins du Mena House, face à la grande pyramide de Khéops. Dîner avec Farouk ne l'amusait guère, et il préférait songer à son prochain voyage en Moyenne-Égypte, en compagnie d'Ateya. Enfin, ils auraient le temps de se parler ! Et peut-être reviendraient-ils avec les papyrus de Toutânkhamon.

Par précaution, l'avocat se rendit au musée du Caire, y passa une demi-heure puis reprit un taxi qui le déposa au cinéma Metro, l'un des hauts lieux de distraction des Cairotes. À la pointe de la modernité, la salle disposait de l'air conditionné, responsable de rhumes et d'angines.

John acheta un billet, Mark l'imita. Il le suivit et s'assit à côté de lui, au dernier rang. À cette heure-là, il y avait beaucoup de places vides. On projetait un film d'aventures américain, sous-titré en français. Sur un petit écran latéral, des sous-titres en arabe et en grec.

— Farouk m'invite à dîner au Scarabée, révéla Mark à voix basse.

— Impossible de refuser, affirma John sur le même ton. L'invitation est signée Pulli, je suppose ?

— Exact.

— C'est donc la grande offensive ! Ils vont sûrement te proposer des affaires, et tu entreras dans le cercle de privilégiés de sa peu gracieuse Majesté. L'endroit choisi n'est pas innocent : Le Scarabée est le club privé le plus renommé du Caire. Il comprend une salle de jeu, une piste de danse et un restaurant où Farouk se goinfre après avoir perdu une fortune au poker. Au petit déjeuner, il avale une trentaine d'œufs, et le menu de son dernier dîner a révolté même ses fidèles : bouchées à la reine, sole meunière, côtelettes de mouton, poulet rôti, pavé de bœuf, langouste, ris de veau, purée de pommes de terre, artichauts, riz, petits pois, fromages, sans oublier plusieurs desserts. Et je ne te parle pas de la trentaine de litres de boissons sucrées qu'il absorbe à longueur de journée. Il pèse si lourd qu'on a dû lui fabriquer des sièges spéciaux, capables de supporter sa masse. Il peine à se déplacer, mais ça ne ralentit pas sa fringale sexuelle. Surtout, si tu as une maîtresse, ne l'emmène pas. À supposer qu'elle plaise au roi, elle finira la nuit même dans son lit. Tout est organisé, au palais d'Abdine, pour satisfaire les fantasmes de l'ogre, y compris une installation de caméras destinées à filmer les ébats de Sa Royale Majesté avec ses conquêtes. Quand Farouk apparaît dans une boîte de nuit, les maris et les amants tremblent. Quelle femme choisira-t-il afin de réveiller ses désirs, de plus en plus empâtés ?

— Et la reine Farida ?

— Elle est au courant, précisa John, mais doit se taire. Officiellement, le couple connaît un bonheur sans nuages. Comment Farouk peut-il croire que cette comédie abuse quiconque ? Ce qu'il attend de son épouse, c'est un fils qui perpétuera la dynastie et fera taire les opposants. Ensuite, il se débarrassera sans doute de Farida. Ses kilos de graisse ne rendent pas Sa Majesté moins dangereuse, Mark. Selon une rumeur persistante, le roi aurait tué d'un coup de revolver un médecin militaire qui l'avait surpris au lit avec son épouse. L'affaire fut étouffée, et Farouk confie maintenant au général Sirri Amer le soin d'éliminer les gêneurs. Évite de rentrer dans cette catégorie.

— Mon sens de la diplomatie a des limites, John.

— Un coup de tonnerre vient d'éclater, révéla l'agent de la CIA, et ses conséquences sont difficiles à calculer, mais l'action du Premier ministre Nahas, sur l'ordre de Farouk, causera forcément des troubles. Hier, il a fait une longue déclaration au Parlement pour évoquer les circonstances qui l'avaient conduit, en 1936, à signer un traité avec les Anglais. Il leur permettait, notamment, de continuer à contrôler la zone du canal de Suez grâce à une armée d'une dizaine de milliers d'hommes, sans compter les pilotes de la Royal Air Force. À la fin de l'exposé, Nahas s'est enflammé : « Aujourd'hui, pour l'Égypte, j'abroge ce traité. Les Anglais doivent foutre le camp sans délai ! » Et le Parlement l'a acclamé.

— Crois-tu à un affrontement entre Anglais et Égyptiens ?

— L'armée égyptienne n'est pas capable de tenir tête aux Britanniques. D'après mes informations, ces derniers calmeront le jeu. Néanmoins, le peuple manifestera, d'autant plus que la presse vient de publier les effectifs réels de l'occupant : pas dix mille soldats mais soixante mille, en violation du fameux traité. Farouk tente un coup de poker pour se faire aduler et considérer comme le champion de l'indépendance de l'Égypte, mais c'est de la poudre aux yeux. Bien qu'il déteste les Anglais, il ne peut pas s'en passer. Sans doute des cortèges de nationalistes enflammés réclameront-ils l'évacuation définitive des troupes britanniques, et puis l'exaltation retombera.

— Et si elle ne retombait pas ?

John prit un long temps de réflexion. Sur l'écran, le héros se débarrassait d'une dizaine d'agresseurs patibulaires et délivrait sa fiancée avant qu'elle ne subisse les derniers outrages.

— Les Anglais ne lâcheront pas l'affaire, Mark. Même Hitler n'a pas réussi à leur briser l'échine. Si l'Égypte s'obstine à réclamer une indépendance insupportable à leurs yeux, il y aura un bain de sang.

— Et l'Amérique en sortira victorieuse ?

John baissa la tête.

— Tu es déjà un redoutable politicien ! Moi, je me contente d'obéir aux ordres.

— À savoir ?

— Observer, ne pas prendre d'initiatives irraisonnées et recueillir un maximum de renseignements afin de permettre à nos dirigeants de choisir le meilleur chemin. Voilà pourquoi ton rôle risque d'être déterminant. Je sais que, bientôt, tu seras un personnage important et que tu ne dois courir aucun risque. Si Farouk tente de te piéger, saute dans le premier avion pour New York. En revanche, sache prendre la mesure de la situation. Ici, au Moyen-Orient et surtout en Égypte, se prépare le monde de demain. D'ailleurs, le destin de l'Occident ne s'est-il pas souvent joué sur la terre des pharaons ?

— En matière d'espionnage, les termes de « sincérité » et d'« honnêteté » n'ont évidemment aucun sens. Cependant, je suis encore assez naïf pour croire à la vérité qui s'impose par le regard, d'homme à homme. Alors, John, dis-moi cette vérité : es-tu chargé de préparer une intervention violente contre Farouk et d'imposer un nouveau régime ?

— Absolument pas, Mark. Le roi tient solidement les rênes, sa police politique contrôle le pays et l'armée, malgré son mécontentement, se tient tranquille. Néanmoins, le couvercle de la marmite peut se soulever à tout moment. C'est pourquoi nous devons nous tenir prêts à intervenir et à choisir la meilleure solution. Ne quitte pas la salle avant la fin du film. Le triomphe du héros, c'est toujours un bon moment.

John se leva, Mark fixa l'écran.

Il ne parvenait pas à faire totalement confiance à ce vieil ami si persuasif. Les individus n'étaient-ils pas des pièces qu'il déplaçait à sa guise sur un échiquier ? Fallait-il encore espérer qu'il souhaitât la victoire de la liberté, et non celle d'une faction prête à commettre n'importe quelle folie.

Le héros terrassa le méchant et put enfin embrasser l'héroïne en toute sérénité. Cette aventure-là se finissait bien, et le public semblait ravi.

Mark ne remarqua pas un petit homme insignifiant qui le filait depuis son départ du Mena House. Grâce à sa moto en parfait état de marche, il n'avait pas perdu de vue l'Américain, dont le comportement était typique d'un agent secret.

Aussi le petit homme rédigerait-il un rapport édifiant à l'intention de Mahmoud, son chef de section.

26

Mark Wilder avait l'habitude d'être toujours en avance à ses rendez-vous avec de hautes personnalités. Cela lui permettait de se recueillir, même au milieu d'un brouhaha, et de se préparer à un affrontement dont il fallait essayer de ressortir vainqueur.

Rencontrer Farouk ne s'annonçait pas comme une partie de plaisir, et l'avocat ne prenait pas les avertissements de John à la légère. Certains se réjouissaient d'avoir été remarqués par le roi, d'autres le regrettaient amèrement.

La clientèle du Scarabée[1] était haut de gamme. L'établissement ayant obtenu, par décret royal, l'autorisation de vendre de l'alcool et d'ouvrir une salle de jeu, il attirait des dignitaires du régime portant les titres de bey et de pacha, des officiers anglais aux uniformes rutilants, de riches coptes, des propriétaires terriens, des commerçants juifs, des Italiens, des Grecs, des Turcs,

---

1. Toutes les précisions concernant Le Scarabée sont données par G. Sinoué, dont le père était le directeur de l'établissement, dans *Le Colonel et l'Enfant-roi*.

des Libanais et d'autres amateurs de sensations fortes. On fumait beaucoup, notamment de gros cigares et des cigarettes de luxe. Un orchestre italien jouait des slows permettant à des soupirants en smoking de séduire de belles dames en robe longue couvertes de bijoux.

Mark fut accueilli fort courtoisement par un maître d'hôtel portant nœud papillon, veste blanche et pantalon noir.

— Mon nom est Wilder. Sa Majesté le roi Farouk m'a invité à dîner.

— Sa Majesté n'est pas encore arrivée. Je vous conduis à sa table.

Vêtus d'un caftan blanc, la taille ceinte d'une étoffe rouge, les serveurs nubiens, à l'allure d'une rare dignité, effectuaient un véritable ballet pour satisfaire les moindres désirs des hôtes du Scarabée.

Comme dans tous les autres établissements où Farouk venait jouer, boire, manger et chercher une femme, sa table était réservée en permanence et couverte de jus de fruits, trônant parmi des amuse-gueule. Le maître d'hôtel pria Mark de s'asseoir et lui fit aussitôt servir une coupe de champagne.

L'atmosphère était détendue et gaie, la clientèle insouciante.

Soudain, la belle mécanique du personnel se détraqua et les dîneurs s'interrompirent.

— Le roi arrive, murmura un négociant albanais à l'oreille de sa compagne d'un soir.

Maurice, le propriétaire et directeur du Scarabée, accueillit l'énorme Farouk, accompagné d'Antonio Pulli, et le conduisit à la grande table ronde, sous les regards à la fois étonnés et inquiets des fêtards. Les plus belles femmes de l'assistance auraient préféré se trouver ailleurs.

Mark s'était levé.

Chacun dévisageait cet invité exceptionnel du maître de l'Égypte, se demandant s'il serait bientôt l'un de ses proches et s'il obtiendrait, à prix d'or, un titre honorifique.

— Majesté, dit Antonio Pulli, je vous présente l'avocat américain Mark Wilder. Il possède l'un des plus grands cabinets de New York et traite des affaires dans le monde entier. La carrière politique de M. Wilder s'annonce extrêmement brillante.

— Tant mieux, répondit Farouk en s'asseyant. J'aime beaucoup l'Amérique et j'aime aussi m'amuser.

Un serveur déposa aussitôt sur la table un bol contenant des boules de papier colorées. Une à une, l'obèse les lança sur les danseurs un peu empruntés. Chaque fois qu'il atteignait une cible, son rire gras contraignait l'assistance à manifester sa satisfaction.

— Ça suffit, décida-t-il. Maintenant, j'ai faim.

Prévenu par John de l'ampleur du menu, Mark prit soin de grignoter afin de tenir la distance et de ne pas injurier le monarque en refusant l'un des plats.

— Sa Majesté est fatiguée par une longue journée de travail au service du pays, précisa Pulli, mais elle a néanmoins tenu à vous rencontrer.

L'Égypte est honorée d'accueillir un personnage de votre envergure, monsieur Wilder, et nous espérons que vous appréciez ses charmes.

— Je suis fasciné.

— Votre séjour au Mena House se déroule-t-il au mieux ?

— Tout est parfait.

Affamé, le roi dévorait des boulettes de viande. Quand il reprit sa respiration, il fixa son hôte avec dureté.

— L'Égypte vient de rompre le traité de 1936, conclu avec les Anglais. Je veux rendre l'Égypte aux Égyptiens. Êtes-vous d'accord ?

— Qui ne le serait pas, Majesté ?

— Les Anglais, justement ! Ils veulent toujours tout. Jadis, ils m'ont humilié et croient que j'ai la mémoire courte. Ils se trompent.

— Les Américains ne sont pas les Anglais. Ils désirent la liberté et l'autonomie des peuples.

— Tant mieux, monsieur Wilder, tant mieux !

Farouk s'attaqua à une superbe sole meunière.

— Les Anglais ne comprennent rien à mon pays et à mon peuple. Comment ont-ils osé m'insulter, moi, un roi ? Les Allemands ont été plus intelligents.

— Par bonheur, rappela Mark, les nazis ont perdu la guerre.

L'atmosphère se tendit. L'orchestre continua néanmoins à jouer de la musique douce, et les dîneurs du Scarabée à faire la fête.

Alors qu'on servait le premier plat de viande, Farouk vida un litre de jus de fruits et, au grand soulagement de Pulli, reprit la conversation.

— On ne refait pas l'histoire, reconnut le monarque. Mais sachez bien une chose, vous et l'Amérique : moi seul dirige l'Égypte, moi seul décide, et personne ne se dressera en travers de mon chemin.

— Ne vous sentez-vous pas en danger, Majesté ?

Le rire gras de Farouk résonna une nouvelle fois.

— Moi, en danger ? Je contrôle tout, monsieur Wilder ! L'Égypte est un pays sûr, totalement sûr, les Égyptiens me craignent et me vénèrent. Lors de mon deuxième mariage, ils m'ont acclamé. Ce qu'ils attendent, c'est mon fils qui me succédera. Chacun est persuadé, à juste titre, que ma dynastie régnera longtemps sur ce pays. Vous pouvez donc y investir en toute sécurité.

D'un regard, Farouk fit comprendre à Pulli que c'était à lui de jouer.

— Nous connaissons la réputation méritée de votre cabinet, monsieur Wilder, avança le secrétaire particulier du roi, et nous sommes impressionnés par ses réussites dans le monde entier. L'Égypte se modernise et s'enrichit, mais le cadre juridique de certaines tractations mériterait d'être amélioré. Accepteriez-vous d'examiner certains dossiers que je vous soumettrais, en respectant une totale confidentialité ?

— Rassurez-vous, c'est la règle.

— De plus, poursuivit Pulli, nous souhaitons développer certaines entreprises, et pas seulement dans le domaine du coton. L'expérience des hommes d'affaires américains que vous connaissez bien pourrait nous être fort précieuse. Consentiriez-vous à faciliter des contacts avec de hauts responsables de notre administration, ces démarches étant, bien entendu, rémunérées ?

— Rien d'impossible.

Au troisième plat de viande, Farouk avait toujours le même coup de fourchette et semblait particulièrement épanoui.

Il tapa sur le bras de son secrétaire.

— La grande brune, avec la robe grenat et le collier de perles.

— Majesté, objecta Pulli, c'est une chanteuse connue !

— Parfait, parfait… Tu me l'amènes.

Mark se leva.

— Je ne voudrais pas importuner Votre Majesté et l'empêcher de profiter de sa soirée.

Farouk sourit.

— J'aime vraiment les Américains. Ils ont de l'intuition et prennent de bonnes initiatives. Pulli vous recontactera, monsieur Wilder, et nous ferons d'excellentes affaires. Personne n'a jamais regretté de travailler avec moi et de bénéficier de ma protection.

27

En cette douce soirée du 10 octobre 1951, Mahmoud avait une tâche particulièrement délicate : réunir, en grand secret, les têtes pensantes des Officiers libres et leur permettre de désigner, en toute sécurité, le leader qui les conduirait au pouvoir.

D'après l'analyse de ces gradés au bord de la révolte, le peuple ne supportait plus ni Farouk ni les occupants anglais. En se débarrassant de ces parasites qui se croyaient intouchables, l'Égypte retrouverait sa dignité souillée depuis trop longtemps.

Mais cette entreprise hasardeuse n'était-elle pas utopique ? La police politique de Farouk ne manquait pas d'efficacité, et rien ne garantissait que l'armée, contrôlée par des généraux fidèles au roi, participerait à une révolution.

Pourtant, en dépit de l'arrogance de Farouk et des certitudes de son entourage, persuadé de détenir toutes les clés du pays, la situation devenait explosive. À l'université du Caire, et même dans certaines écoles, des professeurs plus ou moins enflammés incitaient étudiants et élèves à lutter contre un régime corrompu, indifférent à la misère du peuple. De nombreux imams relayaient leur message et, au cœur des mosquées, demandaient aux croyants de se révolter contre l'injustice et l'arbitraire.

Les incidents se multipliaient, des jeunes gens insultaient et bousculaient les Anglais en uniforme dans les rues de la capitale. Jusqu'à présent, la répression était sévère ; le roi ne tolérait aucun débordement. Mais parviendrait-il à éteindre la colère des masses ?

Les plus modérés devaient reconnaître que l'administration britannique ne s'intéressait guère aux conditions de vie effroyables de la majorité de la population. On n'ouvrait pas d'écoles, on ne construisait pas de logements sociaux, on laissait mourir les enfants en bas âge, on ne luttait pas contre les maladies, mais l'on faisait des affaires juteuses avec les adulateurs de Farouk.

Partout, à la ville comme à la campagne, le sentiment nationaliste prenait corps et la haine contre le colonialisme britannique grandissait. À la Bourse du coton, les scandales s'accumulaient. Avec l'aide de la famille royale, les spéculateurs s'enrichissaient sur le dos des paysans.

Farouk... L'espoir de tout un peuple, l'héritier des grands rois, le monarque qui allait emmener son pays sur le chemin du progrès et de la prospérité ! Aujourd'hui un pachyderme veule et cruel, agrippé à ses privilèges et à sa fortune. L'ampleur de la déception expliquait celle de la rage.

Mahmoud inspecta pour la dixième fois les alentours. Une bonne dizaine de guetteurs surveillaient la maison modeste où se réuniraient bientôt les Officiers libres. Si la police politique avait eu vent de ce rendez-vous, c'en serait terminé de la révolution.

Deux jours plus tôt, le 8 octobre 1951, le Parlement du Caire avait approuvé à l'unanimité une décision capitale : désormais, les soldats britanniques contrôlant la zone du canal de Suez seraient considérés comme des occupants illégaux. Un grand élan patriotique enflammerait les partisans de leur expulsion.

Déjà, de jeunes révolutionnaires provoquaient des troubles en défiant les colonisateurs qui avaient immédiatement renforcé les mesures de sécurité et menacé de réagir très durement si la guérilla s'organisait. Aux demandes insensées du gouvernement égyptien, les autorités britanniques opposaient, avec flegme et fermeté, une fin de non-recevoir. Farouk et ses ministres devaient renoncer à leurs rêves d'autonomie.

Tel n'était pas l'avis du peuple. Et l'on commençait à prendre des initiatives pour rendre la vie difficile à l'occupant. Par exemple, les douaniers retenaient les objets et les produits alimentaires que les Anglais faisaient venir de la mère patrie, et les employés égyptiens de l'armée britannique préparaient des grèves tournantes, à commencer par les conducteurs de locomotives qui gêneraient ainsi les transports de troupes et les livraisons de matériel.

Un profond mouvement de contestation naissait, et les Officiers libres ne jouaient encore qu'un rôle mineur, voire dérisoire. Cette fois, il fallait prendre la main, utiliser cette vague montante, renverser le gouvernement corrompu et montrer aux Anglais que les indépendantistes ne reculeraient pas.

Au début de son règne, Farouk avait tenté de devenir le chef spirituel et temporel d'un État décidé à conquérir sa liberté. Renonçant vite à cet idéal, il jouait à présent un double jeu et se contentait de prendre des poses de matamore, trompant ainsi son peuple sans trop mécontenter l'occupant. Vu la faiblesse de l'armée égyptienne, que redoutait l'Angleterre ?

Tous les leaders des Officiers libres étaient arrivés.

Pas trace de présence policière, à part les indicateurs de quartier habituels, placés sous haute surveillance. Rassuré, Mahmoud franchit le seuil de la petite demeure où la véritable révolution allait enfin se concrétiser.

On évoqua l'aide qu'il fallait apporter aux commandos de partisans qui harcelaient les troupes anglaises, le choix de filières sûres pour la livraison d'armes en bon état, et l'on passa à la désignation du chef suprême, suffisamment représentatif aux yeux du peuple égyptien et capable de mener les révolutionnaires à la victoire.

Un nom s'imposa : celui du général Naguib, héros de la guerre contre Israël, dont l'intégrité n'était plus à démontrer. Sous le pseudonyme du

« Soldat inconnu », ne signait-il pas de violents articles stigmatisant la corruption du régime ? Restait à savoir si le courageux et sympathique Mohamed Naguib accepterait cette lourde charge. Aux Officiers libres de le convaincre.

Les conjurés se dispersèrent.

L'absence d'incidents prouvait le sérieux de leur organisation, fondée sur le secret et le cloisonnement. Songeur, Mahmoud se rendit dans un café du Vieux Caire où la police de Farouk n'avait pas droit de cité. Le moindre cafard aurait été immédiatement identifié.

L'homme chargé de filer Mark Wilder ces derniers jours sirotait un café turc et fumait une pipe à eau.

Mahmoud s'assit en face de lui, le patron lui apporta une tasse de thé noir et un biscuit. L'absence de ce dernier aurait signalé un danger.

— L'Américain n'est pas facile à suivre, avoua le fumeur. Il se sait surveillé et pratique plusieurs techniques pour rompre la filature. Jusqu'à présent, je les ai toutes déjouées.

— Qu'as-tu appris d'intéressant ?

— Il a eu deux rendez-vous, l'un public, l'autre secret. Le premier fut un dîner avec Farouk et Pulli, au Scarabée.

« Rien d'étonnant, pensa Mahmoud. Le roi tente d'utiliser toutes les personnalités étrangères qui peuvent, d'une manière ou d'une autre, l'aider à accroître sa fortune. »

— Et le second ?

— L'Américain s'est rendu au cinéma Metro. Au fond de la salle, il a longuement discuté avec un homme que je ne suis pas parvenu à identifier et que je suis même incapable de décrire. Le type s'est volatilisé. Sans aucun doute un professionnel, et le supérieur de l'Américain en Égypte.

— Excellent travail, mon ami. Continue comme ça. Si tu t'estimes repéré, je te remplacerai.

Avec sa prime, le fumeur s'offrirait du haschisch et oublierait les incertitudes de l'avenir. Mahmoud sortit du café et se mêla à la foule.

Ce Mark Wilder était bien un espion revenu en Égypte afin d'y exécuter une mission. Mais pourquoi était-il passé par l'Angleterre, quels étaient ses véritables chefs ?

Le temps pressait, nul ne savait comment et dans quel sens la situation évoluerait. De graves événements pouvaient plonger l'Égypte dans une tourmente sanglante. Peut-être Mark Wilder était-il l'homme dont Mahmoud avait besoin pour éviter ce désastre.

28

En Moyenne-Égypte, ce mois de novembre était un enchantement. Ateya et Mark voyageaient à bord d'un véhicule tout-terrain, équipé du nécessaire en cas de panne et conduit par un chauffeur expérimenté et prudent. Les accidents mortels étaient fréquents, car l'on doublait à tort et à travers sur des routes dangereuses, et personne ne consentait à céder le passage.

Mark oublia les risques et profita des connaissances de son guide pour s'initier à l'histoire et à la civilisation pharaoniques. Pendant des heures, elle répondit à ses multiples questions, heureuse de le voir s'imprégner d'une culture millénaire.

Sans maquillage, Ateya était vêtue d'un corsage rouge et d'un pantalon de lin blanc. Ses cheveux noirs brillaient et son regard était habité d'une lumière qui fascinait Mark. Sur le site de Béni-Hassan, l'Américain vécut un moment inoubliable. En contrebas des tombes, creusées par des dignitaires du Moyen Empire au sommet d'une falaise, se déployait un paysage à la fois splendide et serein. En bordure du Nil, parsemé d'îlots herbeux peuplés d'oiseaux, des jardinets offraient de nombreuses nuances de vert, s'accordant au bleu du fleuve. L'air était doux et pur, le temps aboli.

S'il avait osé, il aurait pris la main de la jeune femme. Mais il ne voulut pas interrompre sa méditation, tant la beauté des lieux l'absorbait.

Assis côte à côte sur un muret, ils partagèrent ce moment de grâce.

— Ce fut le premier site antique que découvrit Howard Carter, révéla-t-elle. Il n'avait pas encore dix-huit ans quand il a commencé à travailler ici sous les ordres de Newberry. Il résidait dans les chapelles des demeures d'éternité et en dessinait les plus belles scènes, notamment les jeux d'oiseaux.

— Connaissez-vous la mission que m'a confiée l'abbé Pacôme ?

— À vous de me l'apprendre, si vous le désirez et si vous en avez le droit.

— Je dois retrouver les papyrus qui appartenaient au trésor de Toutânkhamon. Peut-être Carter les a-t-il mis en sécurité, peut-être ont-ils été volés. Sans succès, j'ai mené de longues investigations en Angleterre et aux États-Unis. En réalité, il s'agissait d'une mise à l'épreuve car Pacôme le savait : les papyrus n'ont pas quitté l'Égypte. Il croit que les trois messagers peuvent me conduire au bon endroit. De qui s'agit-il, Ateya ?

— De trois bédouins appartenant à une tribu de nomades. Carter les a rencontrés, en décembre

1891, alors qu'il recherchait la tombe d'Akhénaton et de Néfertiti. Ils lui ont parlé d'une sépulture, dans le désert, comportant des inscriptions et des peintures. Officiellement, en s'aidant de leurs indications, Carter ne découvrit qu'une carrière d'albâtre datant de l'Ancien Empire.

— Pourquoi dites-vous : « officiellement » ?

— Tout au long de sa carrière, Howard Carter s'est montré assez peu prolixe sur l'ampleur de ses multiples trouvailles. Rarement un être a eu autant le sens du secret. Les trois messagers appartenant à une tribu farouche, peut-être ont-ils exigé le silence lorsqu'ils ont conduit Carter à la dernière demeure du pharaon mystique.

— Et ce clan saurait où sont dissimulés les papyrus... À moins qu'il ne les possède, si Howard Carter en personne les lui a confiés ! Telle est bien l'hypothèse de l'abbé Pacôme. Mais comment retrouver ces messagers ou leurs descendants ?

— L'un des membres de ma famille est originaire de cette région, révéla la jeune femme, et il connaît bien la tribu des messagers. Le voici qui vient vers nous.

Un homme âgé, vêtu d'une *galabieh* bleue, la tunique traditionnelle sans col ni ceinture, grimpait lentement la pente menant aux sépultures.

Ateya le rejoignit et lui donna son bras pour l'aider à franchir les derniers mètres.

Une longue conversation en arabe s'engagea entre le vieillard et la jeune femme. Puis il redescendit vers son village.

— La situation ne se présente pas très bien, avoua-t-elle. La police recherche certains membres de la tribu des messagers, suspectés de vol. Actuellement, elle se déplace sans cesse et se méfie des autorités. Néanmoins, l'un des gardiens du site d'El-Bercheh, non loin d'ici, acceptera peut-être de nous aider.

*

* *

La nécropole d'El-Bercheh, lieu d'inhumation des grands prêtres de Thot, le dieu de la connaissance, avait été dévastée par les pilleurs. Les touristes étaient rares, la population méfiante.

Ateya et Mark grimpèrent au sommet de la colline où trônait le tombeau de Djéhouty-Hotep[1], l'un des seuls qui ne furent pas entièrement ruinés. Lorsque le gardien consentait à ouvrir la lourde grille de fer, on accédait à une chapelle et l'on contemplait une scène étonnante : une véritable armée d'hommes robustes halaient un colosse représentant le pharaon assis en majesté. L'énorme statue glissait sur un chemin de limon constamment arrosé de lait. Et les formules magiques permettaient de l'amener jusqu'au temple.

Le gardien accepta de s'entretenir à voix basse avec Ateya, hors de la vue des villageois. Les palabres parurent interminables à Mark.

---

1. « Thot [Djéhouty est le nom égyptien du dieu] est en plénitude. »

Enfin, Ateya revint vers lui.

— Il sait où campe actuellement la tribu des messagers et accepte de nous guider, en échange d'une forte rétribution.

— Pas de problème.

— Nous partons à l'instant.

Le trio quitta le domaine des prêtres de Thot et s'engagea dans le lit d'un oued à sec qui avait creusé son parcours entre deux collines. En quittant la vallée pour le désert, Mark éprouva une réelle angoisse. L'endroit était inquiétant, des pierres sombres absorbaient la lumière et semblaient hostiles à toute présence humaine.

Pendant leur marche soutenue, le guide ne prononça pas un seul mot. Alors que le soleil se couchait et que la température fléchissait, il s'arrêta à la hauteur d'une cabane en pierres sèches. À l'intérieur, des nattes et un réchaud.

— Nous allons boire du thé et dormir ici, annonça Ateya.

Tandis que le guide faisait chauffer de l'eau, l'Égyptienne et l'Américain assistèrent à la disparition de l'astre rougeoyant.

— Ne sortez surtout pas de la cabane, recommanda-t-elle. L'endroit est infesté de serpents qui rôdent la nuit. Ce spectacle est magnifique, n'est-ce pas ? Mais je me demande toujours si le soleil va ressusciter après avoir affronté les démons de l'empire des morts.

— Votre religion n'implique-t-elle pas l'espérance ?

— Vous, monsieur Wilder, seriez-vous incroyant ?

— Jusqu'à présent, oui. Depuis mes premiers pas en Égypte, j'ai l'impression que l'invisible n'est pas moins vivant que le visible.

— Et vous n'êtes sûrement pas au terme de vos découvertes ! Tâchez de dormir, la prochaine journée risque d'être éprouvante.

Mark songea à son père qui, âgé de dix-huit ans, avait passé de nombreux mois dans cette région. À El-Bercheh, vivant à l'écart du célèbre archéologue Petrie, il préparait lui-même ses repas et les dégustait dans la modeste demeure construite de ses mains. Déjà passionné par l'époque de Toutânkhamon, il avait sillonné ce désert à la recherche du tombeau où Akhénaton l'hérétique reposait peut-être aux côtés de la belle Néfertiti. Cheminant en rêve avec l'infatigable Carter, Mark s'assoupit.

*

*   *

— Réveillez-vous, murmura Ateya. Notre guide a disparu.

L'avocat se redressa brusquement.

— Il nous attend peut-être à l'extérieur.

À peine ouvrait-il la porte que plusieurs fusils le menacèrent. Malgré leur âge, les armes paraissaient en état de marche.

Une vingtaine d'hommes menaçants encerclaient la cabane.

Ateya apparut et leur parla de manière vigoureuse, sans manifester la moindre crainte. La réplique fut agressive.

— Ou bien nous les suivons, traduisit-elle, ou bien ils nous abattent et abandonnent nos cadavres aux bêtes sauvages. Et ils n'ont pas l'air de plaisanter. Moi, j'ai exigé qu'ils nous conduisent à leur chef.

— Alors, en route.

On s'enfonça davantage dans le désert. Ni Ateya ni Mark n'acceptèrent de monter sur le dos d'un âne. Ils préférèrent marcher, encadrés par des porteurs de fusil qui ne les quittèrent pas du regard.

Ils atteignirent un campement de tentes que surveillaient plusieurs guetteurs. Deux d'entre eux poussèrent leurs prisonniers à l'intérieur de la plus grande où siégeait un octogénaire à la barbe blanche, entouré de ses lieutenants.

— Je suis le chef de cette tribu, déclara-t-il. Désirez-vous manger et boire ?

— Puisse votre hospitalité se perpétuer, répondit Ateya. Je suis liée à votre tribu et je vous amène un ami américain, désireux de vous consulter.

— Puisse votre vie se perpétuer, souhaita le chef en dévisageant son hôte.

Deux femmes servirent aux membres de l'assemblée du thé noir, du lait de chèvre et un plat de riz agrémenté d'oignons grillés.

— De quels conseils avez-vous besoin ? demanda le chef de tribu.

— Il y a bien longtemps, un archéologue nommé Howard Carter a parcouru cette région et rencontré trois messagers, rappela Mark. Ils se sont liés d'amitié, et Carter leur a peut-être fait des confidences qui me concernent.

— Pourquoi en serait-il ainsi ?

— Parce que je suis le fils d'Howard Carter.

Le chef fixa longuement son hôte.

— Et moi, je suis le dernier survivant des trois messagers.

Mark tenta de rester impassible.

— Mon père vous a-t-il remis des documents ?

— Je l'ai guidé dans ses solitudes et lui ai montré ses richesses. Il aimait profondément ce pays, et nous nous entendions bien. Entre nous régnait la confiance.

L'avocat était suspendu aux lèvres du chef de tribu.

— J'ai recueilli des documents, reconnut-il. Souhaiteriez-vous les voir ?

— J'en serais très heureux.

Le chef fit claquer ses doigts. L'un de ses lieutenants sortit de la tente et revint quelques minutes plus tard, porteur d'une sacoche en cuir visiblement usée.

— Remets-la à notre hôte, ordonna le chef.

Non sans fébrilité, Mark ouvrit la sacoche.

Il en sortit une dizaine de feuillets couverts d'une écriture nerveuse. Entre les paragraphes, des dessins représentant des éléments d'architecture.

Des notes de la main d'Howard Carter, évoquant les découvertes effectuées grâce aux messagers.

Mais pas les papyrus de Toutânkhamon.

29

Après un frugal déjeuner en compagnie des dignitaires de la tribu des messagers qui changerait de campement le jour même, Ateya et Mark avaient repris la route du Caire.

L'Américain était doublement déçu. D'abord, il avait cru, pendant quelques instants, que le chef lui remettrait les papyrus de Toutânkhamon ; ensuite, la jeune femme ne lui manifestait guère de sympathie, comme si sa présence l'indifférait.

— Le chauffeur va vous déposer au Mena House, annonça-t-elle.

— Ne devrais-je pas voir au plus vite l'abbé Pacôme ?

— Il vous recontactera.

— Quand pourrons-nous dîner ensemble, Ateya ?

— Désolée, je suis très occupée. La haute saison touristique commence, et je dois guider plusieurs groupes.

— Merci de tout ce que vous m'avez appris. À bientôt, j'espère.

— Qu'il soit fait selon la volonté de Dieu.

Ateya disparue, Mark se sentit très seul. Comment parvenir à l'émouvoir, quelles paroles prononcer pour lui révéler ses sentiments ? La nuit tombée, il sortit de l'hôtel en direction du plateau des pyramides.

Une puissante limousine stoppa à sa hauteur.

En jaillirent trois hommes cagoulés et armés de pistolets.

— Monte, vite ! ordonna l'un d'eux en le poussant violemment à l'intérieur avec l'aide de ses complices.

Mark n'eut même pas le temps de se débattre. Sans la moindre chance de prendre le dessus, il n'aurait récolté que des coups. En deux secondes, il fut bâillonné et menotté. Un bandeau lui couvrit les yeux.

Pendant un trajet plutôt long, parcouru à vive allure avec quantité de coups de frein et d'accélérations brutales, pas un mot ne fut prononcé.

Enfin, la limousine s'immobilisa et l'on arracha l'Américain à son siège pour le faire entrer dans un local dont la porte claqua.

On l'obligea à s'asseoir sur une chaise en bois, on lui ôta le bandeau et le bâillon, mais pas les menottes.

Face à lui, un homme d'une trentaine d'années, au visage fin et au regard inquisiteur. La petite pièce aux murs peints en vert n'était éclairée que par une ampoule agonisante.

— Vous vous trouvez dans un quartier populaire entièrement sous mon contrôle, déclara-t-il d'une voix posée. Inutile de crier ou de tenter de vous enfuir. Si vous désirez sortir vivant de cette demeure, répondez franchement à mes questions, à commencer par celle-ci : qui êtes-vous vraiment, monsieur Wilder ?

Un autre cauchemar s'amorçait !

— Je m'appelle bien Mark Wilder, et je suis un avocat américain qui passe quelques jours de vacances en Égypte.

— Vous débutez mal. Sans doute n'appréciez-vous pas la gravité de la situation. Mon nom est Mahmoud, et j'appartiens au mouvement révolutionnaire décidé à rétablir la justice dans ce pays oppressé par un tyran. Et je veux savoir si vous êtes l'un des bras armés de Farouk.

— Moi ? Certainement pas !

— Pourtant, il vous a invité à dîner au Scarabée.

— Il souhaite que mon cabinet s'occupe de certaines de ses affaires.

— Votre rôle m'apparaît beaucoup plus trouble, jugea Mahmoud. Pourquoi avez-vous quitté l'Égypte pour l'Angleterre, pourquoi êtes-vous revenu, quelle est votre mission ?

— Simple voyage professionnel à Londres.

— J'ai une meilleure explication, monsieur Wilder : vous êtes un espion au service de Farouk et de l'Angleterre, et vous êtes allé prendre des ordres de vos supérieurs. Grâce à la police politique du roi, vous identifierez les contestataires et les éliminerez.

— Du pur délire ! Je ne suis qu'un touriste.

Mahmoud exhiba un pistolet.

— Je suis pressé et je déteste les menteurs. La première balle détruira votre genou gauche. C'est extrêmement douloureux et difficilement réparable. La deuxième, le droit. Vous ne pourrez plus marcher. Si vous persistez à vous taire, vous ne me serez plus d'aucune utilité. Je tirerai donc la troisième en plein front, avec la satisfaction d'éliminer un ennemi de la révolution.

D'un calme effrayant, Mahmoud n'avait pas l'air de plaisanter.

Mark devait lâcher du lest, sans mettre en péril Ateya et l'abbé Pacôme.

— D'accord, je ne suis pas un touriste ordinaire. D'après Winlock, un archéologue du Métropolitain Museum, récemment décédé, je serais le fils d'une Égyptienne et d'Howard Carter, le découvreur de la tombe de Toutânkhamon. À l'époque de ma naissance, impossible de dire la vérité. J'ai eu la chance d'être adopté par des gens merveilleux. Aujourd'hui, je fais un pèlerinage sur les traces de celui qui fut peut-être mon véritable père.

— Vous avez un but précis, je suppose ?

Mark hésita. En disant la vérité, il espéra jouer un coup décisif.

— Bien entendu. Je recherche des preuves, des documents encore inconnus et des papyrus provenant du trésor de Toutânkhamon qui auraient mystérieusement disparu. En agissant ainsi, je prolonge l'œuvre d'Howard Carter, même si j'ai peu de chances d'aboutir.

Mahmoud tourna lentement autour de son prisonnier.

— Intéressant, monsieur Wilder, très intéressant. Vous semblez être un avocat convaincant, et j'ai tendance à vous croire, tellement cette vérité-là paraît invraisemblable. Et surtout, elle en occulte une autre. Vos contacts extrêmement discrets, par exemple au cinéma Metro, avec un homme dont je sais qu'il est un espion. Qui est-il et quel travail effectuez-vous pour son compte ?

Mahmoud fit de nouveau face à Mark, et le canon du pistolet visa le genou gauche.

Mark n'avait plus le choix. À l'évidence, son tortionnaire savait tout.

— Cet homme est une ancienne relation d'affaires. Il se prénomme John, son nom varie selon les pays où il travaille. Il est aujourd'hui employé par la CIA, un service d'espionnage récemment créé aux États-Unis, et m'a demandé de lui fournir des renseignements, même mineurs, sur Farouk et son entourage, au fur et à mesure de mes contacts. Apparemment, l'Amérique désapprouve le comportement du roi et celui des Anglais.

Pour la première fois, le visage de Mahmoud devint moins sévère. Et il rangea le pistolet dans son étui.

— Vous avez correctement joué le jeu, monsieur Wilder, et eu mille fois raison de ne pas mentir. Sinon…

— Puis-je espérer une libération rapide ?

— Nous n'en sommes pas encore là. Je dois d'abord vous informer que votre père a, lui aussi, pratiqué l'art dangereux de l'espionnage. En 1915, alors qu'il commençait à fouiller dans la Vallée des Rois, il a été recruté par l'*Intelligence Department du War Office*, installé au Caire. Foncièrement antiallemand, parfait connaisseur de l'Égypte et parlant l'arabe, Carter était un sujet idéal. Il fut élevé au grade de « Messager du Roi », autrement dit chargé de transporter des courriers officiels et des documents confidentiels. Ses missions, qui demeurent encore un mystère, prirent fin en octobre 1917. J'en connais au moins une : rechercher et préserver tout document relatif à la présence des Hébreux en Égypte, aux rapports de la Bible et de la religion égyptienne. Les autorités politiques et religieuses, qu'elles fussent occidentales ou orientales, ne voulaient surtout pas voir apparaître un texte explosif, susceptible de heurter les croyances et de mettre la région à feu et à sang.

— Les papyrus de Toutânkhamon, par exemple… Alors, vous aussi, vous les recherchez ?

Mahmoud évita le regard du prisonnier.

— Si l'on accorde du crédit à de vieilles superstitions, seul un fils peut ressusciter la mémoire de son père, et réussir là où les autres échouent. Vous remplirez donc cette mission-là, monsieur Wilder, mais vous travaillerez également pour moi, car j'ai besoin d'un contact avec la CIA, donc avec votre ami John.

— Hors de question ! J'ai été entraîné dans une tourmente dont je veux sortir au plus vite. Arrangez-vous entre espions professionnels.

Mahmoud sourit.

— Votre meilleur et principal collaborateur s'appelle Dutsy Malone. Il a épousé une femme délicieuse qui lui a donné deux adorables fillettes. J'aime beaucoup les enfants, monsieur Wilder, et je serais désolé qu'il leur arrivât malheur. Suis-je assez clair ?

— Vous… Vous n'oseriez pas !

— Comme vous, j'ai une mission à remplir. Ou bien vous collaborez, ou bien…

L'avocat fixa le tortionnaire.

— Vous avez gagné.

Mahmoud lui ôta ses menottes.

— À présent, je sais que vous ne tenterez pas de vous enfuir. J'ai encore beaucoup d'explications à vous donner, mais Le Caire n'est pas l'endroit propice. Nous partons pour le Sud.

30

Une limousine poussive conduisit Mark du Caire à Mankabad, un village proche de la grande ville d'Assiout. Des cultures, des canaux, le désert et une chaîne de montagnes. Un paysage à la fois rude et attirant où travaillaient des paysans assistés de leurs ânes. Les gamousses, des bufflesses placides, se rafraîchissaient dans des mares. Les immenses troupeaux de vaches des anciens Égyptiens, soigneusement entretenus, avaient disparu depuis longtemps. Des femmes vêtues d'une robe noire, les unes voilées, les autres tête nue, transportaient des pots de terre remplis d'aliments, les enfants jouaient avec des poupées de chiffons.

Mahmoud fit descendre l'Américain et l'emmena jusqu'au jardinet d'une modeste maison. Ils s'assirent sur des tapis usés disposés à même le sol, et une gamine leur servit du *foul*.

— Fèves brunes mijotées à petit feu pendant des heures, agrémentées d'oignons, de citron et de cumin, expliqua Mahmoud. Aucun Égyptien ne saurait s'en passer.

Mark ne détesta pas. Au moins, c'était nourrissant. Et la gamine apporta de la bière locale.

— Nous sommes chez des coptes, nombreux dans la région. Plus d'un tiers des paysans sont chrétiens, et la cohabitation avec les musulmans se dégrade chaque jour davantage. Ce sera l'un des grands problèmes de l'avenir.

— Pourquoi m'avez-vous amené ici ? interrogea l'avocat.

— Afin de vous faire comprendre l'importance du bouleversement qui se prépare et risque de changer la face de cette région et du monde, si nous demeurons passifs. Comme nous tous, monsieur Wilder, vous êtes le jouet du destin. Et selon une antique prophétie que les vrais croyants prennent au sérieux, un homme venu du sud jouera un rôle déterminant pour libérer le pays de l'oppression. Aussi deviez-vous connaître cet endroit où, voilà de nombreuses années, un serment solennel a été prêté.

On servit du thé noir à Mahmoud.

— L'opium du peuple et un cadeau empoisonné des Anglais, estima-t-il. Il provient de Ceylan, nous en buvons beaucoup trop, sous prétexte qu'il donne de l'énergie. Les paysans dépensent une grande partie de leur salaire pour s'en procurer, et pas question de modifier leurs habitudes. Cependant, un profond changement s'annonce, et j'en redoute les conséquences. Ce que je vais vous révéler, vous serez le seul Occidental à le savoir. Le groupe des Officiers libres, décidé à prendre le pouvoir, vient de nommer à sa tête le brave et sympathique général Naguib, héros apprécié du peuple. Mais il ne sera qu'une marionnette dont les fils seront tirés par le véritable leader des révolutionnaires, Gamal Abdel Nasser[1]. Il restera dans l'ombre le temps nécessaire et se débarrassera de Naguib au moment opportun. Nasser est né à Alexandrie, le 15 janvier 1918, mais le berceau familial se trouve à Béni-Morr, tout près d'ici. C'est de ce paysage qu'il s'est imprégné, de sa force qu'il s'est nourri. À huit ans, il a perdu sa mère qu'il admirait et n'a jamais pardonné à son père, un facteur, de lui avoir caché ce décès plusieurs mois et de s'être remarié très vite. En dépit d'un profond sentiment de révolte contre la société, il s'est lancé dans une carrière militaire et a beaucoup lu, notamment sur la Révolution française. Un personnage le fascinait, le Mouron rouge, adepte de la clandestinité et capable d'agir sans être repéré. Dès 1935, Nasser a jugé que l'Égypte agonisait et qu'il fallait la rendre indépendante. Lors d'une manifestation contre les Anglais, au Caire, une balle lui a balafré le front. Il passa une nuit en prison et y rencontra d'autres jeunes patriotes. Et c'est ici, à Mankabad, en janvier 1938, qu'il réunit des officiers autour d'un repas où, comme nous, ils mangèrent du *foul* et de la canne à sucre.

— Vous faisiez partie des invités, je présume ?

1. Sur Nasser, voir J. Lacouture, *Nasser*, Paris, 1971 ; M.H. Heikal, *Nasser, les documents du Caire*, Paris, 1972 ; Jehanne Sadate, *Une femme d'Égypte*, Paris, 1987 ; D. de Roux, *Gamal Abdel Nasser*, Paris, 2000 ; G. Sinoué, *Le Colonel et l'Enfant-roi*.

— Je me souviens encore du ton de sa voix quand il a prononcé les paroles décisives : « Que ce moment soit historique, car nous jetons les bases d'un grand projet. En jurant de rester fidèles à notre amitié, nous renverserons les obstacles. » « Pure utopie », ont sans doute pensé certains des participants. La Seconde Guerre mondiale ne balayait-elle pas tous ces beaux projets ? En 1941, Nasser lui-même sombrait dans le désespoir. Ne faudrait-il pas mille ans pour accomplir des réformes ? En février 1942, quand les Anglais traitèrent Farouk comme un valet en l'obligeant à leur obéir sans conditions, l'armée égyptienne se sentit profondément humiliée. Naguib donna même sa démission au roi qui la refusa. Et Nasser sentit qu'un nouvel état d'esprit naissait parmi les gradés. Le serment de Mankabad reprenait corps. Le 15 mai 1948, les armées arabes attaquèrent Israël dont la naissance avait été proclamée la veille. Ce fut un désastre. En raison d'un équipement défectueux, Nasser constata que les soldats égyptiens n'avaient pas été envoyés à la bataille, mais à la boucherie. Malgré une blessure, il se comporta de manière remarquable à la bataille de Faluja où il acquit une certitude : la grande lutte aurait lieu en Égypte. Il eut l'occasion de discuter avec des officiers israéliens qui, eux, avaient réussi à obtenir l'indépendance de leur patrie. Nasser se jura de les imiter et d'aller plus loin en créant une puissante nation arabe fondée sur une seule culture, une seule langue et un seul peuple. L'Égypte sera le cœur et le centre de cette révolution. L'armistice signé en février 1949 avec Israël n'est, de son point de vue, qu'une cessation momentanée des combats. Depuis la fin de l'été 1949, il multiplie les réunions secrètes afin de former un véritable état-major des Officiers libres, de chasser les Anglais et d'imposer un nouveau gouvernement.

— Adopte-t-il les thèses du communisme ? demanda Mark, que ces lieux fermés, presque hostiles, mettaient mal à l'aise.

— Nasser admire Atatürk et les États-Unis, il est nationaliste avant tout et croit en Dieu. D'après lui, la théorie de l'évolution n'explique rien, et surtout pas la manière dont fut créé l'Univers. Mais il veut la victoire et utilisera tous les moyens pour l'obtenir. Et je le sais capable de réussir.

— Pourquoi me donnez-vous toutes ces informations ? s'étonna l'avocat.

— Parce que vous êtes le seul homme capable de m'aider. Je ne suis pas musulman, mais copte. Et je travaille pour les services secrets anglais depuis l'âge de vingt ans, car j'espérais que la Grande-Bretagne assurerait la prospérité de mon peuple. Aujourd'hui, les contacts sont rompus, et plus aucun agent britannique ne veut m'écouter. Personne ne connaît le rôle réel de Nasser, personne ne voudrait y croire. Et je ne dois commettre aucun faux pas, sous peine d'être supprimé. Vous, monsieur Wilder, êtes en contact avec la CIA. Prévenez les États-Unis du danger, qu'ils alertent l'Angleterre, et que le désastre soit évité.

Sinon, la révolution aura lieu et se terminera dans un bain de sang. Nasser conduira l'Égypte à l'abîme, et l'onde de choc atteindra l'Occident tout entier. Acceptez-vous de m'aider ?

La détresse de Mahmoud était perceptible.

— Je parlerai à John, promit l'avocat.

— Grâce à vous, des milliers de vies seront épargnées. Nous rencontrer de nouveau s'annonce difficile. Si j'ai des informations à vous transmettre, je vous enverrai soit un cireur de chaussures, soit un porteur de pain. Le mot de passe sera : « Trois mandarines pour un dollar. »

— Je ne suis pas un professionnel, objecta Mark, et…

— En ce qui concerne les papyrus de Toutânkhamon, j'ai une indication précieuse à vous fournir. Le roi Farouk en sait peut-être long à ce sujet. Pour obtenir des renseignements sérieux, il vous faudra passer par un personnage haut en couleur, Étienne Drioton. Il est, en quelque sorte, l'égyptologue officiel du régime et un ami de Farouk. De nationalité française, il présente la particularité d'être… chanoine. Rencontrez-le et tâchez de le faire parler. Maintenant, je vais être obligé de vous bousculer un peu afin de mettre un terme à ce long interrogatoire. Et nous vous relâcherons assez brutalement à proximité de votre hôtel. Pour ma hiérarchie, vous n'étiez qu'un homme d'affaires ordinaire, désireux de magouiller avec le roi, comme tant d'autres.

31

À l'aide d'un balai très fatigué, l'employé municipal déplaça un petit tas de poussière que le vent ramena vers lui. Imperturbable, il recommença au même rythme. Bientôt, l'appel à la prière lui permettrait de s'interrompre.

Une grosse voiture noire pila non loin de lui. La portière arrière droite s'ouvrit, un Occidental fut jeté sur la chaussée, et le véhicule repartit à vive allure.

Le balayeur s'approcha.

Comme l'homme avait l'air sonné, il l'aida à se relever.

Une belle bosse au front, la chemise déchirée, le coude gauche en sang.

— Tu vas bien, patron ?

— Ça pourrait aller mieux, estima Mark.

— Faut voir la police.

— Non, c'était juste un accident.

Le balayeur en doutait un peu, mais il n'avait pas à se mêler des affaires des étrangers.

— Le Mena House est loin ?

— À dix minutes en marchant normalement, droit devant toi. Tu veux que je t'accompagne, patron ?

— Non, ça ira.

Mark trouva un billet dans la poche de son pantalon et le donna à l'employé municipal, ravi d'avoir secouru son prochain. À l'évidence, il ne s'agissait pas d'un Anglais.

— Américain, excellent !

Il tapa sur l'épaule de l'avocat qui faillit s'écrouler.

— Va doucement, patron, et que Dieu te protège !

Le portier du Mena House n'avait encore jamais vu un client dans cet état.

— On vous a agressé, monsieur ?

— Non, une simple chute.

— Désirez-vous aller à l'hôpital ?

— Je préfère prendre un bain chaud.

— La réception vous envoie immédiatement un médecin.

L'homme de l'art se montra rassurant : rien de cassé, seulement des ecchymoses qui seraient vite résorbées grâce à une pommade à l'arnica. Quelques aspirines dissiperaient la douleur.

Le bain brûlant produisit l'effet escompté. De nouveau d'attaque, Mark appela John. Rendez-vous fut fixé, en fin de soirée, au jardin de l'Ezbekeya.

*

* *

Naguère, lorsque la crue atteignait Le Caire, la vaste place de l'Ezbekeya, proche du souk, était envahie par les eaux. Elle devenait un lac, propice aux promenades en barque. Aujourd'hui, elle accueillait un parc de treize hectares, planté d'arbres exotiques et entouré de grilles. Pour y pénétrer et se promener dans les allées, il fallait payer une piastre.

John attendait son ami près de la pièce d'eau où l'on rêvait du passé. De nombreux Cairotes appréciaient l'endroit à la tombée du jour. Bientôt, les deux mille cinq cents becs de gaz implantés sous le règne du khédive Ismaïl illumineraient le jardin et les allées.

— On m'a enlevé, John.

— Tu plaisantes ?

— L'auteur de ce rapt s'appelle Mahmoud. Tu connais ?

— Il y en a quelques milliers, au Caire.

— Celui-là appartient au cercle dirigeant des Officiers libres.

— Ah… Ça existe vraiment ?

— La CIA est-elle vraiment bien informée ?

— On est ici pour apprendre, Mark. Tu constates que j'ai eu raison de te faire confiance.

— Toi, tu ne manques pas de culot ! Et moi, je récolte plaies et bosses ! Heureusement, il s'agissait d'un rapt en trompe l'œil !

— Pourrais-tu être plus clair ?

— Tu as quand même entendu parler du général Naguib ?

— Un obscur héros de la Seconde Guerre mondiale et du récent conflit avec Israël. Personnage falot, sans la moindre importance.

— Les Officiers libres viennent pourtant de le désigner comme chef suprême de leur mouvement.

— En ce cas, ils n'iront pas loin ! Ce brave général continuera à protester contre le régime de Farouk et fera bien rire le roi.

— C'est la raison pour laquelle le véritable leader l'a choisi. Naguib sera un parfait paravent.

— Le véritable leader ? s'inquiéta John. Et... tu sais de qui il s'agit ?

— Nasser, l'homme du serment de Mankabad, un village de Haute-Égypte. Là-bas, il s'est juré de prendre le pouvoir.

— Jamais entendu parler.

Le visage ouvert et sympathique de l'agent de la CIA s'était brusquement fermé.

Mark lui fournit les indications procurées par Mahmoud.

— Il y a d'innombrables petits comploteurs, au Caire, et ce Nasser n'est peut-être qu'un illuminé parmi tant d'autres.

— Ça m'étonnerait.

— Pourquoi, Mark ?

— Parce que Mahmoud est un agent double, à la fois membre des Officiers libres et des services secrets britanniques. Malheureusement, il a dû rompre tout contact avec les Anglais, sous peine d'être démasqué. De toute façon, ses supérieurs ne prennent pas au sérieux les Officiers libres. Mahmoud, lui, pense que Nasser possède une envergure exceptionnelle et qu'il est capable de bouleverser l'ordre établi en Égypte et au Moyen-

Orient. La puissance de l'onde de choc, qui n'épargnera pas l'Europe, n'est pas difficile à imaginer. Très inquiet, Mahmoud demande à la CIA de prévenir les Anglais afin qu'ils adoptent les mesures nécessaires.

John ne manifesta pas le moindre enthousiasme.

— Les Anglais sont des gens compliqués, et l'Amérique mène sa propre politique au Moyen-Orient.

— La Grande-Bretagne est tout de même notre alliée !

— La France aussi, paraît-il. Ne t'inquiète pas, je ferai un rapport détaillé à mes supérieurs, et l'on décidera d'une stratégie au plus haut niveau. Moi, je vais enquêter sur ce Nasser pour savoir s'il existe vraiment et s'il représente un réel danger. Sans vouloir te vexer, ton Mahmoud est peut-être un plaisantin ou bien un baratineur.

— Il a menacé de nuire à mon bras droit, Dutsy Malone, et à sa famille. Et je n'avais pas l'impression qu'il plaisantait.

— Rassure-toi, Mark. Dès demain, leur protection sera assurée. Mais je ne vois pas comment un obscur officier égyptien pourrait agir sur le territoire des États-Unis ! C'est du bluff.

— Pourtant, Mahmoud connaît l'existence de Dutsy et croit pouvoir me manipuler.

— T'a-t-il fixé un nouveau rendez-vous ?

— Non, il m'enverra des messagers.

Mark s'immobilisa.

— Maintenant, John, j'estime en avoir assez fait et je n'ai plus la moindre envie de me mêler au monde de l'espionnage.

— À ta guise, mon ami. Mais si Mahmoud est un type sérieux, il ne te laissera pas en paix. Soit il s'agit d'un guignol, et il peut quand même se montrer dangereux ; soit il appartient à un mouvement révolutionnaire décidé à saccager ce pays, et la collecte de renseignements devient vitale. J'ai besoin de ton aide, Mark, et je fais appel à ta conscience de futur dirigeant de premier plan. Laisser tomber l'Égypte, c'est faire du Moyen-Orient une poudrière. Deux guerres mondiales depuis le début du siècle et des millions de morts ne te suffisent-ils pas ?

32

Le Mena House avait les allures d'un petit paradis aux portes du désert, sous la protection de la grande pyramide de Khéops. Ici, on oubliait la face obscure de l'humanité pour rêver à l'âge d'or où les serpents ne mordaient pas.

Mais la magie n'opérait plus, et Mark devait admettre le bilan négatif de son séjour égyptien. L'heure venait de sortir de ce théâtre d'ombres.

Qui était-il vraiment ? Un brillant avocat d'affaires new-yorkais auquel son succès ouvrait une carrière politique. Bientôt, il goûterait aux jeux du pouvoir.

Lui, fils d'Howard Carter, le découvreur de Toutânkhamon ? Aucune preuve, seulement des points d'interrogation et le discours habile d'un vieux curé copte, génie de la manipulation. Les papyrus introuvables, ces documents essentiels au contenu explosif ? Pure invention.

John et Mahmoud étaient, eux aussi, des manipulateurs, et Mark n'acceptait plus de leur servir de marionnette. Sans doute mentaient-ils l'un et l'autre et le règne de Farouk se poursuivrait-il sous le signe de la corruption et le joug de l'armée britannique.

Et ce John qui lui imputait la responsabilité des guerres mondiales et de leurs victimes ! Il n'était quand même pas le sauveur de l'humanité, destiné à prêcher la bonne parole à tous les salopards de la planète.

Bref, retour à la raison et à la normale.

Mark vida son whisky et remonta dans sa chambre pour y faire sa valise. Dans quelques heures, il serait à New York, étudierait avec plaisir de nouveaux dossiers et offrirait à Dutsy un dîner d'enfer.

On frappa à sa porte, il ouvrit.

Ateya.

Ateya, vêtue d'une robe rouge et parée d'un fin collier d'or, digne des prêtresses de l'ancienne Égypte.

Ses yeux étaient animés d'une étrange émotion, sa voix tremblait un peu.

— La réception m'a avertie que vous veniez d'avoir un accident.

— Rien de grave.

— Je… Je peux entrer ?

— Bien sûr, asseyez-vous. Je vous sers à boire ?

— Non, merci.

— Je vous propose un verre de Champagne en guise d'adieu à l'Égypte.

La jeune femme parut effondrée.

— Je… Je ne comprends pas.

— Mais si, Ateya ! Je boucle ma valise, je prends l'avion et je rentre chez moi. Là-bas, on m'attend.

— Il ne s'agissait pas d'un accident, mais d'une agression, avança-t-elle. On a tenté de vous supprimer, et vous avez peur.

— Moi, peur ? Même pas ! J'en ai simplement assez d'être manipulé comme un pantin et j'ai envie de retrouver une existence normale. Vous comprenez ça ?

— Non.

La réponse tranchante d'Ateya surprit l'avocat.

— Moi, avoua-t-elle, j'ai eu peur pour vous, et je comprends que le poids pesant sur vos épaules est très lourd. Mais ce n'est pas une raison suffisante pour renoncer à la tâche qui vous a été confiée et dépasse le cadre médiocre de votre petite existence. L'argent, le pouvoir, la gloire, les femmes... C'est cela, votre horizon, monsieur Wilder ! Comme c'est grandiose, surtout lorsqu'on a eu l'occasion d'explorer d'autres paysages !

La colère d'Ateya le bouleversa.

Il avait tenté de l'effacer de sa mémoire, de fuir au plus vite afin de ne plus songer à cet amour impossible, et elle surgissait, telle une tempête dévastatrice.

— J'ai un métier et des obligations, rappela-t-il, et...

— La première de vos obligations ne consiste-t-elle pas à retrouver les papyrus de Toutânkhamon ? Vous avez donné votre parole, paraît-il. Mais parole d'avocat...

— Je ne vous permets pas !

— Adieu, monsieur Wilder.

— Non, restez !

— Pourquoi vous obéirais-je ?

— Parce que vous avez eu peur pour moi. On m'a enlevé et on m'a menacé, mais ce n'est pas le danger qui me fait renoncer.

Le regard profond d'Ateya le défia.

— Alors, quelle est la cause de votre lâcheté ?

— Acceptez-vous un verre de champagne ?

Elle continua à le fixer.

— Ce tourbillon m'épuise, voilà tout, et j'ai besoin de reprendre mes marques.

— Rien de plus naturel, mais inutile de rentrer à New York. Au contraire, poursuivez votre Quête. N'est-ce pas en avançant que vous retrouverez l'équilibre ? L'abbé Pacôme vous attend.

— Ateya...

Elle but lentement le liquide doré et pétillant. Mark, lui, vida son verre à longs traits.

Jamais il n'avait eu envie de quitter l'Égypte. Jamais il n'aurait pu partir sans la revoir, et c'est elle qui venait à lui. Elle dont l'émotion, au moins quelques instants, n'avait pas été feinte.

— Que décidez-vous, monsieur Wilder ?

— Je vous suis.

— Terminez vos bagages, réglez votre note et commandez un taxi pour l'aéroport. Je vous y attendrai et vous emmènerai à votre nouveau logement. Il me paraît indispensable de brouiller les pistes. Ensuite, nous irons voir l'abbé Pacôme.

Sans autres explications, la jeune femme sortit de la chambre.

Mark Wilder ne contrôlait plus rien.

33

Les opérations de transfert s'étaient déroulées sans anicroche. Mark avait déposé ses bagages dans un bel appartement du quartier chic de Zamalek où les Européens se mêlaient à de riches Cairotes.

— L'immeuble appartient à l'un de mes amis, révéla Ateya. J'habite juste au-dessus.

— Merci de cette marque de confiance. Je suis très touché.

Elle sourit avec une douceur presque complice.

— Ne perdons pas de temps.

Un nouveau taxi, appartenant à un copte, emmena Ateya et l'Américain à proximité de la synagogue Ben Ezra. Son arrière-cour abritait l'abbé Pacôme, méditant à proximité d'un puits.

— Êtes-vous bien installé, Mark ?

— On ne peut mieux.

— Regardez bien ce modeste puits. C'est ici que la fille d'un pharaon a recueilli le berceau de Moïse, préservé par la volonté du Seigneur et les eaux du Nil. Elle amena l'enfant auprès de son illustre père, Akhénaton, qui lui transmit la sagesse des Égyptiens et l'initia aux mystères du Dieu unique. Au temple, qu'illuminait la beauté de la reine Néfertiti, Moïse fréquenta le jeune Toutânkhamon, chargé de préserver les secrets essentiels de la pensée égyptienne et d'une histoire qui nous concerne tous. Tout s'est joué en Égypte, Mark, et tout s'y jouera encore. Saviez-vous qu'Ibn Touloun, auquel fut consacrée la plus belle mosquée du Caire, a rapporté du mont Ararat un fragment de l'arche de Noé sur lequel était révélée la totalité du Coran[1] ? Ici, tout est lié. Et les papyrus de Toutânkhamon sont à la fois la clé du passé et la source de l'avenir. Seul le fils d'Howard Carter, héritier de l'esprit de son père, pourra les retrouver et dissiper les ténèbres.

— Je n'en suis pas persuadé, objecta Mark. Jusqu'à présent, j'ai suivi vos directives sans ménager mes efforts et n'ai pas abouti au moindre résultat. Si ces papyrus ont existé, quelqu'un les aura détruits. Inutile de poursuivre une chimère.

— Les récents événements vous ont ébranlé, semble-t-il.

— Je déteste ressembler à un fétu de paille malmené au gré des vents ! Vous avez su vous montrer très convaincant, l'abbé, et m'avez manipulé avec un art consommé. Je l'avoue, j'ai presque fini par croire à la belle légende dont je devenais le héros. Et puis les services secrets, s'il s'agit bien d'eux, s'en sont mêlés et veulent me

1. D'après l'historien arabe Maqrizi. Ibn Tulun (835-884) fonda la dynastie des Tulunides qui régna en Égypte.

faire tremper dans leurs combines ! Un peu indigeste, non ? Trop, c'est trop.

— N'auriez-vous pas confiance en la CIA et en votre vieil ami John ?

Mark resta ébahi quelques instants.

— Vous… Vous le connaissez ?

— Vu l'importance de la partie qui se joue, ignorer l'existence des principaux participants serait une faute grave.

— Ne me dites pas que vous appartenez à la CIA, vous aussi !

— Ma confrérie est beaucoup plus ancienne, Mark, et utilise d'autres armes. Je n'ai jamais rencontré votre ami John mais, à travers vous, je le connais bien. Il croit à sa mission, qui consiste à développer l'influence américaine en Égypte. Faut-il encore contrôler Farouk, écarter progressivement les Anglais et ne pas laisser émerger un courant destructeur et antioccidental, comme celui des Frères musulmans. Tâche complexe et stratégie hasardeuse, où vous jouez un rôle non négligeable. John vous estime, mais nécessité fera loi. Et s'il faut vous sacrifier à l'intérêt supérieur des États-Unis, il n'hésitera pas. À vous de savoir l'utiliser afin qu'il agisse de manière positive en évitant un bain de sang, notamment en lui transmettant les informations capitales que vous offre Mahmoud, l'émissaire occulte des Officiers libres.

— Mahmoud… Lui aussi, vous le connaissez !

— Tous le croient musulman et prorévolutionnaire, alors qu'il est copte et agent infiltré au service des Britanniques. Malheureusement, son employeur ne lui fait plus confiance et ne croit pas aux capacités des Officiers libres, considérés comme des utopistes. L'armée anglaise contrôle la zone du canal de Suez, et la police de Farouk fait régner l'ordre. Étant donné qu'il participe aux réunions secrètes des Officiers libres au plus haut niveau, Mahmoud ne saurait prendre le moindre risque. Désormais, il doit éviter tout contact avec les agents anglais, tous identifiés et incapables de comprendre l'évolution de la situation. Nasser n'est ni un plaisantin ni un rêveur, mais un planificateur obstiné et un travailleur acharné. Dans l'ombre, il tisse un réseau chaque jour plus puissant. En vous apprenant la vérité, Mahmoud s'est exposé de manière insensée. Mais il aime l'Égypte et redoute un carnage. À présent, Mark, vous êtes devenu l'homme clé d'un drame qui vous dépasse.

— Ça, pas question !

Des éperviers survolèrent l'arrière-cour de la synagogue. L'abbé Pacôme leva les yeux et contempla longuement le ciel, comme s'il connaissait les chemins de ces héritiers d'Horus. Puis il sourit.

— Croyez-vous qu'il soit encore temps de vous révolter ?

— Je suis un homme libre et je peux briser n'importe quelles chaînes en reprenant l'avion dès demain pour New York !

— Ces enfantillages ne sont pas dignes de vous, Mark. En venant jusqu'à moi, en acceptant de savoir qui vous étiez vraiment et en donnant votre parole de retrouver les papyrus de Toutânkhamon que votre père préférait laisser à l'abri des regards, vous avez noué des liens indestructibles avec l'Égypte, et vous le savez bien. Alors, pourquoi vous agiter au lieu d'agir ?

L'Américain ressemblait à un boxeur groggy.

En quelques mots, ce vieil abbé venait de lui assener une vérité qu'il refusait de s'avouer.

— Ne confondez pas indépendance et liberté, recommanda Pacôme. Vous n'êtes vraiment libre qu'au moment privilégié où vous n'avez plus le choix. Et ce choix, vous ne l'avez plus. En vous engageant sur le chemin de la vérité, le seul qui ait du cœur et mette notre condition humaine à sa juste place, vous avez décidé de participer à l'unique combat qui en vaille la peine, celui de la lumière contre les ténèbres. Je n'en attendais pas moins du fils d'Howard Carter. Lui, rien ne l'a fait renoncer.

Mark ferma les yeux.

Les paroles de ce religieux d'un autre temps avaient la puissance d'une bombe dévastatrice. Et toute son habileté d'avocat ne lui fournissait même pas des arguments contradictoires.

— J'ai le sentiment que quelques aspects majeurs vous échappent encore, ajouta l'abbé. C'est pourquoi nous devons retourner au musée du Caire. Toutânkhamon n'a pas fini de vous surprendre.

34

Les salles du musée du Caire exposant les sarcophages et les objets qui provenaient de la tombe du dignitaire Youya et de son épouse Touya étaient désertes. Pourtant, leur style frappa Mark : quelle ressemblance avec celui des trésors de Toutânkhamon ! Le même mobilier, la même perfection des formes. Et personne ne s'attardait, comme si ces chefs-d'œuvre demeuraient invisibles ! Un voile magique les maintenait-il à l'abri des regards profanes ?

— Une tradition proscrite par les égyptologues prétend que Youya est la transcription égyptienne du nom de Joseph, indiqua l'abbé Pacôme. Contraint à l'exil en Égypte, cet Hébreu devint le Premier ministre de Thoutmosis IV et servit Amenhotep III, le père d'Akhénaton. Il dépassa l'âge de cent ans et aménagea le Fayoum, à une centaine de kilomètres au sud du Caire, en supprimant la végétation désordonnée pour créer une vaste campagne fertile grâce à la mise en eau d'un canal, le Bahr el-Yousouf, dont le nom préserve son exploit. D'après la Bible[1], la momie de Joseph fut déposée dans un sarcophage et il bénéficia, en fonction de son rang, d'un mobilier funéraire exceptionnel, celui que vous avez devant les yeux[2].

— Un Hébreu Premier ministre de Pharaon ? s'étonna Mark.

— En Égypte, il n'y eut ni racisme ni guerres de religion, rappela l'abbé Pacôme. Hébreux et Égyptiens vivaient en paix, seule comptait la qualité de la personne. Cette vérité-là, aujourd'hui, est tellement révolutionnaire qu'elle contrarierait beaucoup d'ambitions politiques, en Orient comme en Occident. La demeure d'éternité de Joseph et de son épouse fut creusée dans la Vallée des Rois, honneur réservé à quelques êtres d'exception.

— Les papyrus de Toutânkhamon contiendraient-ils la preuve de ce que vous avancez ?

— On peut le supposer, Mark, et ce n'est là qu'un détail. D'après un prêtre égyptien, Manéthon, c'est à l'époque de Toutânkhamon, succédant aux « treize années fatales » du règne d'Akhénaton, qu'eut lieu l'exode des Hébreux, sous la conduite d'un Moïse devenu fanatique et prônant un monothéisme destructeur. Expulsé par le roi, il aurait pris la tête d'une faction qui, au cours de son errance, regretta d'ailleurs

1. Genèse 50 : 26.

2. Cf. A. Osman, *Stranger in the Valley of the Kings. The Identification of Yuya as the Patriarch Joseph,* Londres, 1987. La tombe de Youya et de Touya fut découverte en 1905.

d'avoir quitté la terre des pharaons. Votre père a lu ce récit. C'est pourquoi, en 1923, il fut convoqué par le vice-consul de Grande-Bretagne qui le somma de lui remettre les papyrus de Toutânkhamon. Leur existence même n'était-elle pas un danger pour l'équilibre du Proche-Orient, au moment du développement d'une colonie juive en Palestine ? Et il fallait aussi tenir compte du nationalisme égyptien. Le diplomate donna l'ordre à Howard Carter de ne pas publier ces documents. Alors qu'il avait des années de fouilles devant lui, comment votre père pouvait-il réagir ? Braver cet interdit l'aurait conduit au désastre, mais il ne détruisit pas de tels témoignages. C'est pourquoi il les dissimula soigneusement.

— La véritable histoire de Joseph, de Moïse et de l'Exode… C'est cela, le secret des papyrus de Toutânkhamon ?

— Pas seulement, affirma l'abbé Pacôme. Je sais où ils se trouvaient avant que votre père ne les ramène au jour et je vais vous montrer qu'un trésor peut abriter un autre trésor.

Les deux hommes quittèrent les salles du musée consacrées à Youya et à Touya, et se dirigèrent vers celles abritant les merveilles extraites de la tombe de Toutânkhamon. La plupart des visiteurs n'en croyaient pas leurs yeux, et certains ne parvenaient pas à détacher leur regard du masque d'or, du sarcophage, des bijoux et de tant d'autres chefs-d'œuvre.

L'abbé Pacôme fit contempler à Mark les quatre chapelles en bois doré qui avaient été emboîtées dans la tombe pour, en apparence, n'en former qu'une seule.

— En ouvrant la porte de ces chapelles, votre père eut l'impression de profaner un lieu sacré, et il hésita longuement à briser les sceaux encore intacts. Elles protégeaient le sarcophage du pharaon, lui-même constitué de trois éléments. Ainsi s'affirmait la toute-puissance du nombre « sept », symbole du secret de la vie. En voyant ces prodigieux sanctuaires, Mark, ne pensez-vous pas à un autre trésor, tant recherché ?

— S'agirait-il de…

— De l'arche d'alliance, en effet. Merton, le correspondant du *Times* autorisé à pénétrer dans la tombe de Toutânkhamon, l'a immédiatement identifiée. De son point de vue, aucun doute : le pharaon s'était emparé du trésor suprême des Hébreux, et jamais la Vallée des Rois n'avait abrité richesse si essentielle. Voilà pourquoi le tombeau, si différent des autres sépultures royales, avait été soigneusement dissimulé. Et il fallut tout le génie et toute la persévérance de votre père pour le découvrir. La tradition affirme que l'arche d'alliance n'était pas un coffre unique mais formé de plusieurs coffrets d'or emboîtés les uns dans les autres. Les voici devant vous, Mark. Des milliers de curieux les admirent, mais personne ne les voit. Et le message révélé sur ces parois d'or demeure inaccessible.

L'abbé attira l'attention de Mark sur certaines représentations énigmatiques, tel un homme debout, la tête et les pieds entourés d'un cercle d'énergie formé du corps d'un serpent, tandis que surgissait une forme d'âme, un oiseau à tête de bélier et aux bras humains.

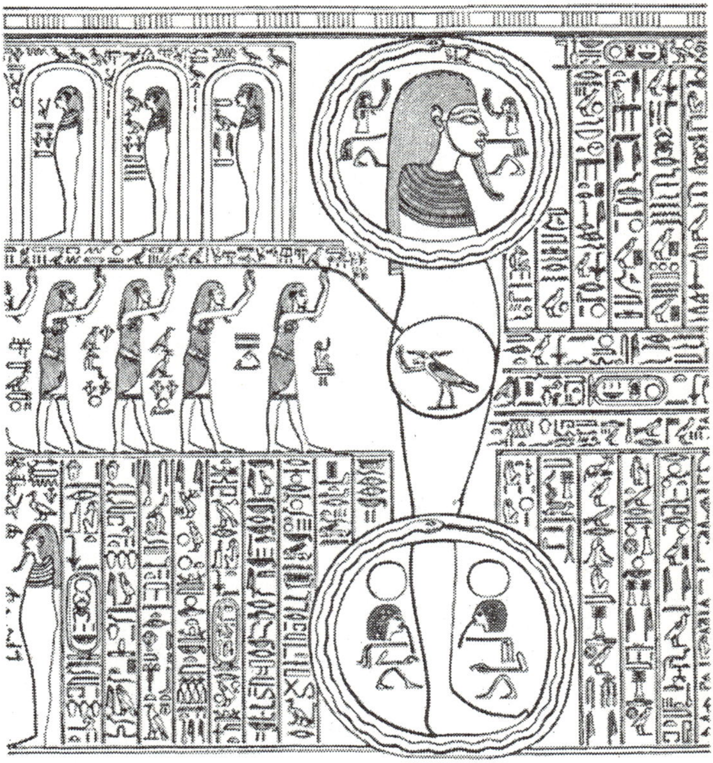

Puis il insista sur une scène hallucinante où l'on assistait à des mutations de la lumière et des puissances cosmiques permettant au processus de résurrection de s'accomplir[1].

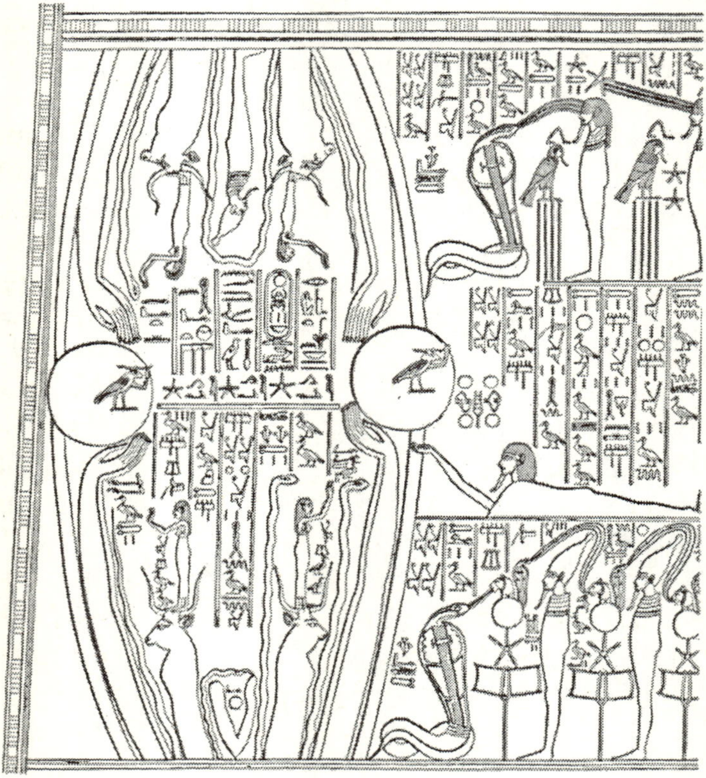

1. Voir A. Piankoff, *The Shrines of Tut-Ankh-Amon*, New York, 1955, p. 122 et 128 (deuxième chapelle).

— Au-delà de l'aspect historique non négligeable, ajouta Pacôme, les papyrus de Toutânkhamon nous donnaient la clé de lecture de ces symboles et, par conséquent, le moyen d'accéder au secret de la lumière créatrice et de la vie éternelle. Comprenez-vous, à présent, l'importance de l'enjeu ?

Mark demeura fasciné.

Ainsi, tout se dévoilait et, pourtant, restait mystérieux ! Il songea à son père qui, lui, avait peut-être eu la chance de déchiffrer ces énigmes. N'était-ce pas la raison majeure pour laquelle, au terme d'un immense labeur, il s'était muré dans le silence et n'avait plus entrepris aucune fouille ?

L'avocat aurait voulu passer des journées entières à s'imprégner du message de ces quatre chapelles n'en formant qu'une, mais il ressentait l'urgence et l'importance de sa Quête. Retrouver les papyrus équivalait à obtenir le code.

— Mahmoud m'a parlé d'un chanoine français, Drioton, également égyptologue et très lié à Farouk. Peut-être me fournira-t-il de précieux renseignements, surtout si le roi s'est intéressé aux papyrus de Toutânkhamon d'une manière ou d'une autre.

L'abbé Pacôme parut inquiet.

— Piste dangereuse, mais il faut la suivre. Je vous obtiendrai un rendez-vous.

35

Mark n'avait plus aucun point de repère. Impossible de jouer à l'avocat sûr de lui et de son avenir, tant la vision des chapelles de Toutânkh-amon le hantait et lui dictait une nouvelle forme d'existence à laquelle rien ne l'avait préparé.

Son appartement de Zamalek, lumineux et plutôt calme, lui plaisait beaucoup. Et lorsque Ateya vint lui rendre visite, il oublia toutes ses angoisses. Pieds nus, un léger rose aux lèvres, elle ressemblait à l'une de ces sublimes porteuses d'offrandes représentées sur les parois des demeures d'éternité.

— Voici du vin français, des gâteaux égyptiens et des conserves britanniques, annonça-t-elle avec un sourire radieux. Les bons petits restaurants ne manquent pas, mais si vous n'avez pas envie de sortir, vous ne devez pas périr de faim et de soif. Ici, vous serez en sécurité. Le gardien de l'immeuble est un Nubien de confession chrétienne et un ami fidèle.

La jeune femme déposa les provisions sur une table.

— Cette nouvelle visite au musée du Caire vous a-t-elle plu ? demanda-t-elle, mutine.

— Ateya... Vous saviez que l'abbé Pacôme me ferait découvrir l'arche d'alliance, n'est-ce pas ?

— Honnêtement, oui.

— Votre rôle est beaucoup plus important que vous ne le laissez supposer. J'aimerais...

— Moi, j'aimerais me promener. Cette fin de journée est délicieuse, le soleil d'une douceur presque irréelle. Vous m'accompagnez ?

*

* *

Dans les quartiers chic du Caire, le port du voile avait presque complètement disparu. Femmes et jeunes filles déambulaient tête nue, profitant de la liberté à l'européenne. Même des musulmanes pratiquantes abandonnaient cette coutume.

Ateya avait choisi de faire découvrir à Mark l'île de Rodah, au sud de Zamalek. Ils empruntèrent un chemin longeant le Nil, bordé d'acacias et de bougainvillées. Ici, le tumulte incessant de la grande cité s'éloignait, et l'on pouvait songer aux fabuleux jardins des anciens Égyptiens où, le soir venu, l'on s'asseyait sous une pergola pour goûter le doux vent du nord.

Dix parfums flottaient dans l'air. Ateya semblait heureuse, presque détendue. Mark ne voulait pas briser ce moment magique, mais il avait besoin de connaître la vérité.

— Vous êtes le bras droit de l'abbé Pacôme, n'est-ce pas ?

— Disons qu'il m'accorde sa confiance.

— Donc, vous n'ignorez rien de ses initiatives et de ce qui me concerne.

— J'aide l'abbé de mon mieux. C'est un homme extraordinaire, uniquement préoccupé du bien d'autrui.

— Vous prenez trop de risques, Ateya. En jouant un rôle aussi actif, vous finirez par attirer l'attention et vous serez en danger.

— J'en suis consciente, mais qu'importe ! Les coptes sont menacés de disparition, je dois lutter à ma manière pour les sauver. Si la tourmente dévaste l'Égypte, ils seront les premiers frappés et la culture de mes ancêtres sera détruite.

— Je ne supporte plus de vous voir ainsi exposée.

— Pourquoi tant de sollicitude, monsieur Wilder ?

— Parce que... Parce que je vous aime.

La jeune femme s'immobilisa, Mark l'imita. Non loin, un vieux jardinier entretenait un massif d'hibiscus. Le soleil ne tarderait plus à se coucher et, déjà, le Nil se teintait d'or.

— Il y a des mots que l'on ne doit pas prononcer à la légère, murmura-t-elle.

— Je ne savais pas comment le dire, mais je suis resté à cause de vous. Je vous aime depuis notre première rencontre.

Ateya contempla le fleuve.

— Pourquoi devrais-je vous croire, monsieur Wilder ?

— Mon véritable père, Howard Carter, n'est-il pas tombé amoureux d'une Égyptienne ? Jusqu'à présent, je n'ai éprouvé de passion que pour mes dossiers et ma carrière. Vous rencontrer a tout changé et cela, je ne l'aurais jamais pensé.

— Désirez-vous sincèrement retrouver les papyrus de Toutânkhamon ?

— À condition de vous savoir en sécurité.

— Qui pourrait l'être, si la tempête éclate ? Et vous avez besoin de mon aide. Rentrons, nous dînerons chez moi.

Elle ne le repoussait pas, elle ne s'indignait pas, elle acceptait même de partager la soirée avec lui !

Aux anges, Mark savoura cet instant où le bonheur était encore possible. Certes, il ne s'agissait que d'un rêve, mais Ateya était bien réelle et acceptait de l'écouter. Il ne lui cacha rien de son passé, de ses doutes et de ses erreurs.

Et ils pénétrèrent dans l'appartement de Zamalek, baigné des dernières lueurs du couchant.

Ateya n'alluma pas la lumière et se retourna vers Mark.

Ils restèrent face à face, les yeux dans les yeux, pendant de longues secondes.

Il n'osait comprendre.

— Ateya...

Lorsqu'il posa la main sur sa joue, elle ne recula pas. Lentement, elle se rapprocha de lui. Quand leurs corps se touchèrent, il cessa un instant de respirer.

Avec maladresse et tendresse, il l'enlaça.

— Moi aussi, murmura-t-elle, je t'aime.

Envahi par l'émotion et le désir, il l'embrassa à la manière d'un jeune amant découvrant un paradis jugé inaccessible.

Ce soir-là, ils oublièrent de dîner.

36

En ouvrant les yeux, Mark tenta de rassembler les lambeaux de son rêve merveilleux afin de ne pas en oublier un seul.

Bien sûr, cette nuit d'amour n'avait jamais existé.

Et pourtant Ateya était là, nue, debout devant la fenêtre, admirant le lever du soleil.

Le rêve ne se brisait pas.

Il se leva et la prit dans ses bras.

— Je crois que c'est très sérieux, Mark. Tu seras mon seul amour. Selon les anciens Égyptiens, quand un homme et une femme vivent sous le même toit, ils sont mariés.

— Puisque tu es chrétienne, ne faudrait-il pas demander à l'abbé Pacôme de régulariser la situation ?

Elle sourit.

— Devenir ton épouse... Tu n'y songes pas ?

— Tu seras mon seul amour, Ateya.

L'un et l'autre savaient qu'ils ne s'exprimaient pas à la légère. Au-delà de l'union des corps et de la fête du désir, un lien inaltérable venait de se créer.

— Nous ne sommes plus des adolescents, objecta-t-elle. Ta vie est à New York, la mienne ici.

— Ma vie, non : seulement mes activités. Et tu es beaucoup plus importante que n'importe quelle carrière.

Ils s'enlacèrent passionnément.

— Comme j'aimerais te croire, murmura-t-elle.

— Je dis la vérité. Pour te le prouver, je mènerai à bien la mission qui m'a été confiée. Ensuite, nous bâtirons ensemble *notre vie*.

*

* *

Ateya et Mark se dirigeaient vers un restaurant du centre-ville lorsqu'un vendeur de galettes aborda l'Américain.

— Trois mandarines pour un dollar.

En arabe, la mandarine se disait *Youssef Efendi* « monsieur Joseph », ce dernier étant considéré comme le responsable de l'introduction du fruit en Égypte. Mark songea au Joseph de la Bible, peut-être inhumé dans la Vallée des Rois, et surtout à Mahmoud qui venait ainsi de le contacter.

— Suivez-moi jusqu'à la berline noire, à l'angle de la rue, exigea le marchand.

L'avocat regarda Ateya.

— Je ne peux pas refuser.

Leurs mains se serrèrent très fort, leurs regards s'unirent.

Mark monta à l'arrière de la berline.

Mahmoud avait un visage fermé.

— On va chez Jimmy, ordonna-t-il au conducteur qui démarra aussitôt.

La voiture tenta de se faufiler dans un monstrueux embouteillage causé par un choc frontal entre un autobus bondé et un camion transportant des sacs de ciment.

— Notre chauffeur ne parle pas un mot d'anglais, précisa Mahmoud, en utilisant cette langue. Je vous emmène chez Nasser, il veut vous voir.

— Pour quelle raison ?

— L'un de mes indicateurs lui a parlé d'une de nos entrevues, Nasser m'a interrogé. Je lui ai dit qui vous étiez et comment je vous manipulais. Puisqu'il cherche des contacts partout, particulièrement avec les Américains, il tient à s'assurer que vous êtes un élément sûr, apte à bien comprendre sa cause.

— Cette rencontre n'est pas sans risques, je suppose ?

— Tout ce qui touche à Nasser présente un danger, concéda Mahmoud. Mais vous n'avez pas le choix.

Mark ne protesta pas. L'amour d'Ateya le rendait invincible, il avait envie de connaître l'homme décidé à faire trembler Farouk.

— Avez-vous contacté le chanoine Drioton ? demanda Mahmoud.

— Pas encore. Cette histoire de papyrus vous passionne, semble-t-il.

— Si leur contenu peut provoquer un désastre, mieux vaudrait éviter qu'ils réapparaissent.

— Et si, au contraire, il permettait de l'éviter ?

— Alors, retrouvez-les au plus vite !

— Comment dois-je me comporter devant Nasser ?

— Un avocat ne sait-il pas s'adapter à toutes les situations ? Méfiez-vous, il est rusé et perspicace. Ne le sous-estimez surtout pas et ne croyez pas l'abuser avec des pirouettes verbales. Apparaissez précis et décidé. Avez-vous transmis les informations à la CIA ?

— Mon ami John commence à les étudier[1].

La berline s'arrêta à bonne distance du domicile de Jimmy, nom de code de Nasser. Sous la protection de plusieurs hommes armés, Mahmoud et Mark Wilder effectuèrent à pied la fin du trajet jusqu'à une maison de Manchiet el-Bakri, un quartier du Caire. Surveillée nuit et jour par des guetteurs, elle était devenue le quartier général de la révolution. Nasser y entreposait des armes et y réunissait ses proches collaborateurs afin de dresser au mieux ses plans de combat.

Modestement meublée, la demeure présentait néanmoins le confort acceptable pour un lieutenant-colonel attiré par l'Occident mais s'imposant un devoir d'austérité et ne renonçant pas à l'obligatoire sofa, aux coussins et à la salle d'hôtes traditionnelle. Officiellement, le maître des lieux accueillait volontiers de vieux amis, exerçant le sens de l'hospitalité caractéristique des Égyptiens, et ils prétendaient se livrer à des séances de spiritisme.

1. Sur les contacts des Officiers libres avec la CIA, voir Miles Copeland, *The Game of Nations*, New York, 1969.

La police de Farouk n'avait rien noté de suspect, et Nasser demeurait un parfait inconnu.

Pourtant, dès que Mark le vit, il prit conscience de la puissance psychique et physique de ce colosse d'un mètre quatre-vingt-quatre. Le regard et le nez étaient ceux d'un aigle prêt à fondre sur sa proie, sans lui laisser la moindre chance de s'échapper.

— Heureux de vous recevoir chez moi, dit Nasser avec un demi-sourire inquiétant. Asseyez-vous. Du thé ?

— Volontiers.

L'avocat se demanda s'il ressortirait vivant de cet antre, sorte de ruche où travaillaient sans relâche les partisans du chef occulte de la révolution.

— Êtes-vous un ami de Farouk, monsieur Wilder ?

— J'ai été invité à son mariage et je l'ai rencontré au Scarabée, en compagnie de Pulli. Il souhaite me confier des dossiers.

— Acceptez, recommanda Nasser. Sinon, il se méfiera de vous et vous causera des ennuis. Que pense l'Amérique de la situation égyptienne ?

— Elle manque d'informations et se contente de l'apparence : un roi qui contrôle le pays, et le canal de Suez, élément vital de l'économie, aux mains des Anglais.

— L'humiliation de l'armée vous aurait-elle échappé ?

— Peut-elle vraiment s'opposer aux forces britanniques ? L'Amérique croit à la démocratie et à l'émancipation des peuples. Toute évolution allant dans ce sens sera soutenue.

— Ne comptez pas exporter en Égypte votre modèle démocratique, trancha Nasser. Donner des libertés à mon peuple équivaudrait à lâcher des bambins dans la rue, et ils seraient vite écrasés. Ce qu'il nous faut, c'est la fin de la tyrannie, le retour au nationalisme et à l'islam traditionnel, en écartant la violence. Nous pouvons réussir, à condition d'être entendus et compris. Vu votre position de juriste et d'homme politique, acceptez-vous de transmettre mon projet aux autorités américaines et de leur demander, au minimum, une stricte neutralité ?

— J'accepte.

— Les Américains et les Anglais ne sont-ils pas de fidèles alliés ? Pourtant, ces derniers nous occupent et nous oppressent. Cette injustice devient intolérable. Si l'Amérique l'admet, je lui en serai reconnaissant.

— Je le lui ferai également savoir.

— Soyez un messager efficace, monsieur Wilder, et nous éviterons une tragédie. Surtout, soyez persuadé que, quoi qu'il arrive, j'irai jusqu'au bout.

37

— Reste, Mahmoud, ordonna Nasser. Nous avons à parler.

L'agent de liaison des Officiers libres tenta de garder son calme. Mark avait quitté indemne le QG de la révolution, mais aurait-il la même chance ? Si Nasser avait eu vent de son véritable rôle, il ne lui restait plus que quelques minutes à vivre.

Son chef consulta le dossier Wilder. Conformément à sa méthode, il comprenait surtout des photographies, sous de multiples angles. Nasser estimait qu'il n'existait pas de meilleur moyen pour connaître un individu et savoir comment l'utiliser.

— Que penses-tu de cet Américain, Mahmoud ?

— Il joue les touristes tout en remplissant la mission que lui a confiée la CIA. Mais son comportement était révélateur et j'ai réussi à l'identifier. Grâce à lui, nous sommes en contact direct avec le réseau d'espionnage américain implanté depuis peu en Égypte.

— Quelles sont les véritables intentions des États-Unis ?

— Je l'ignore. Wilder aussi, peut-être. Il vient de découvrir une situation explosive et doit attendre les décisions de ses chefs.

— Toi et tes hommes, ne le quittez pas d'une semelle. D'après ses photos, ce gaillard me paraissait intéressant. Et il ne m'a pas déçu. Il comprendra vite que Farouk n'est qu'une outre remplie de vanité et un tyran usé, incapable d'agir, tant la corruption et la luxure lui obscurcissent la vue. Alors il se tournera vers nous, les Officiers libres, et nous aidera à prendre le pouvoir.

— Demeurons quand même méfiants, recommanda Mahmoud. Comme vous l'avez vous-même rappelé, les Américains sont les alliés des Anglais.

— L'Amérique jouera son propre jeu, j'en suis certain. Et c'est elle qui nous fournira des armes pour nous débarrasser de l'occupant. En dénichant ce Wilder, Mahmoud, tu as bien travaillé.

Détendu, Nasser alluma une cigarette et commença à lire un journal anglais. Chaque jour, il s'astreignait à dépouiller la presse nationale et internationale en retenant ce qui lui serait utile pour l'avenir.

L'entretien était terminé.

Sa chemise trempée de sueur, Mahmoud sortit de la maison de Manchiet el-Bakri, enfourcha une motocyclette et roula vers le centre du Caire.

Ainsi, le chef de la révolution lui gardait sa confiance. Soulagé, Mahmoud s'offrirait quelques verres de whisky avant de dormir.

À hauts risques, l'entrevue entre Nasser et Mark Wilder s'était terminée d'une heureuse manière. En raison de la personnalité violente de celui qu'on appelait le *bikbachi,* « le fils du facteur », l'Américain ferait un rapport déterminant à John. Et jamais la CIA n'accorderait son aide à un personnage aussi dangereux.

La révolution serait étouffée dans l'œuf, et l'Occident contraindrait Farouk à réformer paisiblement l'Égypte, modèle du Moyen-Orient et garante de la paix. Allant de pair, développement économique et progrès social se nourriraient de l'exemple européen, en écartant les extrémistes.

Mahmoud avait enfin l'occasion de se réjouir.

*

* *

Ateya ouvrit la porte et se jeta au cou de Mark.

— Je n'ai pas cessé de trembler, avoua-t-elle. Et j'ai sans doute un peu trop bu.

— Pour être sincère, j'ai failli crever de peur.

Ils se déshabillèrent mutuellement, affamés de plaisir.

Étendus sur le dos, côte à côte, la main dans la main, ils savourèrent le miracle de leur union. Pendant d'intenses moments de bonheur, ils oublièrent tout ce qui n'était pas leur amour.

— Qui as-tu rencontré ? demanda la jeune femme.

— Nasser, un Officier libre, qui serait le chef occulte d'un groupe de révolutionnaires.

— Il y en a des dizaines comme lui, presque tous manipulés par la police secrète de Farouk. Israël a détruit l'armée égyptienne, et l'Angleterre se garde bien de lui donner les moyens de se reconstruire. De multiples factions rêvent d'indépendance, mais le gros de la troupe ne les suivra pas. Les généraux nommés par le roi la contrôlent d'une poigne de fer.

— Ce Nasser m'a tout de même impressionné… Il semble déterminé à agir.

— Un matamore comme tant d'autres ! Sa révolution s'arrêtera aux discussions de café et aux plaisanteries cairotes. Moi, je dois te parler d'un personnage vraiment important : le chanoine Drioton.

— L'abbé Pacôme a-t-il obtenu un rendez-vous ?

— Lui et toi dînez ce soir chez le chanoine !

— Le connais-tu ?

— Pacôme m'a demandé de te faire son portrait pour que tu ne sois pas trop surpris. Viens, j'ai préparé un petit repas.

Vêtus d'une djellaba bleu clair, ils dégustèrent un *kochari*, plat composé de riz, de lentilles et d'oignons grillés, et une délicieuse crème à la vanille et à la fleur d'oranger.

— Étienne Drioton est né à Nancy, en France, le 21 avril 1889, indiqua Ateya. Son père éditait des ouvrages religieux, et le jeune Etienne en profita pour faire publier une grammaire de l'égyptien hiéroglyphique. Malgré son engagement chrétien, la vieille civilisation des pharaons l'attirait de manière irrésistible. Georges Benedite, de confession israélite et conservateur du musée du Louvre, réussit à engager Drioton, prêtre catholique, au sein de son administration, pourtant très fermée ! À la fois chanoine honoraire de la cathédrale de Nancy et égyptologue, il effectua sa première mission en Égypte dès 1924 et fut nommé directeur du Service des antiquités en 1936, à la suite de Pierre Lacau.

— Lacau, l'ennemi irréductible de mon père, Howard Carter !

— Personne n'a regretté le prédécesseur de Drioton, auquel le gouvernement imposa une obligation : quitter sa soutane de prêtre. Diriger l'archéologie égyptienne, d'accord, mais pas en costume de curé ! Vu son amour du métier et son sens de l'humour, il a accepté. Et depuis 1936, il mène une carrière de chercheur et d'administrateur, tout en formant de jeunes savants. Mais là n'est pas l'essentiel. Drioton est devenu l'un des amis du roi Farouk qui le considère comme son égyptologue officiel parce qu'il l'a dissuadé d'acheter des faux et lui a évité de se ridiculiser. De plus, il a appris au monarque à découvrir les merveilles de l'art pharaonique en lui faisant visiter les grands sites. Conquis, Farouk lui accorde les crédits nécessaires au bon fonctionnement du Service des antiquités. Et le roi n'hésite pas à ouvrir sa propre cassette afin de financer certaines fouilles. En contrepartie, les fréquentes visites de Drioton au palais lui attirent de profondes inimitiés. On le considère comme un vassal du tyran et l'on n'hésite pas à lui tendre des pièges pour mettre en cause sa moralité. Jusqu'à présent, la prudence et la perspicacité du chanoine ont triomphé. Enfin, Drioton possède une spécialité remarquable : il est le seul égyptologue capable de déchiffrer les inscriptions hiéroglyphiques rédigées selon un code cryptographique, qu'il s'agisse de quelques lignes sur le côté plat des scarabées ou de textes développés. Il a mis au point une méthode de lecture de cette écriture secrète qui lui attire les foudres de ses collègues, mais qu'il s'obstine à défendre.

— Il saurait donc traduire les inscriptions énigmatiques des chapelles de Toutânkhamon et celles, probablement cryptées, des papyrus !

— Sans aucun doute. Voilà longtemps que le chanoine a obtenu une certitude : d'après des textes incontestables, inconnus du grand public, les sages d'Égypte étaient monothéistes. Mais le prêtre peut-il vraiment accepter toutes les conséquences de la découverte de l'égyptologue ?

— L'homme doit être plutôt déchiré, avança Mark.

— Il n'en donne pas l'apparence ! Cette entrevue pourrait être décisive. Si Farouk s'est procuré les papyrus de Toutânkhamon, Drioton connaît forcément la cachette.

38

Un peu empâté, le chanoine Drioton était un homme jovial, à la poignée de main bien franche. Il avait délaissé le tarbouche officiel, ni trop haut ni trop bas, pour un béret et fumait la pipe. Son costume colonial classique s'ornait d'une cravate rouge vif, et l'on ne se doutait pas que ce haut fonctionnaire d'un État musulman avait reçu de la hiérarchie ecclésiastique romaine l'autorisation de porter des vêtements profanes.

Drioton accueillit chaleureusement son vieil ami Pacôme et Mark Wilder. Il leur présenta les deux femmes qui tenaient sa demeure de fonction, sa mère et l'une de ses sœurs, religieuse sécularisée. D'origine bourguignonne, la mère du chanoine était une cuisinière exceptionnelle, et ceux qui avaient la chance d'être invités à sa table en gardaient un souvenir ému. Gourmand, le clan Drioton avait d'ailleurs tendance à s'arrondir.

— Comment vous portez-vous, mon cher Pacôme ?

— Au mieux, mon cher chanoine.

— Je crois que vous et votre ami allez vous régaler. Après quelques entrées, ma mère vous fera goûter à un canard aux olives agrémenté d'une sauce dont elle a le secret. Que me vaut l'honneur de cette rencontre avec un nouveau convive ?

— Mark Wilder est un grand avocat et un homme politique américain qui s'est pris de passion pour l'Égypte et tenait à vous rencontrer.

— Vous me flattez, monsieur Wilder ! Je ne suis qu'un modeste chercheur au service de l'égyptologie, cette science magnifique et complexe qui nous permet de décrypter une prodigieuse civilisation. Que penseriez-vous d'un doigt de meursault en apéritif ? Nous continuerons avec du bourgogne rouge.

— Vous êtes bien installé, observa Mark.

— Ah, j'ai même cohabité avec des hôtes illustres ! Peu de temps après mon arrivée, on a entreposé ici des sarcophages de rois et de reines. Chaque matin, je disais la messe en leur présence, avec l'espoir de ne pas trop les importuner. J'ai presque regretté leur départ, tant ces fidèles silencieux me paraissaient proches.

La réputation de Mme Drioton mère n'était pas usurpée. Même un ascète venu du fin fond du désert n'aurait pu résister au talent de ce cordon-bleu.

— Avez-vous un centre d'intérêt particulier, monsieur Wilder ? demanda le chanoine.

— Les trésors de Toutânkhamon.

— Mon Dieu, je vous comprends ! La découverte d'Howard Carter a ébloui le monde entier.

Malheureusement, tant d'années après, l'étude approfondie de ces merveilles est loin d'être achevée.

— J'ai rencontré sir Alan Gardiner, à Londres, et il a déploré que Carter ne soit pas parvenu à publier une grande étude scientifique sur son travail de titan.

— Six volumes prévus, en effet. Gardiner est en contact avec les autorités égyptiennes pour faire aboutir ce projet, mais nous sommes en Orient où l'art de la patience atteint son apogée.

— Ma curiosité concerne surtout les papyrus, précisa Mark.

Pendant quelques instants, la fourchette du chanoine demeura suspendue dans l'air.

— Quels papyrus ?

— Ceux conservés dans la tombe de Toutânkhamon.

— Vous faites fausse route, monsieur Wilder ! Carter espérait en trouver, mais il fut cruellement déçu. Pas le moindre feuillet de papyrus !

— Howard Carter savait-il lire les hiéroglyphes ?

— C'était un autodidacte, crime suprême aux yeux des universitaires ! On n'a cessé de le calomnier et de le traiter d'ignorant, alors qu'il lisait parfaitement les hiéroglyphes et les écrivait tout aussi bien. Dans l'album d'un directeur de l'irrigation[1], il a même inscrit, en mai 1919, une dédicace inspirée d'un texte ancien aux « puissances (*kaou*) de sa maison » ! Pauvre Carter…

1. Il s'agit de Gino Antonio Lucovich. Le texte a été publié par T. G. H. James, *The Path to Tutankhamun*, Londres, 1992, p. 206.

Son caractère entier et son refus des concessions lui ont joué de fort mauvais tours.

— En ce qui concerne d'éventuels papyrus de Toutânkhamon, vous n'avez donc aucun doute ?

— Aucun, affirma Drioton. Oubliez cette chimère et attachez-vous plutôt aux chefs-d'œuvre bien réels. Au moins, j'espère que vous ne croyez pas à la malédiction du pharaon ? Quelle histoire absurde ! Évidemment, quand la presse a sorti de terrifiantes formules contre les profanateurs, tout le monde a tremblé ! Je m'en souviens encore : « Que soient anéantis ceux qui souillent mon nom et ma tombe, je détruirai quiconque franchira le seuil de ma demeure sacrée, moi qui vis éternellement ! Les ailes de la mort frapperont les pillards. » Impressionnant, n'est-ce pas ? Détail gênant : ces textes sont de pures inventions de journalistes et d'occultistes en mal de sensationnel ! Pas une seule de ces phrases ne figure dans la tombe ou sur les objets qu'elle contenait. Cette fumisterie a causé beaucoup de tort à Carter. On l'a accusé d'exploiter la crédulité humaine pour devenir une vedette de l'actualité.

— Certains des membres de l'équipe de Carter n'ont-ils pas péri dans d'étranges circonstances ? demanda Mark.

— Absolument pas ! tonna Drioton. Gardiner, qui a étudié les inscriptions de la tombe a toujours bon pied, bon œil, vous l'avez constaté vous-même. Et le docteur Derry, chargé d'autopsier la momie, est bien vivant ! Le photographe Harry Burton, très proche de Carter, n'est décédé qu'en 1940, à l'âge de soixante et un ans. Et je pourrais vous énumérer tous les autres cas ! Ne prêtez aucune attention à ces sornettes, elles n'étaient destinées qu'à faire vendre du papier et ont nui à la réputation de Carter.

— Arrive-t-il à des archéologues de dissimuler leurs trouvailles ?

Drioton avala de travers. Un verre de bourgogne fit glisser la bouchée de canard et lui permit de retrouver son souffle.

— Je ne comprends pas votre question.

— Supposons qu'une découverte soit un peu trop… explosive. Se sentant responsable d'éventuels désordres, le scientifique ne s'impose-t-il pas la loi du silence ?

— Il y a souvent des retards dans les publications, dus à des circonstances matérielles, concéda Drioton, mais rien de plus. À quel exemple précis songez-vous ?

— Aux papyrus de Toutânkhamon. S'ils contiennent des révélations pouvant mettre en péril l'équilibre de cette région, voire davantage, la meilleure solution ne consistait-elle pas à les mettre en lieu sûr, loin des regards indiscrets ?

— Invraisemblable, jugea le chanoine, d'autant plus qu'ils n'ont jamais existé ! Nous allons goûter à deux desserts préparés par ma mère, une crème brûlée et un soufflé au citron. Et j'ai en réserve un vieil armagnac destiné à mes hôtes de marque.

Étrangement silencieux, l'abbé Pacôme se régalait.

— J'ai entrepris l'étude des archives de Carter, révéla Mark. Après l'Amérique et l'Angleterre, je m'attaque maintenant à l'Égypte. Je suppose que le musée du Caire, notamment, possède de nombreux documents ?

— En effet, reconnut Drioton.

— Pourrais-je y avoir accès ?

— En théorie, pourquoi pas... Mais le musée est le musée, une véritable caverne d'Ali Baba où il est parfois difficile de s'y retrouver !

— J'imagine aisément l'ampleur de vos diverses tâches, monsieur le chanoine, et je serais désolé de vous importuner. D'une manière ou d'une autre, et sans perdre de temps, accepteriez-vous de m'aider ?

— Bien sûr, bien sûr... Je vais demander une autorisation. Mais ne soyez pas trop pressé ! Il faut obtenir l'accord de divers responsables et, surtout, remettre la main sur les archives en question. Avec du tact et de la patience, nous avons une bonne chance d'aboutir.

— J'aimerais solliciter une autre faveur.

Drioton fronça les sourcils.

— Votre réputation de spécialiste de la cryptographie égyptienne a dépassé les frontières. Pourriez-vous me montrer comment vous parvenez à lire un texte en écriture énigmatique ?

Un large sourire anima le visage du chanoine.

— Un instant.

Il quitta la table et, d'un pas rapide, se rendit dans son bureau d'où il revint porteur d'un scarabée en faïence.

Tout en savourant l'armagnac, il décrypta le texte inscrit sur le plat du scarabée, des vœux de bonheur et de longue vie destinés au pharaon.

39

Dans la bibliothèque de l'abbé Pacôme régnait une atmosphère étrange que Mark n'avait ressentie nulle part ailleurs. Ses milliers de livres anciens n'étaient pas des objets inertes, mais plutôt de vigilants gardiens, chargés de protéger une sagesse échappant aux événements profanes.

— Cette malédiction de Toutânkhamon n'est-elle vraiment qu'une fumisterie ? s'inquiéta Mark.

Pacôme prit sur une étagère un épais volume consacré à des inscriptions hiéroglyphiques de la dix-huitième dynastie, celle de Toutânkhamon, et montra à son hôte l'avertissement d'Oursou, un grand dignitaire : *Celui qui violera ma tombe dans la nécropole sera un homme haï de la lumière ; il ne pourra pas recevoir d'eau sur l'autel d'Osiris, mourra de soif dans l'autre monde et ne pourra pas transmettre ses richesses à ses enfants.*

— Drioton s'est bien gardé de citer des textes authentiques comme celui-là, car il se méfie de la puissance magique des anciens Égyptiens qu'il préfère nier. Dans le cas de Toutânkhamon, tout a commencé le 6 novembre 1922, à Louxor, peu de temps avant la découverte de la tombe, lorsqu'un cobra a avalé le canari de Carter, à l'intérieur même de sa demeure. Pour les habitants de la rive ouest, aucun doute : l'esprit du roi, sous la forme du redoutable uræus, donnait un sérieux avertissement à l'archéologue. L'oiseau d'or, certes, annonçait la découverte d'un tombeau rempli d'or, mais aussi une tragédie. J'étais présent lorsque Carter et lord Carnarvon procédèrent à l'ouverture officielle de la chambre funéraire. L'un de leurs ennemis, un inspecteur du Service des antiquités nommé Arthur Weigall, n'avait pas été autorisé à les accompagner et devait se contenter d'assister à leur triomphe, assis sur le parapet dominant la dernière demeure de Toutânkhamon. Quand il vit Carnarvon emprunter l'escalier, Weigall dit à un reporter : « S'il descend avec cet état d'esprit, je ne lui donne pas plus de six semaines à vivre. » Et six semaines plus tard, Carnarvon était mort. On parla d'une piqûre de moustique qui se serait infectée, mais aussi d'un objet pointu, telle une flèche royale, qui l'aurait blessé. Quoi qu'il en soit, à l'heure de son décès, à 1 h 55, le 5 avril 1923, toutes les lumières du Caire s'éteignirent et personne ne put fournir d'explication à cette incroyable panne. Au même instant, Suzy, le fox-terrier femelle de Carnarvon resté à Highclere, hurla de désespoir et accompagna son maître dans l'au-delà. À la suite de l'autopsie de la momie de Toutânkhamon, en 1925, on laissa entendre que le pharaon et le lord avaient été affligés d'une même blessure à la tête. Le créateur du fameux détective Sherlock Holmes, Conan Doyle, n'hésita pas à formuler un diagnostic en affirmant que Toutânkhamon avait mis fin aux jours du profanateur. Et les morts brutales des visiteurs du tombeau s'enchaînèrent, notamment celles du demi-frère de lord Carnarvon et d'Arthur Mace, l'un des principaux collaborateurs de Carter. Une sorte de panique se répandit en Angleterre où des particuliers envoyèrent au British Museum les objets égyptiens qu'ils possédaient, de peur d'être victimes de la malédiction. Des hommes politiques américains, sérieux et respectés, demandèrent que l'on étudiât les momies conservées dans les musées pour savoir si elles ne présentaient pas des dangers pour les visiteurs. Quant au prophète de malheur, Arthur Weigall, il succomba à une « fièvre inconnue » et fut considéré comme la vingt et unième victime de Toutânkhamon.

— Mais le principal responsable de la découverte, Howard Carter, a survécu !

— D'une drôle de manière, rappela l'abbé Pacôme. Dix années d'un labeur épuisant au cours desquelles il fut sans cesse attaqué et même expulsé du tombeau, pas la moindre reconnaissance officielle, la solitude, une longue maladie, et plus aucun autre chantier de fouilles, comme si Carter n'avait jamais rien prouvé.

Mark fut troublé.

— Cette malédiction… Vous y croyez ?

— Si elle existait, renoncerais-tu à rechercher les papyrus ?

La gravité de la question et le tutoiement impressionnèrent l'Américain.

— La peur ne m'a jamais empêché d'avancer.

— Il existe un démon particulièrement redoutable, le Salawa, doté de la puissance du dieu Seth qui peut déclencher orages et cataclysmes. Il a semé la terreur à Louxor pendant que ton père fouillait la tombe de Toutânkhamon, puis s'est endormi pendant de nombreuses années. Aujourd'hui, il s'est réveillé et tentera de t'empêcher d'aboutir.

— Quelle allure a-t-il ?

— Celle du pire des prédateurs : un homme. Tant qu'il demeure à l'état de chacal, il se contente de garder les nécropoles et d'en écarter les profanes. Mais s'il se transforme en humain, il s'apprête à tuer ou à détruire.

— Avez-vous un moyen de le combattre ?

— Je l'espère, avança l'abbé Pacôme. Dans un premier temps, je vais confectionner un talisman que tu devras porter en permanence. Il t'évitera le pire.

Malgré ses certitudes d'homme moderne et rationnel, Mark n'en menait pas large.

À l'aide d'un roseau finement taillé, Pacôme dessina plusieurs hiéroglyphes sur un morceau de papyrus d'une qualité exceptionnelle : le miroir signifiant « vie », le pilier « stabilité », la colonnette à chapiteau floral « épanouissement » et l'étoffe pliée « cohérence ». Il y ajouta l'image du double lion, « hier et demain », et compléta l'ensemble par une prière à Isis, protectrice de l'enfant Horus que recherchait Seth, désireux de l'anéantir.

L'encre spéciale était composée d'eau de rose, de safran et de coriandre. L'abbé roula le papyrus et l'encensa longuement. Puis il le remit à Mark.

— Surtout ne t'en sépare pas, et que le dieu caché, père des pères et mère des mères, te protège. Le démon des ténèbres percevra la présence du talisman et n'osera pas t'approcher, de peur d'être la proie des flammes.

Sceptique, l'Américain accepta quand même de prendre cette précaution.

— Et si le Salawa était un tueur tout à fait humain au service de gens qui refusent de voir apparaître les papyrus de Toutânkhamon ?

— Sois assuré qu'il se comportera comme tel. Grâce à la magie, tu percevras son approche. Ensuite, il faudra lutter. Et nul ne connaît l'issue du combat.

— Qui le manipule ?

— Je le saurai bientôt.

— Drioton est-il décidé à m'aider ?

— Il t'obtiendra l'autorisation de consulter les archives de Carter, et tu y trouveras peut-être de précieuses indications. Mais notre cher abbé est resté sur la défensive, et il a encore beaucoup à t'apprendre. Vous vous reverrez, il faudra l'amener à se confier. Sous le masque de la bonhomie, le chanoine est un homme décidé et courageux. Et il défendra son ami Farouk parce que ce dernier sert, à sa façon, la cause de l'égyptologie.

— Autrement dit, je dois m'armer de patience !

— As-tu rencontré Nasser ? demanda Pacôme sur un ton détaché.

— Un gaillard décidé, lui aussi, mais sans aucune bonhomie ! Cet officier est un chef de guerre. À mon avis, ne pas le prendre au sérieux serait une lourde erreur.

— Mahmoud ne se trompait donc pas… Nasser est bien le chef occulte de la révolution. Qu'attend-il de toi ?

— Que je sollicite l'aide de la CIA ou, au minimum, sa neutralité.

— Je ne vois pas comment les Officiers libres parviendraient à entraîner l'armée et à renverser Farouk. Ce tyran pataud reste redoutable et semble tenir solidement le pays.

— Je m'acquitterai de ma mission auprès de mon ami John, promit Mark, et mon rôle sera terminé.

— Espérons-le.

— Pensez-vous que Farouk détient les papyrus de Toutânkhamon ?

— Je l'ignore. Un ami va te reconduire chez toi.

L'Américain parut gêné.

— Tu n'as rien à cacher à Ateya, déclara l'abbé. C'est une femme de confiance, et elle a encore bien des merveilles à te faire découvrir.

40

À Louxor, en ce mois de décembre ensoleillé et doux, la saison de fouilles battait son plein. Aussi le Professeur inspectait-il chaque chantier pour s'assurer de l'avancement des travaux et de la bonne marche des recherches. Chacun redoutait son jugement, car il pouvait, à tout moment, mettre des bâtons dans les roues ou bien faciliter l'existence des équipes. Par bonheur, il venait de se débarrasser de la petite égyptologue française surexcitée qui savait tout sur tout ; elle continuerait à sévir à Paris, mais ne troublait plus la sérénité de la rive ouest de l'ancienne Thèbes.

À l'entrée de la Vallée des Rois, un chef de travaux aborda le Professeur. Grand, le visage buriné, il avait l'air bouleversé.

— Puis-je vous parler, Professeur ?

— Je t'écoute.

— Le Salawa est revenu.

— Ce n'est qu'une légende, mon ami.

— Vous savez bien que non ! Il a encore enlevé un enfant, la nuit dernière, et nous avons retrouvé son cadavre sur le chemin qui mène à la cime d'Occident où règne la déesse du Silence. Nous avons consulté plusieurs cheikhs, et ils sont tous formels. Le Salawa est l'auteur du crime !

— As-tu alerté la police ?

— Inutile, elle a trop peur de s'attirer les foudres du démon ! Pendant l'exploration du tombeau de Toutânkhamon, le Salawa n'avait cessé de terroriser la région, et puis il était retourné dans les ténèbres. Beaucoup pensent que vous êtes intervenu pour le faire renaître en utilisant les formules magiques des Anciens.

— On me prête trop de pouvoirs.

— Il faut agir, Professeur ! De nombreux ouvriers sont malades et ne veulent plus travailler sur les chantiers.

— Le Salawa s'attaque-t-il à une famille en particulier ?

— Celle du chef d'équipe d'Howard Carter.

— Surtout, que les membres de cette famille ne parlent à personne et qu'ils gardent leurs enfants à la maison. Le Salawa déteste les bavards.

— Vous… Vous l'empêcherez de nuire ?

— Prions Dieu de nous protéger, mon ami.

Le Professeur déjeuna avec des dignitaires de la province qu'il tenait au courant des programmes de fouilles. Il ne manquait pas d'offrir les sommes nécessaires à leurs bonnes œuvres, de manière à préserver un nécessaire climat de sympathie.

L'un d'eux lui parla à l'oreille

— La population de la rive ouest semble troublée par une histoire de revenant, et l'on reparle de la malédiction de Toutânkhamon... Vous démentez, naturellement ?

— Naturellement. Je vous conseille de déployer quelques policiers pour apaiser les inquiétudes.

— Excellente idée. Il ne faudrait pas faire fuir les touristes, Louxor a besoin de leurs devises.

— Rassurez-vous, cet incident n'aura aucune conséquence.

Au coucher du soleil, le Professeur regagna sa confortable demeure de fonction. Après avoir classé des rapports, il renvoya ses domestiques, alluma une cigarette et relut les passages du *Livre des Morts* consacrés à Anubis, le dieu à corps d'homme et à tête de chacal qui connaissait les secrets de l'au-delà et les chemins menant du visible à l'invisible.

Soudain, toutes les lumières de la maison s'éteignirent.

Et la cigarette se consuma d'elle-même.

Le Professeur n'essaya même pas d'allumer une bougie, car sa mèche serait aussitôt détruite. Tentant de s'habituer à la pénombre, il se résigna à attendre.

Et l'on frappa à sa porte.

Des coups sourds, comme ceux provoqués par une masse métallique.

Inutile d'aller ouvrir, son visiteur savait franchir tous les seuils.

Le Salawa se déplaçait sans bruit, comme s'il ne pesait rien. Pourtant, il avait pris l'apparence d'un colosse au vaste poitrail, mais à la tête fine et allongée, évoquant celle d'un chacal. En dépit de la pénombre se dégageait une impression de sauvagerie.

— Ainsi, tu es de retour ! Pourquoi t'es-tu réveillé ?

Les mains du Salawa étaient particulièrement impressionnantes, la taille de ses doigts dépassait largement la normale. Il s'empara d'une chaise et, sans effort apparent, la brisa en plusieurs morceaux.

— La situation est donc vraiment grave... C'est l'âme d'Howard Carter qui réclame justice ?

Le Salawa approuva d'un hochement de tête.

— Terroriser la rive ouest et tuer des enfants ne suffit donc pas à supprimer le danger, conclut le Professeur.

Le Salawa approuva de nouveau.

— Ce n'est pas à Louxor que nous identifierons le ou les responsables, avança-t-il. Devons-nous aller au Caire ?

La tête du Salawa s'inclina une troisième fois.

— Entendu, je m'occupe de tout. Retourne dans ton antre et rends-toi à la gare après-demain. Nous prendrons le même train.

Le Salawa se retira, les lumières se rallumèrent.

Le Professeur était inquiet. Au Caire, le tueur surgi des ténèbres serait en terrain inconnu et son efficacité risquait d'être amoindrie. Il lui faudrait affronter des conditions d'existence peu propices et bien différentes de celles de la rive des morts. Néanmoins, grâce aux formules tirées des grimoires de sorcellerie, le Professeur espérait tirer le meilleur parti de cette arme redoutable.

Quelle serait sa cible, qui ressuscitait Howard Carter, pourquoi tentait-on d'exhumer une vérité si bien enfouie ?

Le Professeur ouvrit le coffre mural dans lequel il conservait, sous scellés, le plus précieux de tous ses dossiers, consacré à l'affaire Toutânkhamon et à la découverte des papyrus dont le contenu devait rester à jamais secret.

Les sceaux de cire rouge étaient intacts.

Quelqu'un désirait les briser et achever l'œuvre de Carter, heureusement emprisonné par la malédiction qui l'avait empêché de publier les papyrus et de révéler au monde l'ampleur du message de Toutânkhamon.

L'humanité se dégradait de jour en jour, le Proche-Orient s'embraserait bientôt, le fanatisme et la bêtise régneraient en maîtres absolus. Rien ne devait entraver la progression des ténèbres. Grâce au Salawa, le Professeur éliminerait ses adversaires, et personne ne briserait les sceaux.

41

Garden City était l'un des endroits les plus agréables du Caire. Étrangers et Égyptiens fortunés aimaient se retrouver dans cette enclave victorienne, à l'abri des nuisances de la capitale. Ici se mêlaient le confort de la vieille Europe et le charme de l'Orient. Pas de maisons délabrées et de trottoirs défoncés, mais un luxe de bon ton. Qui savait que l'endroit avait vu, au temps des divinités, le terrifiant combat entre Horus et Seth dont dépendait le sort de l'Univers ? Horus devait dominer Seth, non le tuer. De la maîtrise de la puissance séthienne naissait un équilibre dynamique, indispensable à l'épanouissement de la vie.

John s'assit face à Mark.

Un serveur s'empressa de leur apporter deux whiskys et des amuse-gueule. Le bar en acajou n'avait rien à envier à ses homologues victoriens de Londres, et lui se laissait baigner par un soleil réconfortant.

— Un coin de rêve... Quand je sirote l'apéritif ici, je ne me lasse pas de regarder l'île de Rodah.

Cette ville a quelque chose de monstrueux et de fascinant à la fois. Il ne faudrait surtout pas qu'elle s'embrase.

— J'ai rencontré Nasser, probablement à son quartier général, hors d'atteinte de la police de Farouk.

— Tes impressions ?

— Un homme puissant, redoutable et décidé. Il ne craint rien ni personne et ira jusqu'au bout. À ta place, je le prendrais très au sérieux.

— T'a-t-il confié une mission ?

— Demander l'appui de la CIA ou, au minimum, sa neutralité.

— Des précisions sur ses projets ?

— Aucune. Je suis persuadé que Mahmoud le considère comme l'homme de la situation, capable de fomenter une véritable révolution.

— J'ai obtenu des renseignements intéressants sur ce Nasser, révéla John. Après des études de droit, il est entré à l'Académie militaire du Caire en 1937 et a noué de solides amitiés avec ceux qui formeront ensuite le cercle des Officiers libres. Ils parlaient de leur pays malade, de la Révolution française et de la chute de la monarchie, du grand mouvement populaire vers la liberté. Nasser a beaucoup lu, notamment des ouvrages sur de grands guerriers comme Napoléon, Foch et Churchill. Bien sûr, il s'est nourri des écrits des défenseurs de l'islam et du nationalisme arabe, désireux de restaurer leur ancienne puissance. Et il a même tenu le rôle de César dans *Jules César* de Shakespeare ! Le bonhomme ne manque pas d'ambition, mais possède-t-il les capacités de les réaliser ? Son existence familiale est tout à fait tranquille. Son épouse Tahia, d'origine iranienne, lui a donné quatre enfants. Timide, effacée, elle lui manifeste un profond respect et ne se permettrait pas d'intervenir dans ses affaires. Elle ne sait rien et ne peut donc être manipulée. En plus, Nasser est du genre incorruptible. L'argent ne l'intéresse pas, il se contente de sa demeure de fonction de Manchiet el-Bakri, aime déjeuner et dîner en famille, avec une prédilection pour le fromage blanc. Distraction préférée : le cinéma. Pas vraiment le portrait d'un révolutionnaire exalté, mais plutôt celui d'un rêveur comme il en existe tant dans l'armée égyptienne. Le vrai patron des Officiers libres, c'est le bon général Naguib, tout aussi incapable d'enflammer ses troupes et de les mener à l'assaut du palais de Farouk !

— Si tu avais rencontré Nasser, John, tu changerais peut-être d'avis.

— Dans ce pays, mon vieux, il est impossible de garder une information confidentielle plus de quelques heures ! Si Nasser disposait d'un véritable réseau, cela signifierait qu'il est doté d'un sens du secret quasi surnaturel. Et ses hommes seraient répartis en sections tellement cloisonnées que la police de Farouk ne parviendrait pas à les repérer. Du roman !

— Nasser a beaucoup lu, il s'est peut-être inspiré des grands stratèges.

— Nous sommes en Orient, tout le monde bavarde.

— S'il a identifié ce point faible, Nasser a pu progresser dans l'ombre.

John alluma une cigarette.

— Il ne t'aurait pas convoqué chez lui. Nasser agit comme porte parole des Officiers libres et veut simplement savoir si les États-Unis pourraient l'aider à lutter contre l'occupant anglais.

— Et… c'est l'intention de notre pays ?

— Je l'ignore, Mark. Je transmets des rapports à mes supérieurs, et le président décide de l'orientation à donner à notre politique internationale.

— Ne voulons-nous pas la paix et l'indépendance des peuples ?

— Ce n'est pas toujours compatible.

— En tout cas, ma mission est terminée. Maintenant, à la CIA de jouer.

Mark se leva.

— Reste assis, je t'en prie, et buvons un autre whisky.

— Désolé, j'ai un rendez-vous.

— J'insiste, Mark. Nous avons encore à parler.

— Bon, mais sois bref.

L'avocat se rassit. John tira une bouffée de son cigare.

— Tu es un type formidable, Mark, et tu dois comprendre que tu as un rôle déterminant à jouer. Puisque Nasser t'a reçu, c'est qu'il t'accorde un minimum de confiance. Tu restes donc un élément indispensable.

— Je te le répète, John : pour moi, c'est terminé.

— Allons, Mark, ne monte pas sur tes grands chevaux ! La CIA protège ton ami Dutsy et sa famille, ne l'oublie pas.

— Du chantage ?

— Un échange de bons procédés. Tu nous aides, nous t'aidons.

— Je vais informer Dutsy, il alertera les autorités et n'aura plus besoin de la CIA. Oublie-le et oublie-moi. Adieu, John.

— Et toi, tu oublierais Ateya ?

L'avocat blêmit.

— Désolé, mon vieux, mais j'ai encore besoin de tes services et j'utiliserai n'importe quel moyen pour les obtenir. Ou bien tu coopères, ou bien il arrivera malheur à cette délicieuse jeune femme à laquelle tu sembles très attaché.

— Espèce de salaud !

— Ne t'énerve pas, c'est indigne de toi. Une partie décisive se joue ici, et tu es un joueur de premier plan. Soit Nasser est un utopiste, et ton rôle sera bref ; soit il est un homme d'avenir, et tes contacts avec lui nous permettront d'y voir clair et de favoriser notre implantation dans la région. Alors, tu deviendras une sorte de héros et ta carrière politique en sera facilitée.

— Si tu touches à Ateya, je…

— Calme-toi, je ne fais que mon métier. Et si je disparais, un autre me remplacera. Un autre qui ne sera pas ton ami et te manipulera comme un pion.

— Tu oses parler d'amitié !

— Je t'apprécie, Mark. Et ce que je te demande n'a rien d'effrayant : servir d'agent de liaison entre Nasser et la CIA. En agissant ainsi, tu sers les intérêts des États-Unis et de l'Égypte. Dès que nous aurons adopté une ligne de conduite, tu sortiras du jeu et des professionnels te remplaceront. Et tu continueras à filer le parfait amour avec ta belle Égyptienne.

42

Après qu'ils eurent fait l'amour avec une fougue d'adolescents, Ateya et Mark gardèrent longtemps le silence, tout en contemplant le soleil qui se couchait sur Le Caire.

Puis il lui montra le talisman confectionné par l'abbé Pacôme.

— Il a guéri quantité de gens qu'agressaient des démons, précisa-t-elle. Pacôme est l'un des derniers à posséder la science des formules de protection. Grâce à ce talisman, tu seras à l'abri.

— Lui-même n'en est pas si sûr, objecta Mark. Il redoute un combat particulièrement sévère.

— En prolongeant l'œuvre de ton père et en recherchant les papyrus de Toutânkhamon, tu te heurtes à beaucoup d'ennemis, visibles et invisibles. Mais aujourd'hui, nous sommes ensemble.

— J'ai le sentiment que nous nous sommes toujours connus, Ateya, et qu'il a fallu parcourir un long chemin pour nous réunir. Cet immense bonheur, je le dois à l'Égypte et à la lettre de l'abbé Pacôme.

Il lui caressa tendrement les cheveux, elle se blottit contre lui.

— Je t'avoue que je suis perdu, reprit Mark. Nasser tente de me manipuler, John m'enferme dans un étau, et je me demande si Mahmoud est sincère.

— Ne perds pas de vue ton but essentiel : retrouver les papyrus de Toutânkhamon.

— Pour y parvenir, il faut sans doute s'approcher de Farouk... Et le bonhomme paraît dangereux.

Le téléphone sonna.

Ateya répondit, écouta sans dire un mot et raccrocha.

— C'était notre correspondant copte, au Mena House où tu résides officiellement. Tu as reçu un message d'Antonio Pulli qui t'invite à prendre un verre au bar du Shepheard, demain soir, à 18 heures. S'il te demande ta nouvelle adresse, donne-la-lui en indiquant qu'elle te paraît plus pratique pour travailler et rencontrer des contacts d'affaires.

*

*   *

Bâti en 1841 par un Anglais amoureux du Caire et reconstruit une cinquantaine d'années plus tard afin de bénéficier du confort moderne, l'hôtel Shepheard, sur la rive ouest du Nil, occupait l'emplacement du palais de Bonaparte, conquérant d'une Égypte qui aurait pu devenir française si le vaillant général n'avait pas pris la fuite, laissant à ses subordonnés le malheur de s'enliser dans une défaite dont l'Angleterre avait su tirer parti. Derrière un sycomore survivant s'était dissimulé le fanatique qui, en assassinant Kléber, avait mis fin aux rêves des savants et des militaires participant à l'expédition française en Égypte.

Le tumulte apaisé depuis longtemps, la fameuse terrasse du Shepheard restait un lieu de passage obligé pour toutes les personnalités égyptiennes et étrangères. Les touristes fortunés venaient s'y désaltérer après leurs visites, et les membres de la haute société papotaient en contemplant le spectacle permanent de la rue, peuplée de calèches et de marchands de souvenirs. Le prestigieux hôtel conservait le souvenir d'hôtes illustres, tel Winston Churchill, et demeurait l'un des fleurons de l'Angleterre triomphante. Prendre le thé au Shepheard faisait partie des moments majeurs de la découverte du pays.

Affable et souriant, Antonio Pulli paraissait nerveux.

— Très heureux de vous revoir, monsieur Wilder. Il est un peu tard pour le thé... Que penseriez-vous d'un whisky soda ?

Un serveur athlétique, vêtu d'une *galabieh* blanche serrée à la taille par une longue ceinture rouge, s'empressa de donner satisfaction au bras droit du roi Farouk.

— Vous ne logez plus au Mena House, semble-t-il ?

— J'y garde une chambre, répondit l'avocat, mais j'ai loué un appartement à Zamalek. J'y organiserai plus facilement mes rendez-vous.

— Un quartier très agréable, en effet. La proposition de Sa Majesté a donc retenu votre attention ?

— J'aime beaucoup l'Égypte et je cherche à mieux la connaître. Les investisseurs américains ne devraient pas être déçus.

— Excellent, excellent... J'espère que vous ne prêtez pas trop l'oreille aux critiques infondées formulées contre Sa Majesté. Le roi est tout à fait conscient de la misère qui touche une partie de son peuple et a pris de nombreuses initiatives, en fondant des hôpitaux et des écoles, sans oublier une université. Grâce à lui, nous avons une Sécurité sociale, et l'État vient en aide aux plus pauvres. Farouk n'hésite pas à utiliser sa propre fortune, par exemple en luttant contre les mouches responsables du trachome, cette redoutable maladie des yeux. Savez-vous qu'il a survolé la campagne en avion et jeté des milliers de balles de ping-pong que les enfants ont échangées contre des bonbons ? Parfois, je le reconnais, le roi se montre un peu facétieux ! Naguère, après avoir fait libérer des cailles dans les salons du palais, il avait tiré sur ces oiseaux et brisé de nombreuses vitres. Et les jardiniers redoutaient qu'il ne les aspergeât avec le tuyau d'arrosage ! Simples gamineries bien excusables quand on connaît le poids des responsabilités d'un monarque.

Mark se demandait pourquoi Pulli le gratifiait de ces confidences. Sans nul doute, un service délicat à solliciter.

— Sa Majesté, reprit-il, est affligée d'un petit défaut un peu plus… embarrassant. Bien que le roi puisse s'offrir tout ce qu'il désire, il éprouve une fâcheuse tendance à dérober des objets, même sans grande valeur, partout où il séjourne. Il peut s'agir d'une simple assiette ou d'un peignoir de bain.

— Sa Majesté est kleptomane, jugea Mark.

— En quelque sorte… La plupart du temps, je prends note de ces modestes larcins et je dédommage les propriétaires de manière qu'ils n'ébruitent pas ces incidents. Malheureusement, je suis aux prises avec un entêté qui veut porter plainte et alerter la presse. Dans les circonstances actuelles, ce serait regrettable, très regrettable. Tout ce qui affaiblirait la réputation du roi serait mauvais pour l'Égypte. Aussi me demandais-je si vos compétences de négociateur ne seraient pas fort utiles afin de nous tirer de ce mauvais pas.

Mark but lentement une gorgée de whisky.

— Pourquoi pas, monsieur Pulli ? Mais à une condition…

— Laquelle ?

— Vous avez entendu parler, je suppose, de l'archéologue britannique Howard Carter ?

— Le plus célèbre des égyptologues ! La découverte de la tombe de Toutânkhamon a passionné le monde entier.

— Le roi Farouk a-t-il rencontré Carter ?

Antonio Pulli sembla fouiller dans ses souvenirs.

— Oui, il l'a rencontré.

— Sa Majesté s'intéressait aux antiquités égyptiennes. À votre connaissance, se serait-elle procuré des objets provenant de la tombe de Toutânkhamon ?

— *A priori,* estima Pulli, c'est tout à fait impossible.

— Qu'y a-t-il d'impossible pour le roi Farouk ?

— Un homme pourrait vous répondre de manière formelle, et c'est lui que vous devez consulter : le chanoine Étienne Drioton.

— Je le rencontrerai à nouveau, mais j'aimerais qu'il soit un peu plus bavard. Une discrète intervention de votre part l'aiderait à me confier la vérité.

— Drioton est un homme entier, un fidèle ami de Sa Majesté, et…

— Vous avez foi en mes compétences, monsieur Pulli, moi en les vôtres.

— Acceptez-vous de régler la petite affaire dont je viens de vous parler ?

— À condition que vous aidiez Drioton à sortir de son silence.

— Marché conclu.

— Faites déposer le dossier à mon adresse de Zamalek, que vous connaissez, n'est-ce pas ?

Antonio Pulli se contenta d'un léger sourire.

43

Ateya emmena Mark chez l'abbé Pacôme qui désirait le voir d'urgence. L'érudit étudiait un papyrus de l'époque ptolémaïque dont les formules magiques écartaient les serpents, les scorpions et les démons de la nuit. Les anciens Égyptiens attachaient une grande importance à la protection du sommeil, période dangereuse pendant laquelle le dormeur traversait le monde souterrain avant de renaître avec le soleil du matin.

— Le chanoine Drioton m'a envoyé une lettre à ton intention, déclara l'abbé. L'administration du musée du Caire t'autorise à consulter les archives d'Howard Carter. Voici deux recommandations, l'une en français, l'autre en arabe. Un assistant conservateur t'attendra demain matin, à 6 heures. Surtout, ne sois pas en retard.

Ainsi, Drioton jouait le jeu. Carter avait probablement parlé des papyrus, il suffisait de consulter des papiers oubliés depuis longtemps.

— Il y a un prix à payer, révéla Mark : empêcher un plaignant d'accuser le roi Farouk de vol.

— Un jeu d'enfant pour un avocat de ton envergure ! Le roi t'en sera redevable, Pulli ne jurera plus que par toi. De solides appuis en ces temps difficiles.

— Connaissiez-vous l'existence de ces archives ?

— Jusqu'à notre dîner avec le chanoine, je les croyais définitivement disparues. Le musée du Caire est parfois un gouffre où de précieuses trouvailles s'évanouissent.

— Êtes-vous assuré de la sincérité de Mahmoud ?

— Qui peut accorder une confiance totale à un agent double ? Pourtant, il aime son pays et souhaite lui éviter une révolution sanglante. Comme les Anglais refusent de l'écouter et que toute démarche directe le condamnerait à mort, il est obligé de passer par toi. Si l'Amérique peut empêcher l'Égypte de sombrer dans le chaos, vous aurez fait œuvre utile, lui et toi.

*

* *

Ateya et Mark passèrent une nuit enchanteresse, mais le réveil, à 5 heures, fut difficile. Le vent de ce début janvier était frisquet, et Mark aurait préféré jouir davantage de la chaleur d'un corps de femme amoureux.

Elle lui servit un café très fort, accepta de se doucher avec lui et l'incita à ne pas traîner.

En Orient, le temps n'existait pas, sauf pour un bureaucrate tatillon imbu de sa supériorité, surtout quand il recevait un solliciteur, étranger de surcroît.

À 5 h 55, Mark se présenta à l'entrée des services administratifs. À 6 heures précises, il fut introduit dans le bureau d'un moustachu au front bas, apparemment très occupé à consulter une pile de dossiers. D'un geste sec, il convia son hôte à s'asseoir. Sans cesse, des employés entraient et sortaient.

Une vingtaine de minutes plus tard, il leva la tête.

— Que désirez-vous ? demanda le moustachu.

— Merci de me recevoir. Le chanoine Drioton m'a donné ces deux lettres de recommandation.

L'avocat les remit au moustachu qui les lut attentivement.

— Ce sera difficile, très difficile, voire impossible.

— Je ne suis pas pressé.

— Il s'agit de difficultés techniques insurmontables. Mieux vaut éviter de perdre votre temps.

— Auriez-vous l'obligeance de me redonner les recommandations du chanoine ?

Ravi d'avoir remporté la partie, le moustachu s'exécuta.

Mark se leva.

— Je me rends au palais, annonça-t-il. Comme j'ai le privilège de travailler pour Sa Majesté, je l'informerai de la manière dont je viens d'être traité.

Le moustachu s'agrippa aux bras de son fauteuil.

— Asseyez-vous, je vous en prie !

— Désolé. Maintenant je suis pressé.

— Non, non, ne partez pas ! Je vous emmène chez le responsable des archives qui tentera de résoudre les problèmes. Suivez-moi, monsieur Wilder.

L'archiviste occupait un bureau encombré de paperasses et de dossiers. Le moustachu s'adressa à lui en arabe et, vu le ton employé, imposa la marche à suivre.

— J'espère que vos recherches seront fructueuses, monsieur Wilder, conclut-il, aimable et souriant. Pardonnez-moi, d'autres rendez-vous m'attendent.

La tête carrée, les yeux profondément enfoncés dans leurs orbites et les lèvres minces, l'archiviste ne semblait pas enchanté.

— Puis-je voir vos lettres de recommandation ?

— Les voici.

Le technicien lut lentement.

On lui apporta du café, il ordonna d'en servir à son hôte. Puis entrèrent un subordonné demandant des consignes, un ami de passage, un cousin sollicitant une aide financière et un autre bureaucrate à la recherche de gommes et de crayons. Des discussions croisées s'entamèrent, et l'on vida plusieurs petites tasses de café.

Sans se départir de son calme, Mark attendit que l'archiviste consentît à s'occuper de son cas.

— Pourquoi désirez-vous consulter les archives d'Howard Carter ? lui demanda-t-il enfin.

— Recherches personnelles.

— Il s'agit de vieux papiers dépourvus de tout intérêt.

— Sait-on jamais ?

— Vous pouvez croire en mon expérience, monsieur Wilder.

— Je ne la mets pas en doute, mais j'aimerais cependant les examiner moi-même.

Irrité, l'archiviste appela son second et lui ordonna d'emmener son hôte jusqu'à une salle où étaient entassés des casiers dont certains menaçaient ruine. Au centre, une table et des chaises. Mark fut invité à s'asseoir, et on lui apporta un nouveau café.

À l'issue d'investigations menées sur un rythme modéré, le second déposa sur la table des documents dans un triste état. Il s'agissait d'un carnet de fouilles d'Howard Carter et de notes diverses. Ces reliques auraient mérité un meilleur sort, mais l'avocat songea surtout à parcourir ces pages qui le mettraient peut-être sur la piste des papyrus de Toutânkhamon.

Mark ne vit pas s'écouler les heures, et personne n'osa le déranger.

Hélas ! aucun résultat et pas le moindre indice.

À l'évidence, Drioton connaissait ces archives et savait qu'elles ne contenaient rien concernant les papyrus. Aussi avait-il permis à l'Américain de les consulter.

Depuis les précisions données par Antonio Pulli, la situation évoluait. Drioton détenait forcément un renseignement important, et Mark était bien décidé à l'obtenir.

44

Mark Wilder avait longuement téléphoné à son ami et bras droit Dutsy Malone pour faire le point sur les affaires en cours et lui demander de déléguer un spécialiste afin de régler les petits problèmes du roi Farouk. Dutsy se débrouillait plutôt bien, et les décisions de son patron lui permettraient d'avancer. Mais ce séjour prolongé en Égypte ne lui plaisait guère, et il espérait que Mark ne tarderait pas à regagner New York. Évasif, l'avocat lui avait promis d'agir au mieux.

Et puis il avait passé des heures merveilleuses avec Ateya avant de revoir l'abbé Pacôme, occupé à traduire un papyrus magique datant de la vingt-sixième dynastie et provenant de la ville de Saïs, siège d'une fameuse école de médecine.

— Tu as bien ton talisman sur toi ?

— Il ne me quitte plus, répondit Mark.

— Le danger se rapproche, et j'ignore la forme qu'il prendra. C'est pourquoi je dois adopter de nouvelles précautions.

— Drioton s'est moqué de moi. Les archives d'Howard Carter ne contiennent pas la moindre allusion aux papyrus de Toutânkhamon, et il le savait forcément. Son secret, il va me le confier.

— Le week-end, révéla Pacôme, le chanoine se rend dans sa petite maison de Saqqara, le plus souvent seul, afin d'y méditer et d'y reprendre son souffle après une semaine harassante. Là-bas, vous pourrez parler tranquillement, et il te dira peut-être la vérité. T'es-tu occupé de Farouk ?

— J'aurai bientôt une réponse rassurante.

— Notre roi vient d'essuyer un cuisant échec qui le met de méchante humeur. Il avait demandé à une équipe de généalogistes d'établir sa filiation avec Mahomet, de manière à se présenter aux yeux de son peuple et du monde arabe comme une sorte de pape de l'islam. Mais les Frères musulmans ont déjoué la manœuvre. À leurs yeux, Farouk demeure un oppresseur corrompu et ne saurait se poser en maître spirituel. Et il y a pis : dans la zone du canal, les incidents se multiplient et s'aggravent. Les soldats anglais ont tiré sur une procession se rendant à un cimetière, croyant qu'il s'agissait d'une manifestation terroriste. La réplique de la guérilla n'a pas tardé : un commando a fait sauter un dépôt d'armes, provoquant la mort d'une dizaine de gardes. Les Anglais ont les nerfs à vif. En ne cessant pas de les harceler, les indépendantistes risquent de provoquer une réaction très violente.

— Nasser ne s'en réjouirait-il pas ?

— Son nom n'est toujours pas prononcé, observa Pacôme, et je ne suis pas certain que les perturbations soient sous le contrôle des Officiers libres. Je ne te le cache pas, Mark : la situation devient explosive.

— Il faut donc que je voie Drioton au plus vite.

*

* *

Grâce aux brillants résultats obtenus par Dutsy Malone, Mark se rendit au palais d'Abdine avant de scruter l'âme du chanoine. Un maître de cérémonie l'aiguilla vers le bureau d'Antonio Pulli qui éconduisit plusieurs solliciteurs afin de recevoir l'avocat en tête à tête.

— J'ai de bonnes nouvelles, annonça Mark.

— Vous m'en voyez ravi ! Auriez-vous réussi à régler notre petite affaire ?

— Il n'y aura ni procès ni scandale. Bien entendu, les ex-plaignants seront indemnisés.

— Bien entendu ! Auriez-vous l'obligeance de me communiquer les montants ?

Mark remit un simple feuillet à Pulli. En face des noms, des chiffres.

— C'est très raisonnable, estima l'homme de confiance de Farouk. Je m'en occupe immédiatement. Sa Majesté sera fort satisfaite et n'hésitera pas à vous confier d'importants dossiers. Votre expertise nous aidera à prendre les bonnes décisions.

— D'après la rumeur, des heurts se produiraient dans la zone du canal de Suez.

— Des jeunes excités défient les soldats anglais, reconnut Pulli. Une attitude suicidaire !

Ces insensés se briseront les reins et provoqueront des troubles dont rien de bon ne sortira. Mais rassurez-vous : le roi a la situation bien en main et l'ordre public demeurera fermement maintenu. Vous pouvez recommander le marché égyptien aux investisseurs américains, ils seront ravis.

On frappa à coups répétés à la porte du bureau.

— Entrez, ordonna Pulli, étonné par cette brusquerie.

Apparut le chef des intendants, surexcité. Il bredouilla.

— Pulli bey, Pulli bey... Vous devez venir tout de suite, tout de suite ! C'est... Je... Comment dire... Venez, je vous en prie !

— Pardonnez-moi, dit l'éminence grise à Mark. Patientez, je reviens.

Dans les couloirs du palais, les domestiques couraient en tous sens. On criait, on s'apostrophait, on riait, on pleurait.

Mark s'efforça de rester calme.

Pourquoi ce tumulte ? Une émeute, une attaque du palais royal... Non, invraisemblable ! Quel événement pouvait troubler à ce point l'ordonnance feutrée de ce lieu voué au culte de Farouk ?

Antonio Pulli réapparut.

— Le fils du roi vient de naître, clama-t-il, un mois avant terme ! La mère et l'enfant sont en parfaite santé. Sa Majesté a un successeur, nommé Ahmed Fouad, et la pérennité de la dynastie est assurée. Désormais, tous les contestataires auront la bouche close. Le futur souverain pèse plus de trois kilos et semble déjà très vigoureux ! Vous n'imaginez pas la joie qui va s'emparer du Caire.

Antonio Pulli ne se trompait pas. En ce 16 janvier 1952, un communiqué officiel annonça que la reine Narriman avait donné naissance au prince du Haut-Nil Ahmed Fouad, héritier de la couronne de la dynastie âgée de cent cinquante ans. Cent coups de canon saluèrent le début d'une ère nouvelle qui verrait la confirmation du pouvoir de Farouk, l'union de l'Égypte et du Soudan, et l'épanouissement d'une nation fidèle au monarque et à son successeur.

Déjà, des centaines de Cairotes se rassemblaient sous les fenêtres du palais d'Abdine qu'encadrait la garde royale en uniforme d'apparat. Les tarbouches étincelaient au soleil, les armes ne menaçaient personne.

Aux anges, la population inonda de fleurs les principales artères de la capitale, et l'on chanta des heures durant en célébrant le roi, la reine et le prince héritier. Éperdu de bonheur, Farouk fit déposer un matelas au pied du berceau afin de ne pas perdre un seul instant des premières heures d'existence d'un fils tant attendu.

Ce fabuleux événement ne mettrait-il pas fin à toutes les tensions ? Ceux qui doutaient de Farouk croiraient en l'avenir, au prince du Haut-Nil et à la prospérité future de l'Egypte.

Mark sortit du palais.

Le retour au calme mettait fin à ses relations avec John, l'homme de la CIA, et avec Mahmoud, l'agent double. Désormais, il ne se consacrerait qu'à la recherche des papyrus de Toutânkhamon. Et l'étape décisive serait la confession du chanoine Drioton.

45

Saqqara était un monde à part. Loin de l'agitation du Caire, la vaste nécropole de l'antique Memphis, dominée par la pyramide à degrés du pharaon Djéser, était vouée au désert, au silence et à l'éternité.

Sur l'ordre d'Antoine Pulli, une voiture du palais emmena Mark jusqu'à la maison de week-end du chanoine Drioton.

En accueillant l'Américain, il avait un visage moins jovial qu'à l'ordinaire.

— Vous avez le bras long, monsieur Wilder.

— Après ma décevante exploration des archives de Carter, je désire connaître la vérité. Toute la vérité.

— Sa Majesté veut vous donner satisfaction. Entrez, je vous en prie.

La demeure était des plus modeste, mais il y régnait un calme propice aux confidences. Le chanoine remplit deux verres d'un bourgogne fruité et s'assit dans un fauteuil datant du début du siècle, encore robuste. Mark préféra rester debout.

— C'est une longue histoire qui implique les chefs suprêmes de ce pays, débuta Drioton. Aussi doit-elle rester secrète. Me promettez-vous de tenir votre langue ?

— Je vous le promets.

— En janvier 1925, Howard Carter a rencontré Fouad Ier, le père de Farouk. L'entrevue fut cordiale, et ce contact au plus haut niveau de l'État ne fut pas inutile. Le 31 décembre 1927, le roi Fouad se rendit à Louxor, visita la tombe de Toutânkhamon et admira les trouvailles de Carter. Visiblement, il se réjouit des résultats. À titre d'hommage, en violation de la loi sur les antiquités, le monarque reçut un admirable bijou provenant du trésor de Toutânkhamon. Il s'ornait d'une représentation du pharaon sur son char.

— Qui le lui avait offert ? demanda Mark.

— Probablement lord Carnarvon, mais je n'en suis pas certain. À la mort de Fouad Ier, le 28 avril 1936, Farouk devint l'illégitime propriétaire de ce petit chef-d'œuvre. Et cette même année 1936, il rencontra Howard Carter dans la Vallée des Rois[1]. La carrière du découvreur s'achevait ; néanmoins, il fit prendre conscience au nouveau maître de l'Égypte de l'importance des merveilles revenues au jour.

— Songez-vous également au message spirituel de Toutânkhamon ?

— Je n'apprécie guère les affabulations des tenants de l'ésotérisme, rappela Drioton.

---

1. Pour toutes les précisions données dans ce chapitre, cf. T.G.H. James, *The Path to Tutankhamun*, p. 407-408, et photo 36.

— Mais vous êtes persuadé que les anciens Égyptiens croyaient en un dieu unique et que les sages dissimulaient leur enseignement sous des symboles. Nul ne saurait le nier en étudiant les chapelles d'or de Toutânkhamon. Et je ne parle pas des papyrus.

— Après la mort d'Howard Carter, sa nièce, Phyllis Walker, fit l'inventaire de ses biens. Elle découvrit de petits objets en faïence et en or, représentant des animaux, et sut identifier le cartouche royal indiquant leur provenance : la tombe de Toutânkhamon. Carter voulait les léguer à sa nièce qui s'était si bien occupée de lui pendant ses derniers mois. Mais Phyllis Walker fut effrayée à l'idée de devenir propriétaire de tels trésors. De son point de vue, ils devaient retourner en Égypte. Aussi demanda-t-elle à l'exécuteur testamentaire de son oncle de s'acquitter de cette tâche extrêmement délicate. Il fallait agir avec un maximum de discrétion pour qu'Howard Carter ne fût pas accusé de vol et que sa mémoire ne soit pas ternie. Envoyer les objets au musée du Caire ? Impossible. Carter y comptait trop d'ennemis qui auraient fait éclater le scandale. On songea à la valise diplomatique, mais le Foreign Office s'y opposa, redoutant des indiscrétions. Et le grand ami de Carter, Harry Burton, qui tentait de trouver la bonne solution, mourut en 1940. Désemparée, Phyllis Walker décida, au mois de mars, de m'écrire une lettre. Elle m'offrait tout simplement l'ensemble des objets provenant de la tombe de Toutânkhamon encore en sa possession.

« Cette fois, pensa Mark, le chanoine ne me cache plus rien, et nous approchons du but. »

Drioton but une gorgée de bourgogne. À l'évidence, l'évocation des faits le troublait.

— Je me retrouvais ainsi dépositaire d'un secret plutôt lourd à porter, confessa-t-il. J'ai répondu à Phyllis Walker fin avril en la remerciant de sa générosité et en l'assurant que ce don ne devait ni souiller la réputation de Carter ni provoquer une campagne de presse. Et je n'avais qu'une seule solution pour éviter un désastre : prier le roi Farouk de recevoir lui-même ce trésor. Sa Majesté ayant accepté, aucune protestation ne pouvait s'élever. Placés sous scellés, les objets furent remis au consulat égyptien de Londres qui les expédia par avion. Et le roi en personne en fit officiellement don au musée du Caire.

— Farouk a-t-il donné *tous* les trésors de Toutân-khamon en sa possession ? questionna Mark.

Drioton parut gêné.

— Ce sera bientôt chose faite.

— Y compris les papyrus ?

Le visage du chanoine se durcit.

— Il n'y avait aucun papyrus.

— Ai-je votre parole ?

— Vous l'avez ! Cependant…

— Cependant ?

— Il existe un autre chapitre de cette histoire, encore plus obscur, avoua le chanoine. Le médecin chargé de l'étude de la momie de Toutânkhamon, le docteur Derry, se comporta comme un véritable boucher. Les égyptologues se gardent bien de révéler ce massacre[1]. Et cette malheureuse dépouille n'avait pas fini de souffrir. Pendant la Seconde Guerre mondiale, profitant du manque de surveillance de la Vallée des Rois, des pilleurs la déplacèrent et lui causèrent de graves dommages[2]. Sans doute espéraient-ils s'emparer de bijoux.

— Des bijoux... Ou les fameux papyrus ?

— Je l'ignore, monsieur Wilder. L'un des membres de cette sinistre expédition pourra peut-être vous renseigner. Tous ses biens ont été mis sous séquestre par Farouk en 1948, mais le personnage a réussi à survivre et s'est refait une petite fortune.

— Réside-t-il toujours au Caire ?

— En effet.

— Quel est son nom, où puis-je le trouver ?

— Nous l'appellerons « Durand ». Je vais tenter de le contacter et d'obtenir une entrevue avec vous, mais je ne promets rien. S'il détient des objets ayant appartenu à Toutânkhamon, il se taira.

— Je suis persuadé du contraire, à condition que mon offre financière soit satisfaisante. Et elle le sera.

---

1. Il fallut attendre l'enquête du docteur M. Bucaille pour connaître l'affreuse vérité. Voir notamment « À propos de la momie de Toutânkhamon », *La Revue administrative* 44, n° 243, 1988, p. 250-254 et *KMT*, Spring 1992, p. 58-67.

2. Voir *KMT*, 18/1, 2007, p. 56.

46

Ce 18 janvier 1952, les coptes célébraient les rites de l'Épiphanie. Après les purifications de la veille au soir, marquées par le bain des hommes dans le Nil où l'on versait de l'eau bénite, les fidèles récitaient des prières. Ateya se servait d'un rosaire ancien comportant quarante et un grains, et Mark, tout en partageant ce moment rituel, n'avait d'yeux que pour elle.

Quand le prêtre aspergea l'assemblée d'eau bénite, l'Américain songea au mariage somptueux qu'il offrirait à sa future épouse. Dutsy Malone organiserait une fête dont les participants garderaient le souvenir. En attendant, il s'impatientait à l'idée de rencontrer le mystérieux Durand. D'après l'abbé Pacôme, dûment informé des révélations de Drioton, il existait une chance pour que ce pilleur de tombes fût en possession des papyrus de Toutânkhamon. Forcément vénal, il exigerait une fortune.

L'abbé n'avait pas encore identifié l'ennemi surgi des ténèbres, mais il le savait de plus en plus proche et se livrait quotidiennement à de nombreuses opérations magiques afin d'entourer Mark d'une barrière protectrice. Vu l'importance de l'enjeu et la férocité de l'adversaire, serait-elle suffisante ?

La cérémonie terminée, Ateya serra très fort la main de Mark.

— Nous avons le droit de céder à la gourmandise, décida-t-elle. Je t'emmène chez Groppi.

Groppi, le salon de thé et la pâtisserie par excellence, l'un des hauts lieux du Caire ! Achille avait pris la succession de son père Giacomo, un Suisse originaire de Lugano, devenu le chocolatier de l'élite. Inaugurée en 1925, la célèbre boutique du rond-point Soliman-Pacha offrait des glaces et des gâteaux incomparables. Du Morocco à la Comtesse Marie en passant par la Surprise napolitaine, les crèmes glacées de Groppi attiraient le Tout-Caire. Et le commerçant exerçait un sévère contrôle sur ses produits à partir de son vaste domaine agricole, à proximité de la capitale. Il faisait même visiter sa laiterie et son laboratoire ultramoderne.

Tout en se régalant, Ateya et Mark se parlèrent d'amour avec les yeux. Ils savouraient chaque instant de cette communion miraculeuse, comme si tant de bonheur pouvait s'évanouir la seconde d'après.

Au sortir du salon de thé, un petit cireur de chaussures aborda le couple.

— Trois mandarines pour un dollar.

Mark se figea.

— J'attends ici ou je te suis ?

— Tu me suis.

Ateya s'interposa

— Mark…

— À ce soir, mon amour.

Le gamin conduisit l'Américain jusqu'à une petite Peugeot grise. Il monta à l'arrière et s'assit à côté de Mahmoud.

Le chauffeur démarra.

Le contact du talisman sur sa peau rassura l'avocat. Mahmoud avait un visage fermé, presque hostile. Et s'il avait décidé d'éliminer un contact devenu trop voyant ? Rien de plus facile que d'emmener son prisonnier dans un endroit contrôlé par les révolutionnaires et de le faire disparaître.

— Vous filez le parfait amour, monsieur Wilder. Tant mieux pour vous. C'est une chance qu'il faut savoir saisir, et cette jeune femme est vraiment superbe.

— Il ne s'agit pas d'une aventure. C'est beaucoup plus sérieux que vous ne le supposez.

— En ce cas, bonne chance. Avez-vous retrouvé la trace des papyrus de Toutânkhamon ?

— Pas encore, mais je progresse pas à pas.

— Méfiez-vous de tout ce qui vous rapprochera de Farouk. En cas de conflit d'intérêts, vous ne ferez pas le poids.

La voiture roulait plutôt lentement et ne quittait pas le centre de la ville.

Nerveux, Mahmoud alluma une cigarette.

— Vous ne fumez pas, je crois ?

— J'ai arrêté.

— Moi, j'ai repris. Vu les circonstances, j'ai besoin d'un calmant. Nasser a étudié votre dossier, et vous juge intéressant. J'ai reçu l'ordre de vous manipuler au mieux et de lui fournir des rapports oraux sur votre comportement. Aucun document compromettant ne doit s'égarer, surtout après les récents événements.

— Que s'est-il passé ?

— Les Officiers libres ont décidé de défier ouvertement le roi afin de tester ses capacités de réaction. Une occasion en or s'est présentée : l'élection du président du Club des officiers. Rien d'important, certes, mais Nasser a persuadé le bon général Naguib de se présenter à la tête d'une liste où figuraient plusieurs de leurs compagnons. Furieux, Farouk a fait savoir aux électeurs que seul devait triompher son âme damnée, le général Sirri Amer, impliqué dans quantité de scandales et détesté de tous les militaires qui croient à l'honneur de l'armée. Et le résultat fut une surprise de taille : Naguib élu à une écrasante majorité ! Un camouflet terrible pour le roi. Bien entendu, il a annulé le vote et imposé Sirri Amer comme président du Club des officiers. Néanmoins, Nasser sait à présent qu'il dispose d'un soutien parmi ses pairs. Entre les Officiers libres et le roi Farouk, la guerre est déclarée. Il y a déjà une victime, car Sa Majesté a donné un violent avertissement à ses opposants. Le gang de Sirri Amer vient d'assassiner à la mitraillette un jeune lieutenant[1] proche du général Naguib. Ils lui ont tendu un piège, dans le quartier de Roda, alors qu'il rendait visite à un groupe de

1. Abdel Kader Tahar.

Frères musulmans. Juste avant de mourir, la victime a eu le temps de dire à un médecin militaire : « C'est Farouk qui m'a fait exécuter ! » L'impact souterrain de ce drame est considérable. Aujourd'hui, Nasser se sent en position de force. Il est trop rusé pour se manifester au grand jour et continue à pousser Naguib sur le devant de la scène. À mon avis, le processus révolutionnaire devrait s'accélérer. Et l'Égypte connaîtra le chaos. Qu'ont décidé les Américains et qui veulent-ils soutenir ?

— Je l'ignore, Mahmoud. Je suis sorti du jeu.

— Vous y rentrez, monsieur Wilder. Peut-être réussirez-vous à protéger vos amis, à New York. Ici, au Caire, la femme que vous aimez est à ma merci.

— Vous n'oserez pas…

— Je n'ai pas le choix. Voilà des années que je risque ma vie afin d'empêcher un bain de sang. Si l'on n'étouffe pas dans l'œuf la révolution de Nasser, il aura lieu. Alors, persuadez la CIA d'intervenir, d'aider Farouk et de le museler. En prenant le contrôle économique du pays à la place des Anglais, les Américains assureront la prospérité, et le spectre d'affrontements meurtriers s'éloignera. Vous seul, aujourd'hui, pouvez m'aider à atteindre ce but. Aussi n'hésiterai-je pas à employer les pires moyens pour vous obliger à agir.

La voiture s'immobilisa non loin de l'Opéra. Mahmoud ouvrit la portière.

— À bientôt, monsieur Wilder.

47

Surnommé « Strong George », le général George Erskine, commandant en chef des troupes britanniques en Égypte, s'habillait pour dîner lorsque son ordonnance lui apporta un pli urgent.

Une bande de fous venait de s'attaquer à un camp de Tell el-Kébir, le plus important dépôt d'armes de la région.

Le général garda un calme apparent, acheva de se vêtir et convoqua aussitôt son état-major.

— Messieurs, cet acte insensé est un défi inacceptable à notre autorité. Je savais que de jeunes révolutionnaires, en provenance du Caire, comptaient semer le trouble dans la zone du canal. Aussi ai-je adressé une mise en garde au gouvernement égyptien, en l'avertissant que je serais contraint d'utiliser les moyens appropriés afin d'écraser les rebelles s'ils s'en prenaient à l'une de nos bases. Puisque ces mal élevés n'ont pas compris le message, nous allons intervenir. Après quoi, ces garnements s'assagiront.

*

* *

Au terme de la dixième sonnerie, on décrocha.

— Je voudrais parler à John, dit Mark.

— De la part de qui ?

— De son ami, l'avocat américain.

— John est en voyage.

— Quand pourrai-je le joindre ?

— Rappelez le 27.

On raccrocha.

— Tu parais soucieux, observa Ateya.

— D'après Mahmoud, Nasser songe à hâter le processus révolutionnaire. Il souhaite que les Américains l'interrompent de manière à éviter un désastre.

La jeune femme l'enlaça.

— Le destin de l'Égypte te soucierait-il à ce point ?

— N'est-elle pas la mère du monde ? Et tu sais bien qu'elle devient mon pays. C'est ici que je t'épouserai.

— C'est au Caire que l'on célèbre les plus beaux mariages, car nous avons le goût du bonheur.

— Tu peux compter sur mon ami Dutsy pour préparer une fête inoubliable.

— De si jolis rêves…

— Dans mon métier, rappela Mark, le rêve est interdit. Je t'enfermerai dans un contrat de mariage d'où tu ne pourras jamais sortir. Nous deux, on s'unira à jamais.

Et leur baiser fut interminable.

*

* *

À l'aube du 25 janvier 1952, les blindés du général Erskine encerclèrent deux casernes de la ville d'Ismaïlia où étaient cantonnés trois cent cinquante policiers égyptiens chargés de maintenir l'ordre dans ce district. D'après Strong George, ils n'avaient nullement rempli leur mission et, pis encore, avaient prêté main-forte aux jeunes agresseurs venus du Caire. Il comptait donc les traiter en rebelles et les faire prisonniers afin de mettre le gouvernement devant ses responsabilités.

À l'intérieur de la caserne principale, ce fut la panique. Le chef des policiers, un capitaine, parvint à joindre le ministre de l'Intérieur dont les consignes furent formelles : on ne se rend pas et on résiste ! Sinon, les autorités perdraient définitivement la face et l'Angleterre afficherait sa suprématie incontestable.

Mais tenir avec quoi ? De vieux fusils face à des chars !

Le capitaine, qui avait séjourné en Angleterre et même effectué un stage à Scotland Yard, s'entretint avec le général Erskine. L'Anglais accorda un quart d'heure de réflexion, l'Égyptien refusa de déposer les armes.

Strong George se vit contraint d'utiliser sa puissance de feu, une pluie d'obus s'abattit sur les casernes. Devant l'obstination de l'ennemi, il fallut achever l'opération aux tirs de mortier.

« Ces gens sont courageux mais complètement fous », estima le général anglais. À mi-journée, le combat était terminé. Trois morts et treize blessés chez les Britanniques, quarante-six victimes et près de quatre-vingts blessés chez les policiers égyptiens.

Cette fois, le gouvernement comprendrait qui détenait la force et cesserait d'encourager de jeunes insensés à troubler l'ordre public.

*

*   *

— Que pensez-vous de ce sauté de veau aux petits légumes ? demanda le chanoine Drioton à son invité.

— Une pure merveille, reconnut Mark. Vous féliciterez votre mère.

— Cette sainte femme est un authentique cordon-bleu, et l'Église devrait rayer la gourmandise de la liste des péchés.

Le bourgogne se montra à la hauteur des plats.

— Durand accepte de vous rencontrer, déclara le chanoine. Il vous donne rendez-vous demain 26 janvier à midi, au Turf Club.

— Lui avez-vous précisé l'objet de notre entretien ?

— Il consent à vous parler d'une surprenante découverte d'Howard Carter.

— Les papyrus de Toutânkhamon ?

— Durand n'a pas prononcé ces mots-là. Il exigera une forte somme et un passeport américain afin de quitter l'Égypte au plus vite.

*

* *

L'abbé Pacôme écouta attentivement Mark Wilder.

— N'oublie surtout pas ton talisman en allant à ce rendez-vous. Le danger s'accroît chaque jour davantage, car la créature du mal se trouve au Caire et tente de repérer ta trace. Des amis coptes déjeuneront au Turf Club et ne manqueront pas d'intervenir s'ils te jugent en péril.

— À première vue, ce Durand a surtout besoin d'argent et veut échapper à Farouk ! Grâce à John, je lui obtiendrai un passeport, à condition que ses informations le méritent. Mon père, j'ai l'impression de toucher au but.

— Possible, en effet. Que Dieu nous entende.

Le taxi qui ramena Mark à Zamalek eut la plus grande peine à se frayer un chemin dans des embouteillages anormaux.

— Un accident ? demanda l'Américain au chauffeur.

— Non, des manifestations de jeunes qui protestent contre un massacre perpétré par les Anglais à Ismaïlia. Ils auraient tué des centaines de policiers égyptiens en les accusant de rébellion. Tant que notre pays sera occupé, il faudra s'attendre à ce genre de drame.

Ateya avait préparé un délicieux repas : crème de sésame, purée d'aubergines, feuilles de vignes farcies, salade de tomates, boulettes de mouton sur lit de persil et poisson grillé.

— Ce soir, c'est toi qui sembles soucieuse, observa Mark.

— Les Anglais vont trop loin. Les ministres se sont réunis, et l'on parle de la rupture des relations diplomatiques avec la Grande-Bretagne. Les Frères musulmans ont proclamé la guerre sainte, une bonne partie des jeunes les écoutera.

— Ce n'est pas le premier incident dans la zone du canal de Suez. Ne crois-tu pas que la fièvre retombera vite ?

— Je l'espère !

— Demain sera une journée décisive. Je suis persuadé que Durand me révélera l'endroit où sont cachés les papyrus de Toutânkhamon.

— Je dois me lever tôt, annonça Ateya, car je guide un groupe de touristes qui désirent découvrir les églises coptes du Vieux Caire. Rejoignons-nous vers 17 heures, chez Groppi.

— Avec joie, mon amour. Tu seras la première à bénéficier d'excellentes nouvelles.

48

À l'aube de ce samedi 26 janvier 1952, Ateya embrassa Mark sur le front.

— Je pars travailler, murmura-t-elle. À 13 heures, j'emmènerai mes touristes déjeuner au Shepheard.

— Moi, je fais lâchement la grasse matinée.

— À cet après-midi, chéri, chez Groppi.

L'avocat se rendormit, rêvant à la nuit enchanteresse qu'il venait de passer dans les bras de la jeune femme. Plus ils s'aimaient, plus ils désiraient s'aimer.

Détendu et reposé, l'avocat se leva très tard. Le soleil illuminait le magnifique quartier de Zamalek, peuplé de riches Anglais, profitant des piscines, des terrains de cricket et de polo, et des courts de tennis, propriétés du Sporting Club de Guézira où n'étaient admis qu'un nombre restreint d'Égyptiens, triés sur le volet. Jardins et villas coquettes faisaient de ce morceau d'Europe un petit paradis où Ateya et lui couleraient des jours heureux.

Soudain, il songea à son rendez-vous de midi.

Comment se comporterait ce Durand ? Inutile de s'inquiéter à l'avance. L'avocat savait négocier, il prendrait le temps nécessaire pour rassurer son interlocuteur et aboutir au meilleur résultat.

Mark s'octroya une longue douche, se prépara un café et s'habilla à l'anglaise, avec la nécessaire distinction des hôtes du Turf Club où des lords s'affichaient volontiers en jaquette grise.

Il buvait sa première gorgée quand un étrange spectacle capta son attention.

Des colonnes de fumée noire envahissaient le ciel du Caire.

*

* *

Dès le petit matin, des milliers d'étudiants en grève s'étaient installés dans la cour de l'université. Protestant contre le massacre d'Ismaïlia, ils suivirent les mots d'ordre de leurs meneurs et rejoignirent d'autres manifestants venus des faubourgs. Un ministre n'avait-il pas clamé : « Ce jour sera votre jour, vous serez vengés ! » Tous voulaient obtenir des armes, se battre contre les Anglais et libérer la zone du canal de Suez. Cette fois, comme le promettait la radio, l'Égypte ne baisserait pas la tête. Et l'on acclama la Russie soviétique qui fournirait au peuple en guerre les fusils dont il avait besoin.

Bientôt, des centaines de milliers de révoltés occupèrent le quartier de l'Opéra, paralysant le centre des affaires.

Une scène intolérable attira le regard d'un des meneurs, un colosse au vaste poitrail et à la tête fine, allongée comme celle d'un chacal.

Devant le fameux cabaret Badia, où des artistes réputées pratiquaient la plus belle danse du ventre de la capitale, un policier buvait un verre en compagnie d'une des employées de l'établissement.

— N'as-tu pas honte de te comporter ainsi alors que nos frères sont assassinés par les Anglais ? demanda le Salawa.

Le policier eut tort de rire.

D'un seul coup de poing, le Salawa lui fracassa le crâne.

— Détruisez ce lieu de débauche ! ordonna-t-il aux manifestants.

Le cabaret Badia fut le premier à brûler. Et la violence se déchaîna, propagée par de jeunes gens à moto et des agitateurs qui apportaient des bidons d'essence. De peur d'être massacrés, les policiers aidèrent les émeutiers, et les pompiers se gardèrent d'intervenir.

Quand des enragés fracassèrent la porte du grand magasin Avierino à coups de barres de fer, le Salawa poussa un cri de victoire. On s'attaqua aussi au Cicurel, autre magasin vendant notamment de superbes vêtements européens, on souleva les rideaux de fer et l'on fit brûler toutes les marchandises dont l'Occident inondait Le Caire. Des pillards en profitèrent pour voler des produits réservés aux riches, et la meute décida de mettre le feu aux magasins des juifs, à la banque Barclay et aux cinémas Rivoli et Metro.

De gigantesques flammes s'élevaient, Le Caire brûlait.

*
*   *

Mark dévala l'escalier et se heurta au gardien de l'immeuble.

— Ne sortez pas, c'est trop dangereux.

— Avez-vous des informations ?

— Une bande de fous s'est répandue dans la ville. Les forces de l'ordre ne tarderont pas à intervenir, et le calme sera rétabli. Ici, vous êtes en sécurité.

— J'ai un rendez-vous impératif.

— Ne prenez pas de risques, monsieur Wilder. Mlle Ateya m'en voudrait si…

— Justement, je dois la retrouver. Auriez-vous une moto ?

— Je peux vous en dénicher une, mais…

— Vite, je vous en prie !

Casquette vissée sur la tête, le visage caché par un foulard, Mark s'élança.

Il ne tarda pas à croiser d'autres motards qui jetaient des bouteilles enflammées dans des magasins éventrés. Les principaux bars et restaurants du centre flambaient.

Alors qu'il arrivait au Turf Club, il dut freiner brusquement. Une dizaine de personnes tentaient de s'enfuir, mais le Salawa, à la tête d'une populace hurlante, les repoussa vers le brasier. Le démon prit soin de briser la nuque de Durand avant de regarder son cadavre se consumer, aux côtés des autres victimes.

Désormais, un seul mot d'ordre : anéantir tout ce qui symbolisait la présence étrangère au Caire.

Mark comprit qu'il ne rencontrerait jamais Durand. À présent, il lui fallait arracher Ateya à cette tourmente.

Bientôt 14 heures… Fou d'inquiétude, Mark prit la direction du Shepheard où la jeune femme devait déjeuner avec des touristes.

Il arriva trop tard. L'hôtel brûlait, et les pompiers, dont les lances avaient été mises hors d'usage, assistaient, impuissants, à la destruction du célèbre hôtel. Ravie, la foule scandait des slogans anti-Anglais et s'amusait à voir courir en tous sens des clients désemparés.

Mark parvint à atteindre le jardin, refuge des étrangers affolés. Pas trace d'Ateya.

Restait le salon de thé Groppi, ultime abri. Hélas ! l'établissement de la place Soliman-Pacha n'était plus que cendres.

Un bourgeois en costume européen pleurait.

— Tout le monde s'en est sorti ? lui demanda Mark.

— Je crois, oui.

— Pourquoi l'armée et la police n'interviennent-elles pas ?

— Le roi Farouk a invité leurs chefs à un banquet en l'honneur de la naissance du prince héritier. Il n'y a plus un gradé pour donner un ordre avant la fin des festivités.

Et si le palais d'Abdine était le prochain objectif des incendiaires ? L'Américain dut effectuer quantité de détours afin d'éviter des attroupements et des groupes surexcités. Une nouvelle meute se rassemblait en direction de la résidence du monarque aux cris de : « Renversons Farouk ! »

À quelques centaines de mètres du palais, l'armée se déploya et freina l'ardeur des assaillants. Mark rebroussa chemin et prit la direction du Vieux Caire. Si Ateya avait perçu à temps la gravité de la situation, elle s'était sans doute réfugiée chez l'abbé Pacôme.

À proximité de son domicile, deux solides coptes interceptèrent l'Américain.

— Où allez-vous ?

— Je veux voir l'abbé Pacôme.

— Impossible.

— Dites-lui que c'est très urgent.

— Votre nom ?

— Mark Wilder.

— Attendez ici.

D'autres coptes entourèrent l'Américain. Au centre de la ville, l'armée éteignait les incendies, dispersait les émeutiers et rétablissait l'ordre. Mais la folie ne gagnerait-elle pas d'autres quartiers ?

Un prêtre barbu vint chercher l'avocat et le conduisit chez Pacôme, assis dans un fauteuil, le visage grave.

— Savez-vous où se trouve Ateya ?

— Non, Mark.

— Je pars à sa recherche.

— Inutile, des amis s'en occupent. Repose-toi et patiente.

— Impossible !

— Te démener au hasard ne servira à rien.

— Comment pouvez-vous être aussi serein ?

— Fais confiance au Seigneur et à la magie de ses serviteurs.

Incapable de tenir en place, Mark arpenta la bibliothèque.

Peu après 20 heures, le prêtre barbu frappa à la porte.

Derrière lui, Ateya.

49

Alertée par les premières colonnes de fumée, Ateya s'était réfugiée avec son groupe de touristes dans l'église Saint-Serge, attendant qu'un copte lui annonce la fin de l'émeute. D'après Pacôme, l'incendie du Caire était dû à l'intrusion d'une force maléfique qui s'était emparée des esprits. Venu de Louxor, le Salawa avait allumé un feu destructeur dans le cœur de nombreux révoltés, ivres de violence. Aussi l'abbé passa-t-il la nuit à psalmodier des textes magiques et à renforcer la protection autour de Mark Wilder. Sans nul doute, la malédiction liée à la persécution de la momie de Toutânkhamon venait de prendre une tournure dévastatrice.

Et le seul homme capable de fournir un indice sérieux concernant les papyrus était mort brûlé au Turf Club.

— Ne cédons pas au désespoir, recommanda Pacôme. La voix du ciel ne s'est pas encore éteinte.

— Pourtant, objecta Mark, nous avons exploré toutes les pistes ! Cette fois, l'horizon semble définitivement bouché.

— Aujourd'hui même, tu bénéficieras d'un signe.

Au milieu de l'après-midi du 27 janvier, Ateya et Mark regagnèrent leurs appartements de Zamalek. Ce quartier chic avait été épargné par les émeutiers qui s'étaient acharnés sur le centre du Caire, les hôtels et les magasins. Jamais on ne connaîtrait le nombre exact de victimes, et la ville restait en état de choc, dans l'attente de la réaction du roi et de l'Angleterre.

Au pied de l'immeuble, un cireur de chaussures.

— Trois mandarines pour un dollar.

Mark étreignit longuement Ateya sous le regard goguenard du gamin, puis suivit son guide jusqu'à une Peugeot noire où l'attendait Mahmoud. La voiture circula lentement dans les alentours.

— Cet avertissement vous suffit-il ? demanda l'agent double.

— Nasser a-t-il organisé ces troubles ?

— Il a été complètement dépassé.

— Ne profitera-t-il pas de la situation pour prendre le pouvoir ? avança Mark.

— Tenter un coup d'État serait une erreur fatale. Nous avons analysé les événements et abouti à une conclusion : le responsable de cette journée terrifiante n'est autre que Farouk, en plein accord avec les Anglais.

— Impensable !

— Les faits sont là : le roi avait invité à déjeuner les chefs de l'armée et de la police, et les forces de l'ordre ne sont pas intervenues avant 17 heures, sauf pour protéger le palais. J'ai moi-même vu des policiers regarder des jeunes allumer des incendies, avec comme seul commentaire : « Laissons-les s'amuser un peu. » Farouk était parfaitement informé et, lorsqu'il l'a décidé, le calme a été rétabli.

— Quels buts poursuivait-il ?

— D'abord se débarrasser de son Premier ministre, Nahas, vieil adversaire politique. C'est chose faite. L'accusant de négligence et d'incompétence, Farouk l'a remplacé par Maher, qui approche les soixante-dix ans, déteste son prédécesseur et ne s'opposera ni au roi ni aux Anglais. Ensuite, avoir une bonne raison pour rétablir la sécurité dans la zone du canal et manifester ainsi son autorité en rassurant l'armée britannique qui vient de prouver sa détermination et sa puissance de feu. C'est également chose faite. Aujourd'hui même, les chefs du mouvement nationaliste exigeant le départ des Anglais ont tous été arrêtés et déportés dans le désert. L'élan libérateur est brisé, les services secrets britanniques et Farouk ont trouvé un accord et démontré leur efficacité. Bien entendu, il n'est plus question de rompre avec la Grande-Bretagne et d'exiger le retrait de ses soldats.

— Vous devriez être satisfait !

— Au contraire, monsieur Wilder, car il ne s'agit que d'une victoire en trompe l'œil. Déjà, la rumeur parcourt Le Caire, et le peuple accuse Farouk d'être un criminel et un vendu, le seul responsable des deux cent soixante-dix-sept incendies qui ont défiguré la ville et causé de nombreuses victimes, égyptiennes et étrangères. Cette stratégie le rend encore plus haïssable. Et lui comme l'Angleterre n'ont aucune conscience du véritable danger : Nasser. Le lieutenant-colonel a réuni ses proches afin de leur annoncer qu'il se sentait prêt à s'emparer de la capitale. Puisque l'armée est chargée de faire appliquer le couvre-feu, ne devrait-elle pas profiter de cette occasion ? Elle occuperait les sites stratégiques et arrêterait le roi et les membres de son gouvernement. Personne n'a approuvé ce plan, voué à l'échec. La réaction de l'armée britannique serait forcément d'une extrême violence, Le Caire de nouveau occupé au prix de milliers de morts. Impressionné à l'idée d'un carnage, Nasser a reculé. Mais il continuera à comploter et maintient ses objectifs. C'est maintenant qu'il faut le briser ; que votre ami John et les États-Unis cessent de perdre du temps. Si vous parvenez à les convaincre d'intervenir, je vous parlerai de Durand.

— Durand, mais…

— Nous ne tarderons pas à nous revoir, monsieur Wilder.

*

* *

L'avocat avait deux coups de fil urgents à passer, le premier à Dutsy Malone, le second à John.

La voix tonitruante de Dutsy explosa dans le combiné.

— Bon Dieu de bon Dieu, tu es vivant ! Ces Égyptiens sont des fous furieux, je t'avais prévenu.

— Une simple émeute, avec de regrettables débordements.

— D'après les médias, Le Caire entier a brûlé, et il y a des centaines de morts !

— Seul le centre a été atteint, rectifia Mark, et Farouk a rétabli l'ordre.

— Cette ville est une poudrière ! Demain, ça recommencera. Il faut te tirer de là, et tout de suite.

— Impossible, Dutsy.

— Ne me dis pas que tu te sens investi d'une mission plus ou moins sacrée et que tu iras jusqu'au bout !

— Comme d'habitude, tu as pressenti la vérité.

— Ne joue pas trop avec ta chance, Mark. Ta place est ici, tu le sais bien. Là-bas, tu ne prendras que de mauvais coups.

— Je bénéficie de protections efficaces et je n'ai pas le droit d'abandonner. Si toutes les pistes se terminent en cul-de-sac, je rentrerai.

— Ce n'est pas le boulot qui manque… Et plusieurs sénateurs veulent t'inviter à déjeuner !

— Fais-les patienter et dis-leur que je travaille pour les États-Unis. Le Proche-Orient n'est-il pas une des clés de l'avenir ?

— Ce qui m'intéresse, moi, c'est la pile de nouveaux dossiers !

— Débroussaille le terrain, je trancherai.

— Ne traîne pas trop en zone dangereuse, Mark.

— À bientôt, Dutsy. Embrasse ta femme et tes enfants.

— On t'attend tous pour dîner.

Le second appel serait moins amical.

Cette fois, John répondit et fixa rendez-vous à l'avocat sur une felouque où l'on buvait du thé en contemplant le Nil que les Cairotes appelaient volontiers « la mer ». Repeinte en bleu, aménagée comme un salon répondant aux exigences du confort britannique, cette embarcation-là ne quittait plus le quai. Les bons clients obtenaient de l'alcool et même de la drogue. La nuit tombée, un certain nombre de felouques devenaient des lieux de plaisir.

John fumait un cigare.

— Sale période, mon vieux Mark. Hier, on aurait pu y rester, toi et moi. Il n'y a pas que des dégâts énormes et quelques victimes, c'est aussi une page qui se tourne. Le Caire de l'époque anglaise vient de brûler sous nos yeux, et l'Égypte devient un pays douteux aux yeux des grandes puissances. Quant à la Grande-Bretagne, elle a décidé d'envoyer plusieurs bateaux de guerre, dont un porte-avions, au large d'Alexandrie. Suez ne doit pas tomber aux mains des révolutionnaires.

— J'ai vu Mahmoud. D'après lui, Farouk est responsable de l'incendie de la capitale.

— Possible, mais on peut aussi accuser les communistes et les Frères musulmans qui ne supportent plus l'existence des bars, des cabarets, des cinémas et des grands magasins. Et puis la pauvreté nourrit la révolte des masses, de plus en plus hostiles aux riches étrangers.

— Mahmoud m'a appris que Nasser avait momentanément renoncé à prendre le pouvoir par la force. L'Amérique doit exploiter ce délai pour stopper le processus révolutionnaire et empêcher un cataclysme.

— Choisir entre Farouk et Nasser... Tout le problème est là, et je ne suis qu'un exécutant, obligé d'obéir aux ordres. Ces deux bonshommes sont aussi dangereux l'un que l'autre. En se rapprochant des Anglais, Farouk s'éloigne des États-Unis qui aimeraient beaucoup les voir quitter l'Égypte et le Moyen-Orient où nous leur succéderions.

— Nous lâcherions Farouk au profit de Nasser ?

— Mahmoud surestime peut-être son chef. N'a-t-il pas reculé en renonçant à un coup d'État ? Nasser n'est sans doute qu'un agitateur, tétanisé au moment décisif. Pour le moment, nous contrôlons la situation. L'Amérique prône l'apaisement général, tant auprès de Farouk que des Anglais. La loi martiale sera en vigueur pendant au moins deux mois, et je ne vois pas l'armée égyptienne se lancer dans une révolte suicidaire. Le bon général Naguib saura calmer les Officiers libres et ramener d'éventuels excités à la raison.

— Mahmoud doit me livrer un renseignement essentiel concernant les papyrus de Toutânkhamon, révéla Mark. Je me suis engagé à les retrouver et je tiendrai ma parole. En échange, il veut savoir si l'Amérique se décide enfin à prendre le cas Nasser au sérieux et à l'empêcher de nuire.

Les yeux rivés sur le Nil, John tira une belle bouffée de son cigare.

— Dis-lui que nous ne traitons pas ses informations à la légère et que les États-Unis ont choisi de s'impliquer dans l'affaire égyptienne. Plusieurs agents secrets ne tarderont pas à compléter mon équipe, et nous établirons des contacts avec les différents protagonistes. Les révolutions ne produisant que du malheur, nous tenterons d'éviter le chaos.

— J'ai envie de te croire, John.

— Moi, je désire que tu retrouves ces papyrus. Selon leur contenu, on avisera.

50

Situé dans une ruelle inaccessible aux voitures, le café aux murs recouverts de céramique était rempli d'hommes âgés. Ils discutaient, lisaient le journal, jouaient aux dés, aux dominos ou aux cartes, buvaient du thé noir fort et sucré, du café ou une infusion chaude à l'anis. Beaucoup fumaient la *shishah*, la pipe à eau, en observant la lente combustion des braises. Qu'ils consomment un tabac fort de qualité correcte ou un mélange de mélasse et de poussière de tabac, le résultat était catastrophique pour les poumons. Mais il s'agissait d'une coutume indéracinable et de l'occupation favorite des mâles cairotes.

Mark Wilder s'assit en face de Mahmoud.

— Ici, nous sommes en sécurité. Aucun indicateur de police n'oserait s'aventurer dans ce café. En revanche, plusieurs fidèles des Officiers libres montent la garde. Avez-vous rencontré John ?

— Nous avons eu une longue discussion.

— Sa position ?

— Il n'est pas persuadé que Farouk soit l'unique responsable de l'incendie du Caire, mais il n'exclut pas sa responsabilité. Tout en s'interrogeant encore sur la capacité de Nasser à fomenter une révolution, il étudie le problème de près et affirme que les États-Unis sont décidés à traiter au mieux la question égyptienne. Plusieurs agents de la CIA vont renforcer l'équipe de John et nouer des contacts avec les principaux acteurs de la scène politique.

Mahmoud poussa un long soupir de soulagement.

— Les Américains sont-ils décidés à briser Nasser ?

— Ils désirent évincer les Anglais sans provoquer de chaos meurtrier.

Mahmoud appela le cafetier et lui commanda un alcool interdit, une boisson verte et plutôt épaisse, servie dans un petit verre.

— Nous allons fêter ça, monsieur Wilder !

L'avocat fut obligé de vider son godet cul sec. L'alcool lui brûla la totalité du tube digestif. À part une senteur ressemblant vaguement à la menthe, il ne parvint pas à identifier les ingrédients.

Et les verres furent aussitôt remplis.

— Au moins, estima Mahmoud, je n'aurai pas travaillé pour rien ! Si les Américains rentrent dans le jeu, Nasser n'a aucune chance de réussir et la révolution n'aura pas lieu. Farouk, lui, sera contraint de se plier aux exigences des nouveaux maîtres du pays et de favoriser enfin le bonheur de son peuple.

— J'ai rempli ma part du contrat, remplissez la vôtre.

Mahmoud vida cul sec son deuxième verre.

— Votre « Durand » travaillait pour les services secrets britanniques. Il était marié à une Anglaise et tenait des fiches sur les personnalités étrangères qui fréquentaient les endroits chics de la capitale. En échange, il bénéficiait d'un salaire correct et d'un bel appartement à Zamalek. Son vœu le plus cher était de regagner la France.

— S'occupait-il d'égyptologie ?

— On le soupçonnait de participer à de petits trafics d'antiquités afin d'arrondir ses fins de mois, mais la police a été priée d'oublier ce détail.

— Il pourrait donc avoir acquis les papyrus de Toutânkhamon…

— Si tel est le cas, sa femme sait forcément où ils sont cachés. Elle s'appelle Linda, et voici son adresse.

Mahmoud la griffonna sur un bout de papier. Mark l'apprit par cœur et le déchira.

— Excellente réaction, jugea l'agent double. Vous devenez un parfait professionnel.

— Il s'agissait de ma dernière intervention. À présent, je me retire de la partie et je vous souhaite bonne chance. Comme vous vous en doutez, j'ai une tâche urgente à accomplir.

L'Américain parti, Mahmoud but le verre abandonné. Au bord de l'ivresse, il se sentait euphorique.

*

* *

Linda, la veuve de Durand, habitait un immeuble moderne, à proximité du couvent catholique Saint-Joseph. Assis sur un banc, à côté de l'entrée, un *baouab* montait bonne garde. Faisant office de concierge, il surveillait les allées et venues, et repoussait fermement les personnes douteuses ou indésirables. Avec son mètre quatre-vingt-dix et sa musculature impressionnante, le Nubien s'acquittait parfaitement de sa tâche.

— Je suis avocat et j'ai rendez-vous avec une amie, Linda, l'épouse d'un homme d'affaires français, lui déclara Mark.

Le portier parut ennuyé.

— Désolé, vous ne pourrez pas la voir.

— Pour quelle raison ?

— Parce qu'elle est partie, hier soir.

— Savez-vous quand elle reviendra ?

— Jamais. Elle a définitivement quitté l'Égypte.

Quoique s'exprimant dans un anglais correct, le *baouab* semblait mal à l'aise.

À l'évidence, il mentait. Et Mark ne pouvait pas forcer le passage.

— Merci de m'avoir renseigné.

L'avocat fit mine de s'éloigner, mais se dissimula derrière un arbre, à bonne distance de l'immeuble dont il ne perdit pas l'entrée de vue.

Peu après le coucher du soleil, un petit moustachu vêtu à l'européenne salua le gardien et franchit le seuil.

L'appartement du troisième étage, celui de Linda, s'illumina.

Une bonne heure s'écoula, la lumière s'éteignit. Quand le moustachu sortit de l'immeuble. Mark le suivit et ne tarda pas à l'aborder.

— Je suis un ami de Linda et j'aimerais avoir de ses nouvelles.

— Connais pas.

— En ce cas, que faisiez-vous dans son appartement ?

L'avocat garda la main droite dans sa poche, comme s'il tenait une arme. Vu la dureté de son regard, le moustachu comprit qu'il ne plaisantait pas.

— J'étais l'un de ses domestiques, avoua-t-il, et j'ai nettoyé les lieux avant l'arrivée du nouvel occupant.

— Où se trouve-t-elle ?

— Elle est retournée chez elle, en Angleterre.

— C'est faux, affirma Mark. Je veux la vérité, sinon...

La haine flamboya soudain dans les yeux du moustachu.

— Cette chienne était une Anglaise, et nous, les gens du peuple, nous détestons les Anglais et tous les autres Occidentaux qui ont envahi notre pays et s'enrichissent sur notre dos ! Des milliers de fellahs sont devenus leurs esclaves. Les Grecs, les Italiens, les juifs et les autres, dehors ! Votre Linda, elle, ne nous oppressera plus.

— Que lui est-il arrivé ?

— Tu veux vraiment le savoir, étranger ? Eh bien, je vais te le dire afin que tu prennes le premier avion après avoir averti tes compatriotes !

Cette traînée a été étranglée par le Salawa, un démon surgi des ténèbres pour châtier les impies. Contre lui, vos armes sont inutiles. Puisse-t-il continuer à vous détruire !

Le moustachu prit ses jambes à son cou.

Mark ne le poursuivit pas.

51

Brisé, Mark avait informé Ateya des derniers événements, sans omettre le moindre détail.

— L'aventure est terminée, conclut-il. Je ne retrouverai jamais les papyrus de Toutânkh-amon.

— Ne sois pas si pessimiste et ne mésestime pas l'abbé Pacôme. S'il t'a confié une mission aussi importante, c'est parce qu'il croit à ta capacité de réussir.

— La dernière piste a été définitivement coupée.

— Les apparences sont souvent trompeuses.

— Où m'emmènes-tu ?

— À Matarieh, au nord du Caire. L'abbé nous y attend.

La seule présence d'Ateya redonnait espoir à Mark. Les coups du destin ne semblaient pas l'affaiblir, comme si les ténèbres ne parvenaient pas à obscurcir la lumière qui émanait d'elle.

Habile conductrice, la jeune femme dépassa des convois d'ânes tirant des charrettes chargées de matériaux. Parfois, le cœur rompu par l'effort, l'un d'eux s'effondrait.

Le faubourg de Matarieh se composait de villas plus ou moins dégradées. Ateya gara la voiture non loin d'un jardin, à l'ombre d'un sycomore.

Assis sur un banc, Pacôme méditait.

Mark s'approcha à pas lents.

— Voici le lieu où la Sainte Famille s'est réfugiée, déclara l'abbé. Selon l'Évangile de Matthieu[1], un ange apparut à Joseph et lui ordonna d'emmener en Égypte son épouse Marie et son fils Jésus, car Hérode comptait mettre à mort l'enfant. Les coptes commémorent l'entrée du Christ en Égypte le 19 mai, lors d'une belle fête. En réalité, il ne s'agissait pas d'une fuite, mais d'un retour à l'origine. Issu d'une confrérie initiatique égyptienne, le Christ a tenté de transmettre au monde une partie de l'enseignement pharaonique. Roi-Dieu, il succédait aux monarques des trente dynasties qui avaient recréé le ciel sur terre. Et c'est ici, à Matarieh, après un long voyage à travers le désert, que Jésus fit jaillir une source d'eau pure où les voyageurs étanchèrent leur soif. De la sueur coulant des membres de l'enfant, Marie fit un baume destiné à guérir les possédés. Il entrait dans la composition de l'huile utilisée lors du baptême et chassait les forces négatives.

— J'ai échoué, déclara Mark.

— Regarde ce sycomore. Il est le symbole et la demeure de la déesse du Ciel, Nout, qui a protégé la Sainte Famille. À la frontière de la mort et de la vie éternelle, elle accueille les « justes de

1. II, 13-14.

voix » et leur procure les nourritures de l'au-delà. En ce siècle de violence et de bêtise, quel regard peut encore contempler son mystère ?

— L'épouse de Durand a été étranglée par le Salawa.

Pacôme observa un long silence.

— Assieds-toi, Mark.

Aux pieds de L'Américain, l'abbé déposa une soucoupe et y fit brûler de l'alun. Il s'en dégagea une série de bulles. Puis l'alun se réduisit à une masse charbonneuse.

— Les yeux des ténèbres sont apparus, constata l'abbé, et ils sont de nature masculine. À plusieurs reprises, le Salawa s'est approché de toi, mais il ne t'a pas identifié. Ses cibles prioritaires étaient Durand et son épouse, car ils possédaient des informations capitales.

— Puisqu'ils sont morts, notre échec est consommé !

— Détrompe-toi, Mark. L'intervention du Salawa est, en elle-même, riche d'enseignements. Il appartient à une catégorie de démons nourris d'un feu destructeur qu'utilise un mage très expérimenté. Ces esprits maléfiques polluent les puits et les sources, contrôlent des routes et des pistes où ils provoquent des accidents mortels. Comme les cheikhs ne parviennent plus à les combattre, ils sollicitent les derniers prêtres coptes en possession des formules efficaces. Je craignais que le Salawa se fût attaqué avec succès à la source de Matarieh : par bonheur, elle est intacte ! Sinon, la circulation de l'énergie céleste aurait été interrompue, et plus aucun pouvoir terrestre n'aurait réussi à terrasser le monstre. Notre lutte se poursuit.

— De quelle manière ?

— Chaque Égyptien sait que, selon la légende, le Salawa est originaire de Louxor. C'est là-bas, à proximité de la tombe de Toutânkhamon, qu'un manipulateur l'a réveillé. Il l'a emmené au Caire, lui a fait jouer un rôle d'incendiaire et supprimer le couple Durand, informé des tribulations subies par les papyrus. C'est donc à Louxor qu'il faut te rendre, sachant que ta mission devient de plus en plus périlleuse. Tu tenteras de contacter des amis de ton père, peut-être détenteurs d'informations essentielles. En se manifestant, le Salawa a commis une grave erreur : nous indiquer l'endroit où chercher. Les papyrus de Toutânkhamon n'ont probablement jamais quitté la rive ouest de Thèbes.

— Qui a réveillé le Salawa ? demanda Mark.

— Seul un érudit dépourvu de tout scrupule a pu commettre un acte aussi terrifiant. Je songe à un personnage de grande envergure qu'on nomme « le Professeur », dont les compétences sont universellement admirées.

— Pourquoi aurait-il commis ce crime ?

— Parce qu'il connaît le contenu des papyrus et qu'il le juge assez efficace pour dissiper les mensonges qui nourrissent l'humanité actuelle. S'il s'agit bien du Professeur, le contrôle qu'il exerce sur le Salawa prouve sa détermination à conforter le règne du mal. Souhaites-tu l'affronter, Mark ?

— N'ai-je pas dépassé le point de non-retour ?

— Désormais, tu ne porteras que des chemises bleues. Cette couleur est celle du dieu Amon, détenteur du secret de la vie et gardien du souffle créateur. Je dois encore accroître le cercle protecteur qui a empêché le Salawa de t'identifier. C'est pourquoi Ateya va nous conduire à Héliopolis, la plus ancienne ville sainte d'Égypte, à proximité de l'arbre de la Vierge.

De la prestigieuse cité, où le Grand Voyant avait créé les *Textes des Pyramides*, ensemble de formules de résurrection de l'âme royale, il ne subsistait qu'un obélisque, haut d'une vingtaine de mètres et datant de l'époque de Sésostris Ier.

— Tout est né ici, révéla Pacôme en contemplant l'aiguille de pierre qui perçait le ciel et dissipait les forces négatives. Dans cette « cité du Pilier[1] », les anciens Égyptiens ont perçu la toute-puissance de la lumière créatrice qu'ils ont incorporée dans leurs œuvres. Et les papyrus de Toutânkhamon contiennent le mode d'emploi de cette énergie inépuisable, seule capable de vaincre la mort. Regarde les signes magiques gravés dans cette pierre levée, Mark. Ce sont les paroles des dieux dont tu dois t'imprégner avant d'affronter le démon des ténèbres et le cerveau maléfique qui le manipule.

Mark se concentra sur les hiéroglyphes, et il eut le sentiment qu'ils vivaient d'une existence inaltérable, nourris d'un feu secret. À Central

1. *Iounou* en hiéroglyphes ; « On » dans la Bible.

Park, il n'avait été qu'un spectateur ; ici, il commençait à *voir*.

Sur la nuque du fils d'Howard Carter, l'abbé Pacôme imposa les sept sceaux de Salomon, comme il l'avait fait jadis pour son père, et il prononça, en ancien égyptien, la formule de la magie par excellence : « Que la connaissance de la lumière détourne les mauvais coups du destin. »

Au coucher du soleil, Mark sortit de sa méditation. Il se sentait animé d'une force étrange, à la fois sérénité et désir d'agir.

Ateya lui prit la main, ses yeux vert d'eau brillaient d'une étrange lueur. Mark découvrit une autre femme dont la magie devenait presque inquiétante.

— Nous partons demain pour Louxor, annonça-t-elle.

— *Nous ?* Je refuse de t'entraîner dans une aventure aussi périlleuse !

— La providence veille : les prochaines semaines, je dois guider là-bas de petits groupes de passionnés. Et comment, sans moi, contacterais-tu les amis égyptiens de Carter ?

Mark se rendit à l'évidence : sans elle, impossible de progresser.

— L'abbé Pacôme a disparu ! constata-t-il.

— Cela lui arrive de temps en temps, dit Ateya en souriant. Rassure-toi, il réapparaîtra.

52

Le Professeur possédait plusieurs appartements au Caire. Il résidait souvent dans un immeuble ancien, proche du musée, où une petite armée de domestiques veillait sur son confort et son bien-être. Là, il recevait, en toute discrétion, des autorités scientifiques et administratives. Jouant des vanités et des ambitions, il continuait à tirer les ficelles.

En ce mois de février 1952, la situation politique ne s'arrangeait pas, en dépit des apparences lénifiantes que tentait d'imposer le pouvoir. Maher, le nouveau Premier ministre, était un homme habile et rusé dont l'équipe semblait apte à calmer les tensions. Plutôt pro-américain, il avait l'oreille des milieux d'affaires et bénéficiait d'un petit capital de confiance parmi la population.

Mais il y avait Farouk, de plus en plus détesté. Farouk et sa clique de courtisans, Farouk et sa bande de soudards, prêts à éliminer quiconque s'opposerait au bon plaisir du tyran.

À la suite de l'incendie du Caire, les justifications officielles n'avaient convaincu personne. Et la presse avait même osé publier des semblants d'enquête tendant à impliquer le roi. Accusé de laxisme, le ministre de l'Intérieur[1] s'était vertement défendu. Avant 13 heures, il avait donné l'ordre de tirer sur les émeutiers, mais cette consigne était restée lettre morte, d'une part parce que les policiers aidaient les incendiaires, d'autre part parce que l'autorité suprême s'y opposait. Malgré un vibrant appel à Farouk, les soldats n'avaient commencé à se déployer qu'en fin d'après-midi. À l'évidence, selon le ministre de l'Intérieur, le hasard n'avait joué aucun rôle dans ces tragiques événements, soigneusement organisés.

À qui profitait ce chaos, sinon au roi ? L'armée lui obéissait au doigt et à l'œil, il manipulait la foule à sa convenance et faisait savoir aux étrangers comme aux Égyptiens qu'il restait le seul maître du pays.

Des incendies, des destructions, des morts, un centre de la ville saccagé, de la haine entre les communautés... Voilà ce qu'avait produit le plan brillant de Farouk, caché dans son palais, si loin de son peuple !

Le Professeur écoutait les récriminations de ses interlocuteurs et n'y attachait qu'une importance relative. En Orient, on aimait palabrer et protester. Passer à l'action était une autre affaire.

Le colosse au vaste poitrail et à la tête fine, allongée comme celle d'un chacal, pénétra dans son bureau à minuit.

1. Fouad Sarag el-Dine.

Le Salawa avait faim.

— Tu as bien travaillé, reconnut le Professeur. Les époux Durand ne nous ennuieront plus. Viens recueillir ta pitance.

Avec son briquet, le Professeur ranima des braises mélangées à des ossements.

Le Salawa les absorba goulûment.

— Crois-tu que Durand ou sa femme aient eu le temps de se confier à quelqu'un ?

Le Salawa hocha la tête négativement.

— Existe-t-il encore un adversaire désireux de retrouver les papyrus de Toutânkhamon ?

Cette fois, la réponse fut positive.

— Reste ici et dors, ordonna le Professeur.

Le Salawa s'étendit devant le bureau et ferma les yeux.

*

* *

Tôt matin, le Professeur rendit visite aux cadres administratifs du musée du Caire. À chacun, il demanda des nouvelles de sa famille, tout en le félicitant de son excellent travail en faveur de la conservation des antiquités. Un mot favorable de sa part se traduisait par une promotion et des avantages matériels appréciables. Aussi le personnel se montrait-il affable et coopératif.

Tenant compte de l'opinion du Salawa, le Professeur recherchait la piste d'un curieux qui avait forcément visité le musée et s'était peut-être adressé à l'un de ses responsables pour en savoir davantage sur Toutânkhamon.

Le meilleur indicateur du Professeur, un moustachu au front bas constamment endetté, était absent. Il prenait un peu de repos après la naissance de son huitième enfant, et son assistant ne s'autorisait pas à explorer ses dossiers. Il se rappela néanmoins que son patron avait récemment reçu un étranger et s'en était débarrassé en l'adressant à l'archiviste. Contrairement à l'habitude, aucun rapport écrit.

Intrigué, le Professeur se rendit aussitôt chez l'archiviste qu'il trouva vieilli et grognon. La tête carrée, de lourdes poches sous les yeux profondément enfoncés dans leurs orbites, le fonctionnaire paraissait déprimé.

— Vous n'avez pas l'air en forme, mon ami.

— On me refuse une augmentation, ma femme veut divorcer et mon fils aîné refuse de m'obéir ! Pas de quoi pavoiser.

— En ce qui concerne l'augmentation, je peux vous aider.

— Vraiment ? Ce n'est pas gratuit, je suppose ?

— Vous supposez mal. J'apprécie votre labeur, et toute peine mérite salaire.

— Alors, considérez-moi comme votre obligé.

— N'auriez-vous pas reçu un étranger s'intéressant à Toutânkhamon ?

— En effet, Professeur.

— Un égyptologue ?

— Je ne crois pas.

— Que désirait-il ?

— Consulter les archives d'Howard Carter.

— Motif ?

— Recherches personnelles. Il s'est montré patient et j'ai dû me plier à ses exigences sur l'ordre de mon supérieur. De plus, ce curieux disposait d'une lettre de recommandation signée par le directeur du Service des antiquités, le chanoine Drioton. J'étais un peu gêné, car les papiers de Carter ont beaucoup souffert de l'usure du temps. Le fouineur a néanmoins passé de longues heures à les étudier.

— Vous a-t-il dit s'il avait découvert ce qu'il cherchait ?

— Non, Professeur.

— Avez-vous noté son nom ?

— Bien entendu.

L'archiviste consulta son calepin.

— Cet amateur de paperasses s'appelle Mark Wilder.

— Son adresse au Caire ?

— Je l'ignore.

— Merci pour votre collaboration, cher ami. Dès le mois prochain, vous serez augmenté.

L'archiviste s'inclina.

Le Professeur n'était pas mécontent. Il connaissait à présent le nom de l'ultime adversaire que devait abattre le Salawa. Restaient à découvrir sa profession, ses intentions et l'endroit où il se trouvait.

La recommandation de Drioton tendait à prouver que Mark Wilder était admis dans l'entourage de Farouk. Un homme pourrait donc lui donner un maximum de renseignements : Antonio Pulli, l'éminence grise du roi.

53

Ateya et Mark patientaient à l'aéroport du Caire. L'avion pour Louxor n'avait que deux heures de retard, et cette attente ne leur pesait pas. Avant d'affronter de nouvelles épreuves, ils savouraient leur complicité amoureuse, comme si l'avenir leur appartenait.

Un homme se planta devant eux.

— Je dois te parler en privé, Mark.

— John ! Tu pars pour Louxor, toi aussi ?

— Désolé, tu restes au Caire.

— Pas question.

— Allons à l'écart.

D'un regard, Ateya donna son assentiment à Mark que l'agent de la CIA entraîna dans un coin tranquille.

— Comme je l'ai dit à Mahmoud, déclara Mark, mon intervention dans vos affaires d'espionnage est terminée. J'ai une autre mission à remplir et ne me plierai pas à tes volontés.

— Tu iras à Louxor, après m'avoir rendu un dernier service.

— Tu ne m'as pas bien compris, John.

— Mon ami, ne m'oblige pas à réitérer mes menaces. Si tu aimes vraiment cette femme, ne la mets pas en danger.

La gorge de Mark se serra. Il avait envie de fracasser la tête de son compatriote.

— Que veux-tu exactement ?

— Que tu portes ce pli scellé à Farouk.

John remit le document à Mark.

— Le contenu ?

— Top secret.

— Pas pour moi !

— Moins tu en sauras, mieux ça vaudra.

— J'exige la vérité.

— À ta guise ! La CIA promet à Farouk de lui livrer des véhicules blindés et des mitraillettes afin qu'il puisse mettre un terme rapide à toute nouvelle émeute. Ainsi, le roi comprendra qu'il dispose de l'appui de l'Amérique et qu'il lui est redevable.

— Pourquoi suis-je contraint de jouer au facteur ?

— Parce que tu n'appartiens à aucun service officiel et que Farouk a confiance en toi. Il te considère comme un allié sûr et ne doutera pas de la véracité de l'information. Antonio Pulli t'attend au palais de Koubbeh, à 18 heures. Tu remettras ce pli au roi, en mains propres. S'il y avait une embrouille, conserve le document et appelle-moi. Mais tout devrait bien se passer. Ensuite, tu partiras pour Louxor. C'est donc là-bas que seraient cachés les papyrus de Toutânkhamon… Leur contenu risque de beaucoup m'intéresser, ne l'oublie pas. Bon voyage, Mark.

*
* *

Le palais de Koubbeh ne comprenait pas moins de quatre cents pièces et abritait une impressionnante quantité de trésors, parmi lesquels des médailles, des coffrets remplis de bijoux, des œufs de Fabergé, des presse-papiers ornés de pierres précieuses et une fabuleuse collection de timbres rares, digne de celle de la reine d'Angleterre. La garde-robe de Farouk comptait une centaine de costumes, dix mille chemises en soie et dix mille cravates.

Seuls quelques familiers connaissaient l'existence d'objets plus douteux, comme une photographie dédicacée d'Adolf Hitler ou des cartes postales érotiques. Obsédé sexuel, Farouk collectionnait aussi des statues de marbre excitantes, des montres et des boîtes à musique ornées de jeunes personnes dénudées, des calendriers suggestifs et même des tire-bouchons propices à éveiller ses sens.

Antonio Pulli reçut Mark Wilder dans un grand bureau décoré de tableaux convenables.

— J'ai reçu votre demande d'audience, mais Sa Majesté est un peu souffrante. Puis-je vous aider ?

— Malheureusement non. Je dois lui donner un pli confidentiel.

— Soyez assuré, monsieur Wilder, que je m'acquitterai scrupuleusement de cette tâche.

— Je n'en doute pas, mais les circonstances m'imposent de remettre ce document en mains propres.

Pincé, Pulli se leva.

— Je vais voir ce que je peux faire.

Mark patienta une bonne demi-heure.

Pulli réapparut.

— Suivez-moi, Sa Majesté accepte de vous recevoir.

En robe de chambre, assis dans un fauteuil capable de supporter son poids, Farouk avalait des pâtisseries et buvait du jus d'orange.

— Laissez-nous, Antonio.

L'éminence grise s'éclipsa.

Mark présenta le pli à Farouk qui le décacheta, le lut et le déchira en mille morceaux.

— Excellentes nouvelles, monsieur Wilder. Je suis satisfait, très satisfait et j'apprécie beaucoup l'attitude de mes amis américains. Ils pourront s'en féliciter dans l'avenir, dites-le-leur. Maintenant, laissez-moi. J'ai besoin d'un peu de repos avant un dîner officiel.

Mark retrouva Antonio Pulli dans le couloir.

— Tout va bien ?

— On ne peut mieux. Sa Majesté est ravie.

— Bravo, monsieur Wilder ! Notre collaboration se révèle fructueuse, et le roi apprécie votre efficacité et votre discrétion. En ces temps troublés, l'aide de nos amis américains ressemble à un don du ciel. J'aurai bientôt de nouveaux dossiers à vous confier.

« L'éminence grise du roi est vraiment très bien informée », pensa l'avocat.

— Je pars me reposer quelques jours à Louxor.

— Un endroit charmant ! Temples et tombeaux méritent la visite, la Vallée des Rois est un site inoubliable. Ah… J'allais oublier. Un important personnage m'a demandé comment se déroulait votre séjour parmi nous. Tout en vantant vos compétences d'avocat et votre stature d'homme d'État, je l'ai rassuré en affirmant que l'Égypte vous séduisait.

— Puis-je savoir de qui vous parlez ?

— Nous l'appelons « le Professeur ». Il connaît tous les chantiers de fouilles, fait et défait les carrières d'archéologues et jouit de l'estime générale. Sans doute le rencontrerez-vous à Louxor. Il serait très heureux de bavarder avec vous. Bon séjour, monsieur Wilder.

Sur le chemin de l'aéroport, Mark fut saisi par l'angoisse.

Cette ultime mission remplie, il ne servait plus ni à Mahmoud ni à John, et n'était plus qu'un témoin embarrassant de leurs activités occultes. Quant à l'amitié de Farouk, elle n'avait rien de protecteur.

Le bon moment pour se débarrasser de lui…

Non, il restait les papyrus de Toutânkhamon. Mais Mahmoud et John désiraient-ils vraiment les voir réapparaître ?

Oui, afin de s'en emparer et de les utiliser à leur convenance.

À l'instant même où il les retrouverait, Mark deviendrait aussi gênant qu'inutile.

Aux abords de l'aéroport et à l'intérieur, une foule de policiers. L'avocat craignit un attentat et se précipita à la recherche d'Ateya.

Un gradé l'intercepta et lui demanda ses papiers.

— Des incidents ?

— Rassurez-vous, rien de grave. Simples contrôles de routine.

Farouk voulait montrer qu'il tenait fermement le pays.

Enfin, il la vit ! Assise à proximité de la salle d'embarquement, Ateya lisait un ouvrage consacré à la Vallée des Rois.

Le prochain vol pour Louxor était annoncé.

— Tout s'est bien passé ? demanda-t-elle.

— Oui et non. J'ai remis un pli confidentiel à Farouk et j'espère être débarrassé de la CIA. Mais le Professeur a découvert mon identité.

54

Louxor enchanta Mark. Loin de l'agitation, du bruit et de la foule du Caire, la petite cité du Sud vivait surtout du tourisme. Sur la rive est, le gigantesque Karnak, assemblage de plusieurs sanctuaires, et l'admirable temple de Louxor ; sur la rive ouest, d'autres temples et quantité de tombes, répartis sur plusieurs sites, Vallée des Rois, Vallée des Reines, Vallée des Nobles et Vallée des Artisans. L'étendue et la richesse de ce domaine d'éternité donnaient le vertige. Combien fallait-il d'années pour l'explorer, sans être certain d'en percer tous les secrets ?

Howard Carter, lui, avait consacré l'essentiel de son existence à rechercher la tombe cachée d'un pharaon presque inconnu, avec la certitude qu'elle se trouvait au cœur de la Vallée des Rois, soigneusement dissimulée. Et lorsqu'il en franchit le seuil pour la première fois, en compagnie d'Ateya, Mark se sentit soudain en communion avec l'âme de son père. Il entendit les paroles qu'il avait prononcées : « Le mystère de la vie continue à nous échapper. Les ombres s'agitent, mais ne se dissipent jamais complètement[1]. »

Un couloir d'accès aboutissant à une antichambre flanquée d'une annexe, une chambre de résurrection complétée par une salle : la modeste tombe de Toutânkhamon était un reliquaire contenant environ trois mille cinq cents objets destinés à la vie transfigurée du pharaon devenu lumière. Toutes les autres tombes de la Vallée avaient été pillées, leur mobilier détruit ou dispersé. La magie de Toutânkhamon, que seuls des ignorants qualifiaient de médiocre monarque sans importance, avait traversé les siècles jusqu'à sa rencontre avec Howard Carter.

Mark contempla les scènes rituelles et symboliques de la chambre de résurrection, consacrées à l'ouverture de la bouche du pharaon ressuscité et à la sacralisation du temps, illustrée par des babouins, animaux sacrés de Thot. Puis son regard demeura fixé sur le sarcophage d'or encore en place.

— Les anciens Égyptiens appelaient le sarcophage « le maître de la vie[2] », précisa Ateya. Pour eux, ce n'était pas un lieu de mort, mais de transmutation. L'initié aux mystères y devenait un Osiris et franchissait vivant les portes de l'au-delà.

À présent, face à cet être transformé en or divin, Mark comprenait le sens et la portée de la Quête d'Howard Carter.

---

1. Cf. *Archeologia*, n° 312, 1995, p. 29.
2. *Neb ânkh.*

Il ne s'agissait pas d'une simple trouvaille archéologique, fût-elle la plus exceptionnelle de l'histoire, mais de la sortie au jour d'un mystère touchant à l'essence même de la vie.

Et le hasard n'avait joué aucun rôle. Acharnement d'un chercheur infatigable et génial, volonté des dieux toujours présents malgré l'aveuglement des humains, nécessité de disposer du message de Toutânkhamon pour lutter contre le matérialisme et la violence d'un monde marchant cul par-dessus tête.

Ateya et Mark déambulèrent longtemps et lentement dans la Vallée des Rois. Ils s'imprégnèrent de la puissance de ce creuset alchimique où Carter, d'après ses propres mots, participait à la plénitude et à la sérénité d'Isis, la grande magicienne capable de rassembler les parties dispersées du corps d'Osiris assassiné et de l'arracher du sommeil de la mort afin de donner naissance au Sauveur, Horus.

L'éternel silence de la Vallée n'était pas celui du néant, mais la condition indispensable au processus de résurrection. Ici, entre ces falaises arides et brûlées de soleil, se révélait le mystère par nature.

Le sarcophage de Toutânkhamon n'était-il pas un pôle d'énergie d'où émanaient des forces capables de spiritualiser les êtres en élargissant leur cœur ?

Howard Carter avait touché à l'essentiel, et Mark devait retrouver les papyrus extraits de la tombe de Toutânkhamon.

À aucun moment, ni lui ni Ateya, trop recueillis, ne s'aperçurent qu'un quinquagénaire à la tête carrée et aux cheveux grisonnants les observait. Depuis leur arrivée à Louxor, l'homme ne perdait rien de leurs faits et gestes.

*

* *

Boire une bière dans le parc du Winter Palace, sous le ciel bleu de Louxor, était un moment de grâce. Howard avait beaucoup fréquenté cet hôtel de légende où tout Britannique digne de ce nom savourait le thé en admirant le Nil. Ici s'étaient déroulés des épisodes cruciaux de l'« affaire Toutânkhamon », surtout lorsque l'égyptologue s'était opposé aux autorités pour garder la haute main sur *son* tombeau. Attaqué, calomnié, interdit de chantier, Howard Carter n'avait jamais baissé la tête. Et lorsqu'il était revenu en Égypte après la fin des travaux, anonyme et solitaire, il avait apprécié l'élégance et le charme du Winter Palace.

Ateya attendit que l'esprit de Mark revînt de la Vallée des Rois.

— Tu parais bouleversé, constata-t-elle.

— « Désirez-vous savoir qui vous êtes *vraiment* »… À présent, je le sais. Être le fils d'un père pareil est à la fois écrasant et exaltant ! Pourrai-je me montrer digne de lui en accomplissant la mission qu'il m'a confiée, au-delà de sa disparition physique ?

— Ni la volonté ni la persévérance ne te manquent, semble-t-il.

— Et tu es apparue, Ateya. Sans toi, je n'aurais aucune chance.

Au couchant, ils se promenèrent le long du Nil, comme deux amoureux dépourvus de tout souci. Le doux vent du nord offrait une fraîcheur délicieuse, le fleuve se parait d'orange, de rouge et d'or. En quelques minutes, le soleil vieillissant allait disparaître dans la montagne d'Occident, à la fois pour ressusciter les âmes endormies et entreprendre un rude combat contre les démons des ténèbres. Seule la qualité de l'équipage de sa barque, où figuraient notamment le Verbe et l'intuition des causes[1], lui permettrait de franchir une à une les portes de l'univers souterrain, d'apaiser leurs gardiens et de terrasser le serpent monstrueux, bien décidé à empêcher ce voyage. Connaître les justes formules de transformation en lumière était déterminant. Ces formules que contenaient les papyrus de Toutânkhamon.

— Un instant, avoua Mark, j'ai espéré qu'ils se trouveraient dans la tombe du roi. Mais il ne reste que des pièces vides, à l'exception de ce fabuleux sarcophage.

— Nous allons contacter les derniers témoins de l'aventure de Carter, annonça Ateya. Il comptait des amis fidèles, parmi ses ouvriers, et certains accepteront sans doute de nous fournir des indications précieuses. L'abbé Pacôme a établi une liste de noms qui nous évitera de procéder à

1. *Hou* et *Sia*.

l'aveuglette. Deux assistants égyptiens de Carter avaient même écrit à sa nièce, après le décès de leur patron, pour présenter leurs condoléances. Et ton père avait légué à l'un d'eux[1] une petite somme, en reconnaissance des services rendus.

Ils dînèrent au bord de la piscine en évoquant les heures dramatiques de la découverte du tombeau de Toutânkhamon. Novembre 1922 : la dernière campagne de fouilles. Découragé, ne croyant plus à l'existence d'un tombeau royal inviolé et contenant des trésors, lord Carnarvon stoppait le financement des recherches onéreuses et improductives. Carter avait réussi à le persuader de lui accorder une ultime chance.

Et le matin du 4 novembre, la première marche de l'escalier conduisant à la porte scellée du tombeau de Toutânkhamon était apparue. Ateya raconta l'épopée en détail, et Mark eut le sentiment d'être aux côtés de son père, à l'heure où un fantastique succès couronnait tant d'années de labeur.

Puis les deux amants demeurèrent dans la chambre de Mark. Les rayons du soleil couchant éclairèrent le lit sur lequel, enlacés, Ateya et Mark s'étendirent. Face au Nil et à la cime d'Occident, ils firent l'amour.

---

1. Abd el-Aal Ahmed Sayed.

55

— C'est toi, Mark, c'est bien toi ?

— Mais oui, Dutsy !

— D'où m'appelles-tu ?

— De Louxor, en Haute-Égypte.

— Bon Dieu de bon Dieu ! Qu'est-ce que tu fiches encore là-bas ?

— Je visite et j'explore. Tout se passe bien, au bureau ?

— On se débrouille, mais j'ai besoin de décisions urgentes !

— Envoie-moi un résumé des dossiers et ton avis au Winter Palace en utilisant la valise diplomatique. Je tranche et je te rappelle.

— Combien de temps va durer ton absence ?

— Je n'en sais rien, Dutsy. Ça dépendra des progrès de mon enquête.

— Réponds-moi franchement : il n'y aurait pas une histoire de femme, là-dessous ?

— Franchement, si.

— C'est… sérieux ?

— Très sérieux.

— Manquait plus que ça ! Tu ne songes quand même pas à te marier ?

— J'y suis fermement décidé. Et c'est toi qui organiseras les festivités.

— J'ai hâte de connaître l'heureuse élue ! Pourquoi ne l'emmènes-tu pas immédiatement à New York ? Après l'incendie du Caire, l'Égypte est devenue un pays à hauts risques ! Là-bas, vous n'êtes plus en sécurité.

— La CIA contrôle la situation.

Mark perçut une série de grognements.

— Ne sois pas trop optimiste, recommanda Dutsy. À ta place, je ferais mes valises.

— Je dois retrouver les papyrus de Toutânkhamon.

— Impossible de te faire changer d'avis, évidemment ! Sois très prudent, Mark. Les émeutiers du Caire ont tué des étrangers, et ils recommenceront. Je t'envoie les dossiers.

*

* *

Quatre jours de démarches, de rencontres et de palabres.

Quatre jours de déception.

Les amis de Carter et leur descendance avaient disparu, les uns décédés, les autres partis sans laisser d'adresse. Et les rares relations de l'archéologue demeurées à Louxor n'avaient rien à dire, sinon à témoigner de leur respect pour cet Anglais travailleur qui ne prenait jamais de haut les petites gens.

Obstinée, Ateya parvint à obtenir un entretien avec un vieil homme malade, résidant à Gournah, sur la rive ouest de Louxor. Avant de mourir, il désirait parler du passé et des campagnes de fouilles auxquelles il avait participé sous la direction de Carter.

Ateya lui présenta Mark, et l'on sacrifia au rituel du thé noir servi par la sœur fort âgée du centenaire dont la voix tremblait.

— Je ne peux presque plus marcher, et mes jours sont comptés, avoua-t-il. C'est pourquoi je n'ai pas peur du Salawa. Les autres, c'est différent... Depuis que ce démon est réapparu, chacun sait que la malédiction de Toutânkhamon frappera de nouveau. Les cheikhs les plus savants sont incapables de s'y opposer. Le Salawa a déjà enlevé et dévoré plusieurs enfants, et il châtiera les familles des bavards. À part moi, personne n'osera vous rencontrer. Et je n'ai à vous raconter que de bons souvenirs. Carter était un homme rude, courageux et généreux. Il traitait bien ses ouvriers et savait lutter contre l'adversité.

— A-t-il découvert des papyrus dans la tombe de Toutânkhamon ? demanda Mark.

— On l'a affirmé, puis l'on a prétendu le contraire. Il y avait tellement de rumeurs et d'agitation autour de chaque objet ramené au jour ! Moi, je me contentais de faire mon travail. Et Carter m'a toujours bien payé ! Pourtant, la tâche n'était pas facile, surtout à Deir el-Bahari. Sa première grande découverte, celle du pharaon à la peau noire et aux jambes de colosse, passe encore ! Mais la seconde, celle de la tombe de la reine Hatchepsout, aurait pu lui coûter la vie.

— Que s'est-il passé ?

— Comme Carter avait de bons contacts avec la population, on lui a signalé l'existence d'une tombe particulièrement difficile d'accès, au fond d'un oued de la falaise d'occident. C'était en 1916, l'absence de policiers et de surveillants favorisait l'activité des voleurs. Et justement, des notables avertirent Carter qu'une bande de pillards venait de s'introduire dans ce mystérieux tombeau. Au mépris du danger, il rassembla quelques ouvriers, dont moi-même, et nous nous rendîmes sur le site où nous arrivâmes vers minuit, après une longue et pénible escalade. Et là, nous vîmes une corde disparaissant dans un trou ! Des bruits parvenaient du fond : les pillards en pleine activité. Ces gens-là étaient violents, il fallait s'éloigner. Au contraire, Carter descendit seul et tomba nez à nez avec huit bandits. Il leur ordonna de quitter les lieux sans délai. Sinon, il les abandonnait là et allait chercher la police. Un contre huit… Ils auraient pu le tuer. Matés, ils préférèrent prendre la fuite. Et Carter, lui, explora la tombe.

— Qu'y trouva-t-il ? interrogea Mark.

— Un magnifique sarcophage en quartzite, aujourd'hui conservé au musée du Caire. Sur le couvercle est représentée Nout, la déesse du Ciel. Elle s'étendait sur la reine et plaçait son âme parmi les étoiles impérissables. C'est elle qui a protégé Carter contre les pillards. Et ses deux exploits de Deir el-Bahari lui valurent une réputation de magicien, à l'abri des coups du sort.

— Vos souvenirs sont passionnants !

— Je n'en ai plus d'autres. Pardonnez-moi, je suis fatigué et j'ai besoin de dormir.

— Acceptez-vous de nous revoir ? proposa Ateya.

— Ce serait inutile et dangereux.

Épuisé, le centenaire s'assoupissait déjà.

Ateya et Mark sortirent de sa demeure et traversèrent le village de Gournah, bâti sur des tombes que les habitants avaient pillées. Certaines, murmurait-on, recelaient encore des merveilles.

Le couple ne remarqua pas l'homme à la tête carrée et aux cheveux grisonnants qui les suivait à bonne distance. Il les vit monter dans un taxi loué à la journée et prendre la direction du bac. Disposant d'un nombre suffisant d'informations pour ne pas perdre leur trace, il regagna sa propre voiture.

*

* *

À l'avant du bac des paysans, surchargé de véhicules, d'ânes, de volailles et d'humains s'adonnant à d'intenses palabres, Ateya et Mark goûtaient une brise rafraîchissante.

— En sais-tu davantage sur les découvertes de Carter à Deir el-Bahari ? lui demanda-t-il.

— Dès 1893, il a travaillé sur ce site alors qu'il était seulement âgé de dix-neuf ans. En décembre 1901, il s'y promenait à cheval. Soudain, les antérieurs de sa monture s'enfoncèrent dans le sable, et Carter fut désarçonné. Un heureux accident, puisque le trou miraculeux lui permit d'accéder à la tombe d'un pharaon du Moyen Empire, Montou-Hotep II[1]. Elle fut aussitôt nommée Bab el-Hosan, « la tombe du cheval ».

— Contenait-elle un trésor ?

— Une extraordinaire statue, aujourd'hui au musée du Caire, représentant le pharaon assis, coiffé de la couronne rouge et vêtu de la tunique blanche portée lors de la fête de la régénération. La couleur noire de ses chairs symbolisait le processus de régénération. Montouhotep fit édifier le premier grand temple de Deir el-Bahari, un sanctuaire osirien, à côté duquel, beaucoup plus tard, Hatchepsout créera son temple en terrasses, « le Sacré parmi les sacrés[2] ». Et il revint à Howard Carter d'explorer la tombe destinée à la Grande Épouse royale Hatchepsout, avant qu'elle ne devînt pharaon.

— Voici de parfaites cachettes pour les papyrus de Toutânkhamon !

— Y avoir accès ne sera pas facile, estima Ateya. Ces tombes sont fermées, interdites aux visiteurs, et bien peu d'égyptologues les connaissent.

— Qui peut nous les ouvrir ?

— Le Service des antiquités de la rive ouest.

— À moi de déployer mes talents d'avocat.

---

1. Vers 2061-2010 avant J.-C. Son nom signifie : « La puissance guerrière [Montou] est apaisée [Hotep]. »
2. *Djeser djeserou.*

56

La première visite de Mark au bureau du Service des antiquités de la rive ouest fut stérile, car les responsables étaient absents. On lui fixa un rendez-vous : demain, 7 heures.

Pendant qu'Ateya guidait un petit groupe de passionnés à Karnak, Mark se rendit de nouveau à la tombe de Toutânkhamon afin de s'imprégner au maximum de l'atmosphère des lieux où, pendant de nombreux siècles, d'incroyables trésors avaient survécu dans le silence et les ténèbres. Pillards, archéologues et touristes avaient foulé le sol de la Vallée sans se douter qu'ils marchaient sur ce reliquaire contenant les secrets de l'éternité.

La deuxième rencontre avec le sarcophage fut aussi bouleversante que la première. Comme l'affirmaient les *Textes des Pyramides*, le pharaon ne partait pas mort, mais vivant. Délivré de son enveloppe charnelle, transformé en or par les rites, il rejoignait ses frères les dieux et régnait parmi les étoiles.

En quittant la Vallée des Rois pour regagner le Winter Palace, Mark subit une brutale transition.

Il sortait d'un univers surnaturel où le temps n'existait plus et se heurtait au monde des turpitudes humaines.

Les nouvelles en provenance du Caire n'étaient guère réjouissantes. Certes, Farouk avait nommé un nouveau Premier ministre, Hilaly, surnommé « le don Quichotte du Nil » parce qu'il voulait s'attaquer à la corruption et aux privilèges injustifiables des riches. À la surprise générale, le roi avait même signé un décret obligeant tout Égyptien à rédiger une déclaration d'une absolue sincérité sur l'origine réelle de sa fortune ! Face à la levée de boucliers du personnel politique, menaçant de dévoiler les spéculations hallucinantes des proches de Farouk, le Premier ministre avait abandonné ses projets moralisateurs. La vertu définitivement enterrée, on se livrerait aux petits jeux habituels, sous le regard paternel du roi, indifférent à la colère du peuple et à la déception de l'armée et des classes moyennes.

Inutile de se leurrer : le *statu quo* ne pouvait pas durer. Nasser avançait masqué, la CIA aussi. Quelle option choisirait l'Amérique, quelle Égypte voulait-elle, comment résoudrait-elle l'épineux problème du canal de Suez et de l'occupation anglaise ? À Louxor, Mark demeurait à l'écart de cette tourmente, avec l'espoir que de nouveaux troubles n'éclateraient pas avant qu'il retrouvât les papyrus de Toutânkhamon.

Fatiguée d'avoir dû répondre aux innombrables questions de son groupe de passionnés,

Ateya apprécia un dîner paisible dans le parc du Winter Palace. Et les mots d'amour que prononça Mark effacèrent toute lassitude.

*

* *

Quelques minutes avant 7 heures, Ateya et Mark accédèrent au bureau de l'un des inspecteurs du Service des antiquités de la rive ouest de Louxor. Âgé d'une cinquantaine d'années, la tête carrée et les cheveux grisonnants, le fonctionnaire buvait un café en écoutant les doléances de l'un de ses subordonnés.

Les visiteurs furent conviés à s'asseoir. Il fallait d'abord faire preuve de patience, ne surtout pas interrompre le maître des lieux et attendre le moment où il daignerait s'intéresser à ses hôtes.

Un employé apporta un plateau chargé de petites tasses de café turc, et le temps passa lentement.

L'inspecteur ouvrit un grand cahier, le feuilleta avec attention, écrivit quelques lignes puis regarda le couple.

— Comment puis-je vous aider ?

— Mon nom est Mark Wilder, et je suis avocat. Comme j'ai la chance de pouvoir résider quelques jours à Louxor et d'être guidé par Mlle Ateya, j 'aimerais avoir accès à des lieux interdits aux touristes.

L'inspecteur manipula un crayon.

— J'ai entendu parler de mademoiselle. Une excellente guide, d'après des avis aussi divers qu'unanimes. Elle saura vous faire apprécier les merveilles de cette cité si ancienne. Que souhaiteriez-vous voir de particulier ?

— La tombe de Montouhotep II à Deir el-Bahari et celle de la reine Hatchepsout.

— Ces endroits sont difficiles d'accès et fermés depuis longtemps. Pourquoi suscitent-ils votre curiosité ?

— Je m'intéresse à l'aventure archéologique d'Howard Carter. Après avoir étudié ses carnets de notes conservés au musée du Caire, j'aimerais découvrir ces deux sépultures qu'il a explorées.

— Une vraie démarche d'égyptologue, monsieur Wilder ! Auriez-vous décidé de changer de métier ?

— Rassurez-vous, je reste un amateur !

L'inspecteur tapota la table de la pointe de son crayon.

— Je serais fort heureux de vous donner satisfaction, mais ce sera très difficile. Étant donné le caractère particulier de ces sites, je dois adresser une demande écrite à mes supérieurs, au Caire. Et il m'est impossible de vous préciser un délai pour la réponse. Néanmoins, soyez certain que, de mon côté, je ferai le nécessaire. Malheureusement, je ne saurais vous promettre un résultat positif.

— J'apprécie au plus haut point vos efforts, monsieur l'inspecteur. Et je suis certain que vous obtiendrez satisfaction.

— *Inch Allah* ! monsieur Wilder. Les mystères de notre administration sont parfois insondables.

Mais il y a tellement de trésors à découvrir à Louxor ! Vos journées de visite seront certainement fort occupées.

Mark sentit qu'il était temps de lever le siège.

— Où pourrai-je vous joindre ? demanda l'inspecteur.

— Je réside au Winter Palace.

— Un hôtel de légende, l'un des fiefs de Carter ! Vous risquez d'y rencontrer son fantôme.

— Combien de souvenirs fabuleux il doit avoir à raconter !

— Que votre séjour parmi nous soit des plus agréables !

De nouveaux solliciteurs pénétrèrent dans le bureau.

*

* *

— Je n'aime pas ce bonhomme, dit Ateya.

— L'avais-tu déjà rencontré ?

— Nous nous sommes croisés, à Karnak. Il n'a pas bonne réputation, et son attitude ne me paraît guère favorable.

— Crois-tu qu'il se moque de nous ?

— Pas forcément, mais en suivant la voie hiérarchique il perdra beaucoup de temps. On jurerait qu'il veut t'empêcher de voir ces tombes.

— Peut-être parce que l'une d'elles contient les papyrus de Toutânkhamon… Le sait-il lui-même ?

— En ce cas, les portes resteront fermées.

— Pourra-t-on les forcer ?

— Peu probable.

— Soyons un peu patients… En cas d'échec, il faudra prendre des risques.

*

* *

À 10 heures du matin, l'inspecteur éconduisit un employé geignard quémandant une augmentation. Ensuite, il se consacra à une tâche prioritaire : joindre le Professeur en utilisant le réseau téléphonique intérieur qui accepta de fonctionner.

— Je viens de voir Mark Wilder et son amie égyptienne. Ils désirent visiter les tombeaux de Deir el-Bahari découverts par Carter. Je me suis réfugié derrière le règlement administratif. Que dois-je faire ?

— Suivre la procédure. Écris une lettre conventionnelle à ton supérieur.

— Faut-il examiner les tombes avant de recevoir la réponse du Caire ?

— Surtout pas. Ne change rien à tes habitudes et contente-toi d'observer les activités de Wilder. Chaque soir, tu m'adresseras un rapport téléphonique.

57

Chaque jour, Mark allait contempler le sarcophage de Toutânkhamon et s'imprégner du mystère de cette tombe vidée de ses trésors. Il avait également visité à plusieurs reprises la demeure d'éternité du pharaon Séthi II que Carter utilisait comme laboratoire et entrepôt, sans y découvrir la moindre cache de papyrus. En fin d'après-midi, avant de retrouver Ateya qui remplissait sa fonction de guide, l'avocat étudiait les documents envoyés par Dutsy et l'appelait pour lui donner ses directives. L'activité du cabinet était telle qu'il avait fallu engager deux nouveaux collaborateurs. Et New York bruissait de rumeurs concernant le destin politique de Mark Wilder, en voyage d'études au Proche-Orient dans l'intérêt supérieur des États-Unis.

Jamais il n'avait imaginé que le destin lui permettrait de vivre un amour aussi intense. Avec Ateya, il jouissait d'une complicité de tous les instants, et la notion si étrange d'« âme sœur » prenait toute sa force.

Son corps tendre et souple s'étendit sur lui.

— Il est temps de te réveiller, murmura-t-elle.

— Je préfère continuer à rêver... J'enlace une femme nue, amoureuse et...

— Aujourd'hui, c'est la fête du printemps ! Prépare-toi, nous déjeunons à la campagne.

*

* *

Cham en Nessim, « le parfum de la brise », était la fête préférée des Égyptiens. Célébrée le lundi de la Pâque copte, elle réunissait musulmans et chrétiens dont la plupart ignoraient qu'ils perpétuaient une tradition datant du temps des pharaons. Les villes se vidaient des citadins, chacun aspirant à dénicher un coin de verdure afin d'y déguster en famille les mets obligatoires de cette journée chômée : oignons frais, œufs durs colorés, purée de fèves et poisson mariné dans la saumure[1]. Lors de ce banquet, les Anciens rendaient hommage à la fertilité de l'eau et de la terre. Leur mariage assurait l'abondance, sous la lumière du soleil printanier, et le vent de cette journée joyeuse avait forcément un effet bénéfique.

Vêtus de robes et de costumes aux couleurs vives, fillettes et garçonnets s'en donnaient à cœur joie. Allant de maison en maison, ils recevaient des fruits ou d'autres cadeaux en échange d'œufs décorés.

1. Le *fessikh*.

Mark acheta un collier de fleurs de jasmin dont il orna le cou de sa fiancée. Ils déjeunèrent en plein champ, assis sur une nappe blanche, à proximité d'un village.

— Je n'oublierai jamais ce printemps-là, confessa-t-il en l'embrassant.

— Nous ne sommes pas ici par hasard. Dans ce village habite l'un des disciples de l'abbé Pacôme, un copte qui nous dira la vérité sur les événements de Louxor et nous permettra, je l'espère, de rencontrer des proches de Carter.

Conformément aux instructions de l'abbé, l'avocat ne portait que des chemises bleues et gardait le talisman sur lui en permanence. Même si ces précautions paraissaient dérisoires à un esprit rationnel, il ressentait de multiples forces étranges autour de lui.

Le repas terminé, le couple se dirigea vers une palmeraie précédant un bourg formé de maisons en pisé aux toits de palmes tressées.

Ateya empêcha Mark de s'engager sur un sentier.

— Ce chemin appartient à un *afarit*, précisa-t-elle. Personne ne l'emprunte, car il cause de graves blessures aux jambes. Nous devons le contourner.

Comme tant d'autres villages, celui-là comportait deux pôles d'attraction, la mare insalubre où l'on lavait la vaisselle et où se baignaient les enfants, et l'esplanade de terre battue où l'on déposait le produit des récoltes contrôlées par les inspecteurs du fisc.

Sur les murs d'une demeure, des scènes relataient le pèlerinage à La Mecque d'un pieux villageois. Au linteau de plusieurs portes, des fers à cheval et des mains en terre cuite peintes en bleu.

La maison du copte présentait une particularité : sa protection magique se présentait sous la forme de quatre petits losanges. Il bénéficiait d'un jardinet où poussaient des concombres, du basilic, du persil et des laitues.

Ateya ouvrit une porte de bois donnant accès à deux pièces, l'une servant à la fois de chambre à coucher et de cuisine, l'autre réservée à l'âne et aux poules.

Le propriétaire émergea de sa sieste.

— C'est l'abbé Pacôme qui m'envoie, déclara Ateya.

— Que Dieu le bénisse ! Cet homme, avec toi…

— Un disciple de l'abbé. Tu peux parler en toute tranquillité.

Le paysan demeura assis.

— Une triste fête, murmura-t-il, une bien triste fête. Un vent mauvais souffle sur le village et la région.

— Que se passe-t-il ?

— Le Salawa est réapparu, la malédiction de Toutânkhamon frappe à nouveau ceux qui ont osé troubler son repos.

— Les proches collaborateurs d'Howard Carter ont-ils été touchés ?

— Deux de ses plus fidèles ouvriers ont perdu un petit-fils, chacun se terre ou se tait. Évoquer

Carter et sa découverte équivaut à une condamnation à mort.

— La police a-t-elle mené une enquête ? demanda Mark.

— Elle a vite compris qui était le coupable et sait qu'elle n'a pas la possibilité d'intervenir. Aucune arme ne peut détruire le Salawa.

— N'existe-t-il pas un moyen de le combattre ?

— Nos formules magiques sont devenues impuissantes, car le royaume des ténèbres ne cesse de s'étendre. Il faut attendre que la colère du Salawa retombe et qu'il rentre dans le feu du centre de la terre.

— Tu connaissais bien les meilleurs ouvriers de Carter, rappela Ateya. Si nous rencontrons l'un d'eux dans le plus grand secret, acceptera-t-il de nous parler ?

— N'y comptez pas !

— J'insiste, c'est très important.

— Vous n'imaginez pas l'épouvante que sème le Salawa ! Personne n'a envie de déclencher sa fureur.

— Je crois pouvoir le faire rentrer dans son antre, affirma la jeune femme, mais à condition d'obtenir des informations précises.

Le paysan regarda Ateya droit dans les yeux.

— Vous dites la vérité.

— Aide-nous, je t'en prie. Notre Dieu t'en saura gré.

— Il y aurait peut-être quelqu'un d'assez courageux ou insensé… S'il refuse, je le comprendrai. Et si vous n'avez pas de nouvelles d'ici à trois jours, quittez Louxor sans tarder. Le Salawa se retournerait contre vous. Maintenant, partez. Et contournez le village par le sud... Les mauvais génies contrôlent les autres chemins et répandent des maladies.

Ateya et Mark respectèrent cette mise en garde.

Ils croisèrent un groupe de fillettes fières de leurs robes neuves et marchèrent d'un pas rapide en direction du taxi qui les ramena au Winter Palace.

À la réception, un message de l'inspecteur du Service des antiquités.

Il autorisait Mark Wilder à visiter les deux tombes de Deir el-Bahari.

58

Au bar du Winter Palace, Ateya et Mark tentaient d'oublier leur échec. En dépit de l'autorisation officielle, il ne leur avait pas fallu moins de trois jours pour obtenir deux équipes compétentes et bien distinctes, capables de leur ouvrir la tombe de Montouhotep II et celle de la reine Hatchepsout, d'accès difficile.

Une longue et patiente exploration n'avait rien donné. Pas la moindre trace de papyrus, aucune cache possible. Ces sépultures oubliées étaient désespérément vides.

Bien entendu, l'avocat avait vivement remercié l'inspecteur sans montrer sa déconvenue.

— Ne te décourage pas, recommanda la jeune femme.

— Nous n'avons pas de piste précise. Où continuer à chercher ?

— Pacôme ne nous abandonnera pas. À force de prier, il obtiendra un signe du ciel.

— Son disciple n'a pas réussi à convaincre son ami de nous recevoir. Il ne nous reste plus qu'à rentrer au Caire et à faire le point avec l'abbé.

Après un dernier whisky, ils regagnèrent la vaste chambre de Mark, au confort délicieusement britannique.

Sur le lit, un pli scellé.

L'avocat le décacheta. À l'intérieur, une lettre en copte.

Ateya la déchiffra.

— Nous avons rendez-vous demain soir avec un copte qui habite dans une ruelle proche du centre de Louxor. Il accepte de nous parler des fouilles d'Howard Carter. Mais nous devons redoubler de vigilance, car le Salawa se rapproche de nous.

*

* *

Pour la première fois depuis qu'il menait la difficile existence d'agent double, Mahmoud était sur le point de perdre son sang-froid et de céder à l'affolement. Vu la gravité des projets du lieutenant-colonel Nasser, il devait avertir au plus vite les Américains par l'intermédiaire de Mark Wilder.

Mais l'Américain était introuvable.

Son appartement et celui d'Ateya étaient fermés, et nul ne les avait revus à Louxor après qu'ils eurent quitté le Winter Palace. Selon un policier de l'aéroport, rallié aux Officiers libres, ils n'avaient pas pris l'avion.

Se cachaient-ils en Haute-Égypte à la suite d'un grave incident ou bien avaient-ils loué une voiture afin de retourner au Caire ?

Et s'ils avaient été enlevés, voire supprimés ?

Quel serait l'auteur d'un tel crime et pourquoi ?

Ne rien savoir exaspérait Mahmoud. Il ne pouvait ni contacter les Anglais qui ne le croyaient plus depuis longtemps ni joindre la CIA directement sous peine d'être identifié et tué.

Nasser avait donc les mains libres pour commettre un acte insensé. Il provoquerait une réaction terrible de Farouk et mettrait l'Égypte à feu et à sang.

Pourtant, certains de ses proches lui avaient déconseillé de sombrer dans la violence. Mais le lieutenant-colonel ne supportait plus la mollesse du brave général Naguib, incapable de prendre la tête d'une révolution, et voulait frapper un grand coup.

De longs palabres n'avaient pas réussi à le dissuader. Et puis était tombée comme un couperet la question de confiance.

— Toi, Mahmoud, approuves-tu ou non mon initiative ? avait demandé Nasser, avec son regard de rapace.

— Je la juge périlleuse, mais je l'approuve. Tu es notre chef, c'est toi qui fixes les buts de notre action, et nous devons t'obéir.

Satisfait, le lieutenant-colonel ne pouvait douter de l'engagement de son subordonné.

— Prenons les précautions indispensables, avait continué Mahmoud. Puisque nous avons réussi à infiltrer les services de renseignement de Farouk, persuadons-les que, quoi qu'il arrive, l'armée restera fidèle au roi et le protégera de toute agression.

Nasser avait encouragé la démarche.

Maintenant, il était en route pour assassiner le général Sirri Amer, le bras armé de Farouk, l'exécuteur des basses œuvres haï de la quasi-totalité des soldats égyptiens.

Une véritable folie qui susciterait la fureur du pouvoir et des Anglais. Quant aux Américains, effrayés par cette violence, ne se retireraient-ils pas du jeu ?

Mahmoud fumait cigarette sur cigarette. La mort du général Sirri Amer ne resterait pas impunie, Naguib serait arrêté, Nasser et les Officiers libres tenteraient de soulever l'armée, les extrémistes de tout poil incendieraient de nouveau Le Caire et les Britanniques massacreraient quiconque tenterait de s'emparer du canal de Suez.

Le chaos… Le chaos qu'il essayait d'empêcher détruirait l'Égypte dans les prochaines heures.

Au quartier général de Nasser, personne ne parlait. Chacun attendait les résultats de l'opération commando organisée par le lieutenant-colonel dont les derniers mots hantaient les esprits : « Le destin est inexorable, il n'y a pas d'événements fortuits. »

On buvait du jus d'orange, on fumait du haschisch, on se remémorait les discours du leader sur la Grande Révolution française, Robespierre, Saint-Just, et la guérison de la patrie malade.

Et Nasser revint.

Livide, sonné, le regard trouble, il refusa la chaise qu'on lui tendait.

— Le général Sirri Amer est-il mort ? interrogea Mahmoud.

— Nous avons tiré, déclara Nasser d'une voix blanche. Les détonations de nos armes furent immédiatement suivies par les cris déchirants d'une femme et la frayeur d'un enfant qui me poursuivront jusqu'à mon lit et m'empêcheront de trouver le sommeil. Une sorte de remords m'étreignit le cœur, je balbutiai : « Pourvu que le général Sirri Amer ne meure pas[1] ! »

Nasser se tut et se retira dans sa chambre.

— Le chauffeur du général a été tué, révéla l'un des membres du commando. Lui, on ne sait pas s'il s'en sortira.

La nuit fut interminable.

À l'aube, pris d'une quinte de toux, Mahmoud sortit du quartier général. Il n'aurait pas été étonné de voir des automitrailleuses et des centaines de soldats.

Mais la rue était calme, et les boulangers commençaient à vendre les galettes que l'on remplissait de fèves chaudes.

Dès qu'il reçut le journal du matin, Mahmoud l'apporta à Nasser.

Le lieutenant-colonel le parcourut avec anxiété.

— Le général n'a pas succombé ! s'exclama-t-il. Je n'ai pas dormi une seconde et j'en étais arrivé à souhaiter la vie à celui que j'avais voulu tuer. Ce type d'action ne mène à rien, et je refuse-

1. D'après les paroles mêmes de Nasser dans son ouvrage *Philosophie de la révolution*.

rai désormais le terrorisme. Sans renoncer à nos buts, nous prendrons le pouvoir autrement.

La journée fut interminable.

À tout moment, Mahmoud s'attendait à une réaction des forces de l'ordre. Mais le quartier demeura dans sa léthargie habituelle, sous le chaud soleil printanier.

En fin de soirée, un révolutionnaire infiltré au palais procura des nouvelles fiables : parfaitement désinformé, Farouk croyait à la fidélité absolue de l'armée et considérait la tentative d'assassinat du général Sirri Amer comme l'acte d'un fou criminel.

Jamais l'enquête ne remonterait jusqu'à Nasser.

59

Prenant très au sérieux l'avertissement qui annonçait une prochaine attaque du Salawa, Ateya avait décidé de quitter le Winter Palace pour se réfugier chez le curé de la plus importante église copte de Louxor. Grand admirateur de l'abbé Pacôme, il leur avait offert une vaste chambre peuplée d'icônes de la Vierge, dotées d'une magie capable de repousser n'importe quel démon.

La nuit tombée, ils se rendirent à leur rendez-vous. Le centre de la petite ville était rempli de badauds et de touristes, occupés à négocier les prix de souvenirs plus ou moins baroques.

Ateya trouva la ruelle sans difficulté.

Au-dessus de la porte de leur hôte, les losanges protecteurs.

Elle demanda à Mark de frapper trois coups vigoureux.

La porte s'ouvrit, apparut un septuagénaire voûté.

— Entrez vite.

Le logement était modeste. S'y entassaient de nombreux sièges, des coffres en bois et des armoires.

— Asseyez-vous.

Ils prirent place autour d'une table rectangulaire en cuivre, le copte leur servit du thé noir.

Ateya lui remit la lettre déposée au Winter Palace.

— Moi, affirma-t-il, je ne crains pas le Salawa. D'une part, je n'ai plus de famille ; d'autre part, je suis malade et j'entrerai bientôt à l'hôpital d'où je ne sortirai pas vivant. Ayant déjà confié mon âme au Seigneur tout-puissant, je n'ai plus rien à redouter de ce monde. C'est pourquoi j'accepte de vous parler d'Howard Carter pour lequel j'ai travaillé. Il m'a souvent confié la tâche de répartir la paye entre les ouvriers. Comme il parlait l'arabe et résidait depuis longtemps en Égypte, il avait noué d'excellentes relations avec beaucoup d'entre eux. Il les respectait, ils le respectaient. Pourtant, Carter n'était pas un homme facile ! Taciturne, peu causant, autoritaire, il exigeait beaucoup de ses subordonnés, mais montrait l'exemple. À la différence d'autres archéologues, il ne se contentait pas de regarder son équipe travailler et mettait la main à la pâte. Avec lui, pas question de paresser ! Il s'est parfois mis en colère contre des incapables qui n'exécutaient pas correctement ses ordres.

— S'est-il attiré de profondes inimitiés ?

— Non, car il était un véritable chef et savait s'imposer en tant que tel. Ses coups de gueule réveillaient les endormis, et personne ne pouvait l'accuser d'injustice. Grâce à lui, quantité de paysans ont participé à de longues campagnes de fouilles bien rémunérées et ont amélioré leur ordinaire. Sur la rive ouest de Louxor, on a gardé un excellent souvenir d'Howard Carter et l'on en souhaiterait beaucoup comme lui.

— Faisiez-vous partie de ses proches ? interrogea Mark.

— Non, mais je les connaissais tous, et particulièrement son bras droit, Ahmed Girigar, auquel Carter dictait quotidiennement ses consignes. D'après lui, une extrême rigueur était nécessaire. Il se considérait comme un intermédiaire privilégié entre le passé et le présent. Si par manque de soin, paresse ou ignorance, disait-il, un chercheur dégrade la quantité d'informations qu'il aurait pu extraire de ses découvertes, il commet un crime archéologique impardonnable. Rien n'est plus facile que la destruction des témoignages du passé, rien n'est plus irréversible. Ni la fatigue ni la précipitation ne sont des excuses valables. L'incompétent ne risque-t-il pas, en quelques secondes, de ruiner une chance unique d'enrichir la culture de l'humanité ? Selon Carter, si toutes les fouilles avaient été effectuées de manière correcte et méthodique, l'archéologie égyptienne serait deux fois plus riche, car le travail sur le terrain est primordial. Il s'insurgeait à l'idée que d'innombrables objets soient laissés à l'abandon dans les caves et les réserves des musées sans indication de provenance, sans rapport écrit sur le lieu et les circonstances de la trouvaille[1]. Et ce qu'il redoutait surtout, c'était le vol ! Dès la découverte de l'emplacement de la tombe de Toutânkhamon, il a pris d'infinies précautions, notamment en faisant poser une grille de bois à l'entrée du couloir et une autre en fer devant l'antichambre. Des membres du Service des antiquités, des soldats et les meilleurs ouvriers de l'époque se relayaient pour surveiller la tombe jour et nuit. Vous imaginez sans peine que la région bruissait de mille rumeurs concernant un fabuleux trésor !

— Personne n'a donc pu dérober quoi que ce soit, avança l'avocat.

— Pas jusqu'au 31 octobre 1929. À partir de cette date, en raison de graves conflits avec les autorités, Carter n'a plus été en possession des clés. Elles sont passées de main en main. Lui, qui se considérait comme le propriétaire et le gardien du tombeau, n'a plus eu le droit d'y travailler, et il a quitté l'Égypte pour faire entendre ses protestations, notamment aux États-Unis. Comme ses successeurs se révélèrent incapables de poursuivre la fouille en résolvant les difficultés techniques, et comme la situation politique avait changé, Carter fut rappelé et alla jusqu'au terme de son aventure. Pendant son absence, ses ennemis ont pu pénétrer dans la tombe.

— Avez-vous entendu parler de la découverte de papyrus ?

---

1. Ces paroles d'Howard Carter sont citées d'après ses propres écrits.

— C'était l'une des grandes espérances de Carter ! Une telle trouvaille a été effectivement annoncée, puis infirmée. Ensuite, Carter a refusé d'aborder ce sujet, comme s'il s'agissait d'un tabou. On n'insistera jamais assez sur son caractère solitaire et son sens du secret. Même dans ses écrits, il est loin d'avoir tout dit. Il s'est bien gardé, notamment, d'avouer qu'il avait exploré la totalité de la tombe en compagnie de lord Carnarvon et de sa fille, Eve, avant l'ouverture officielle ! Mais qui pourrait le lui reprocher ?

— Croyez-vous à l'existence de ces papyrus ?

Le copte hésita.

— Quand j'ai posé la question à Ahmed, l'homme de confiance de Carter, il m'a laissé entendre que certains mystères ne devaient pas être révélés et que sa bouche resterait scellée. Néanmoins, je suis persuadé qu'il a fait des confidences à l'homme qui l'a présenté à Carter et règne encore sur l'esprit de bien des villageois.

— De qui s'agit-il ? demanda Ateya.

— Du plus âgé des passeurs de Louxor. Il possède son propre bac et ne transporte que des notables. Si quelqu'un sait quelque chose à propos des papyrus, c'est lui.

— Dès demain, décréta Mark, nous le rencontrerons.

— Impossible, il a quitté la ville pour assister au mariage de sa petite-fille avec un Nubien.

— Quand sera-t-il de retour ?

— Vers le 20 mai. Mais ne criez surtout pas victoire ! Ce passeur est un personnage austère et méfiant.

— A-t-il confiance en vous ?

— Il m'estime, je l'estime.

— Quand il aura regagné Louxor, préconisa Ateya, contactez-le et prévenez-le de notre visite.

— Je ne sais même pas s'il acceptera de vous recevoir !

— Seule la volonté de Dieu s'accomplit. Et l'abbé Pacôme sollicitera son intervention.

Le septuagénaire opina du chef.

— Vous allez sortir par-derrière, dans une autre ruelle. N'oubliez pas que le Salawa peut frapper à n'importe quel moment. Nourri du sang de ses victimes, il dispose d'une force considérable.

— Quelle apparence préfère-t-il ?

— Celle d'un mâle de grande taille à la poitrine large. Ainsi, il domine les humains et fige sa victime sur place avant de la tuer. Ne revenez plus ici. Si le passeur consent à vous parler, je vous avertirai.

60

Ateya guidait un nouveau groupe, Mark explorait la Vallée des Rois. Pas une demeure d'éternité ne ressemblait à l'autre, chacune possédait son génie propre et transmettait un message spécifique formant la page d'un grand livre que le chercheur devait reconstituer.

Chaque soir, le pèlerin terminait sa visite par la tombe de Toutânkhamon et la rencontre avec le sarcophage.

Vidée de ses touristes, la Vallée retournait au silence. Les ombres s'allongeaient, les falaises se paraient de l'or du couchant. Face au masque d'or du pharaon, Mark songeait à son père, à cet homme extraordinaire qui avait voué son existence à une découverte improbable, voire utopique. Pourtant, à force de persévérance et de courage, il avait réussi.

Il fallait que le passeur acceptât de parler et de fournir enfin la bonne piste menant aux papyrus. En définitive, cela ne dépendait-il pas de la volonté de Toutânkhamon lui-même ?

— Navré d'interrompre votre méditation, dit une voix posée, mais je souhaitais faire votre connaissance. On m'appelle « le Professeur », et les gardiens m'ont signalé que vous veniez ici tous les jours. Un tel intérêt pour cette sépulture m'intrigue. Pardonnez ma curiosité, un simple réflexe scientifique qui ne vise nullement à vous importuner.

Le Professeur était un homme de taille moyenne, dépourvu de signes caractéristiques. Très élégant, il portait un costume blanc immaculé. Des lunettes teintées dissimulaient son regard.

Mark se demanda s'il était tombé dans un piège et si la tombe de Toutânkhamon ne serait pas sa dernière demeure. Le Professeur ne régnait-il pas sur le personnel de la Vallée des Rois et ne déclencherait-il pas, en toute impunité, l'intervention du Salawa ?

Impossible de prendre la mesure de cet adversaire, à la fois envahissant et insaisissable. Pourtant habitué à jauger des contradicteurs de grande envergure et à trouver la méthode pour les affronter, Mark n'avait jamais rencontré un personnage aussi redoutable dont le calme masquait une puissance dévastatrice, semblable à celle d'un cobra.

— Prépareriez-vous une étude sur Toutânkhamon ? demanda le Professeur.

— Mon nom est Mark Wilder et je suis avocat d'affaires à New York. Le hasard a voulu que je m'intéresse à la vie et à l'œuvre d'Howard Carter, le plus grand des égyptologues. Mon chemin passait donc forcément par cette tombe.

— Un endroit bien modeste au regard des trésors qu'il contenait… Cette tombe a été conçue comme un reliquaire, à jamais dissimulé, dont le rayonnement permettrait à l'âme des pharaons de perdurer. Ici dans la salle d'or est révélé le secret de l'éternité. Le nom même du roi est un programme : Tout-ânkh-Amon signifie « symbole vivant du mystère ». Et cette vie issue du mystère et destinée à y retourner, chaque visiteur attentif peut la ressentir. Voyez-vous, monsieur Wilder, ce fabuleux pharaon était parvenu à maîtriser la lumière et à l'incorporer dans l'or alchimique de ses sarcophages. Un texte nous apprend que le « juste de voix » était devenu un être de lumière au cœur du soleil et demeurait puissant sur cette terre, sans mourir une seconde fois. Ce sarcophage n'est pas inerte, il parcourt le ciel à la manière d'une barque, sous la protection des étoiles qui le ressuscitent nuit après nuit, jour après jour. Les hiéroglyphes gravés sur le masque d'or ne proclament-ils pas : « Vivant est ton visage, ton œil droit est la barque du jour, ton œil gauche la barque de la nuit » ? Venez, rendons-nous dans la pièce que Carter avait baptisée l'« annexe ». Bien peu de visiteurs en soupçonnent l'importance.

Mark était stupéfait. Pourquoi le Professeur le faisait-il bénéficier ainsi de sa science en lui transmettant des éléments essentiels ?

Subjugué, il le suivit.

— Ce modeste local symbolise la dernière étape de la résurrection, révéla le Professeur. Mes honorés collègues, le regretté égyptologue américain Breasted et le savant anglais Gardiner, parvinrent à déchiffrer des textes nous apprenant que Toutânkhamon façonnait sans cesse les symboles des divinités et avait établi cette demeure d'éternité comme au premier instant de la Création. Vous voici donc à l'origine et à la fin de toutes choses, monsieur Wilder, à la lisière de l'existence illusoire et de la vie véritable.

Les deux hommes demeurèrent un long moment dans l'annexe, silencieux.

— L'heure est venue de refermer la tombe, annonça le Professeur, et de regagner le monde des humains.

Ils sortirent lentement. Bientôt, le soleil se coucherait au sein de la montagne d'Occident.

— J'espère ne pas vous avoir trop ennuyé avec ces considérations égyptologiques.

— Au contraire, vous avez conforté ma recherche.

— Accepteriez-vous d'en préciser l'objet ?

— J'étais persuadé que la découverte d'Howard Carter était d'une importance capitale, et vos propos le confirment. Qui ne s'intéresserait pas au moyen d'accéder à la vie éternelle en percevant les grands mystères que les religions monothéistes ont occultés ?

— D'après vous, monsieur Wilder, quel serait ce moyen ?

— Les papyrus de Toutânkhamon ne le révèlent-ils pas ?

— Ces papyrus n'existent pas, affirma le Professeur. La communauté scientifique est formelle.

— Elle s'est si souvent trompée !

— Cette fois, elle a raison. Ne perdez pas votre temps à poursuivre une chimère.

— La quasi-totalité des égyptologues ne méprisait-elle pas Howard Carter et ne considérait-elle pas ses recherches comme démentes ?

— Ne vous obstinez pas, monsieur Wilder. L'Égypte est un pays magnifique, et vous avez encore bien des merveilles tout à fait réelles à découvrir. À New York, vous conserverez d'excellents souvenirs de votre voyage. Ne le gâchez pas en entreprenant des démarches vouées à l'échec. Écoutez mon conseil, et vous vous épargnerez bien des ennuis. Bonne fin de séjour.

*

* *

— Tu sembles épuisé, s'inquiéta Ateya, marchant aux côtés de Mark sur la corniche longeant le Nil.

— J'ai rencontré le Professeur.

Il n'avait pas oublié un seul mot de leur entretien et le relata fidèlement.

— La menace était à peine voilée, constata la jeune femme. Ou bien tu quittes l'Égypte en oubliant les papyrus, et tu auras la vie sauve, ou bien…

— Je n'abandonnerai pas. Mais ce bonhomme me semble très dangereux.

Dans les rues de Louxor, une agitation inhabituelle.

— C'est la première nuit du ramadan, indiqua la jeune femme. Malgré la chaleur écrasante de ce mois de mai, les musulmans ne pourront ni manger ni boire entre le lever et le coucher du soleil. Lors de la rupture du jeûne et avant l'aube, ils devront donc se nourrir de façon substantielle.

Les maîtresses de maison préparaient des plats de fête, et les croyants appréciaient les nuits de ce mois de ramadan où la convivialité était de rigueur.

Un cycliste s'arrêta à la hauteur du couple.

Il releva la manche de sa chemise, dévoilant la croix copte tatouée sur son poignet, et remit un pli à Ateya.

Le passeur acceptait de les recevoir le lendemain, au crépuscule, à bord de son bac.

61

À l'approche de la rupture du jeûne, les rues de Louxor se vidèrent. Affamés et assoiffés, les musulmans rentraient chez eux à la hâte, rêvant d'un jus de fruits bien frais et des mets délicieux uniquement préparés lors du ramadan, tels des pâtisseries fourrées à la pistache et aux amandes ou des gâteaux aux cheveux d'ange et à la crème. On passerait de longues heures à table, en se racontant mille et une anecdotes.

Les minarets des mosquées s'illuminaient, et l'on accrochait un peu partout des lanternes colorées. Les cheikhs, eux, récitaient le Coran et rappelaient que l'homme devait se soumettre à Dieu et venir en aide aux pauvres, les soucis profanes cédant le pas aux préoccupations religieuses. Ne disait-on pas qu'un seul regard pervers ou un seul mensonge annihilait le caractère sacré du jeûne ?

Plusieurs catégories de la population s'en dispensaient, notamment certains malades, les femmes impures et les participants à la guerre sainte.

Ateya et Mark marchèrent jusqu'au quai où était amarré le bac des notables. Bien que fort âgée et souvent réparée, l'embarcation continuait, des dizaines de fois par jour, à relier les deux rives.

Seul le passeur se trouvait à bord.

Assis dans un fauteuil en ébène datant du début du siècle, il était vêtu d'une *galabieh* bleue tombant jusqu'aux chevilles et coiffé d'un turban blanc. Des rides profondes creusaient son visage sévère.

Devant lui, une table basse en marqueterie sur laquelle étaient posées une théière et trois tasses en porcelaine que n'aurait pas désavouées la reine Victoria.

— Puisse votre hospitalité se perpétuer, dit Ateya.

— Puisse votre existence se perpétuer, répondit le passeur d'une voix rauque. Je n'ai qu'un peu de thé à vous proposer.

— J'ai apporté des galettes et une compote d'abricots, déclara la jeune femme. Permettez-moi de vous les offrir.

Le passeur fixa Mark.

— Vous êtes le fils d'Howard Carter, n'est-ce pas ?

L'interpellé resta muet.

— Vous avez été taillé dans la même pierre et vous êtes aussi obstiné que votre père. Quand il a découvert la tombe de Toutânkhamon, je me suis violemment heurté avec lui et je l'ai traité de profanateur, déclenchant ainsi une colère dont les falaises de la Vallée des Rois se souviennent. Le but principal d'un archéologue, affirmait-il, consiste à sauver les œuvres de la destruction et des voleurs. Sans le travail des égyptologues, que resterait-il des chefs-d'œuvre datant de l'époque des pharaons ? Et il s'est justifié, à propos de Toutânkhamon, en concluant : « Ce ne fut pas une exhumation, mais une résurrection. » Cette résurrection-là, il y tenait plus qu'à sa propre vie.

— A-t-il retrouvé des papyrus ? demanda Mark.

Le passeur hésita.

— C'est possible. On en a beaucoup parlé, mais Carter n'a jamais consenti à donner des détails, comme si ce trésor-là ne devait pas être dévoilé.

— N'en sauriez-vous pas davantage ?

— Moi, non. Mais quelqu'un est forcément au courant.

Ateya et Mark retinrent leur souffle. Le passeur accepterait-il de leur donner un nom ?

— La sécurité était l'obsession d'Howard Carter, reprit-il. Il lui fallait un homme de confiance, un professionnel d'une droiture absolue capable d'empêcher quiconque de pénétrer dans le tombeau, fût-ce en utilisant la force. Ce personnage d'exception, personne n'en a parlé. Carter lui-même a promis de ne jamais mentionner son nom.

— Pour quelle raison ? s'étonna Mark.

— Parce que le véritable gardien du sépulcre redoutait la malédiction du pharaon. En demeurant anonyme, il s'estimait à l'abri de tout maléfice. Aussi est-il resté auprès de Carter jusqu'à la fermeture du chantier de fouilles, en 1932, et a-t-il rempli sa mission jusqu'au bout.

— Comment s'appelle cet homme ?

— Pourquoi vouloir percer de redoutables mystères ? Oubliez Toutânkhamon et retournez à votre existence ordinaire, loin de cette tombe et de ses dangers.

— J'ai pris un engagement et je le tiendrai.

— Si je vous donne ce nom, précisa le passeur, vous risquez de retrouver les papyrus et de déclencher des événements dont vous ne maîtriserez pas les conséquences.

— J'en suis conscient.

— Êtes-vous prêt à affronter l'invisible ?

— Je ne me déroberai pas.

— Alors, tant pis pour vous ! Le gardien de Toutânkhamon s'appelait Richard Adamson. Né en 1901, il appartenait à la police militaire anglaise et avait occupé des postes en Palestine et au Caire. En décembre 1922, sur la demande de lord Carnarvon qui avait l'oreille des autorités, Adamson fut affecté à la sécurité du tombeau récemment découvert et devenu l'objet de mille convoitises. En civil, un revolver caché dans sa poche et un parapluie sur l'épaule, il patrouillait sans cesse sur le site. Invisible et inconnu, il était habilité à intervenir contre tout suspect. À partir du 5 janvier 1923, Howard Carter ordonna à Adamson de coucher à l'intérieur même du sépulcre. Il disposait d'un lit de camp, de trois couvertures, de quelques livres et de bougies, car il avait refusé la lumière électrique. Imaginez-vous les heures incroyables passées dans cet endroit magique, tout près du pharaon au masque d'or ? Adamson a vécu une expérience unique, ce lieu de l'au-delà était devenu sa demeure. Pendant la période au cours de laquelle Carter n'eut plus accès à la tombe, Richard Adamson retourna en Angleterre et s'y maria. Puis quand son patron reprit la main, il revint dans la Vallée des Rois et recommença à garder la sépulture de Toutânkhamon. Depuis 1925, il était redevenu civil, et le Metropolitan Museum de New York assurait sa paye. Il demeura agent de sécurité jusqu'au moment où, le dernier objet du trésor ayant été transféré au Caire, Howard Carter quitta le site. Il est donc resté le plus fidèle collaborateur de votre père et c'est forcément à lui, et à personne d'autre, qu'il aura indiqué l'endroit où sont cachés les papyrus.

Une question brûlait les lèvres de l'avocat.

— Savez-vous si Richard Adamson est toujours vivant ?

— Non, monsieur Wilder. Voilà vingt ans qu'il est retourné chez lui.

— Disposeriez-vous d'une adresse, même ancienne ?

Le passeur hocha la tête négativement.

— Je n'ai plus rien à vous dire, monsieur Wilder. À vous de jouer avec le passé et l'invisible. Et souvenez-vous que le moindre faux pas vous conduira à l'abîme.

62

À 3 heures du matin, Ateya et Mark, comme tous les habitants de Louxor, furent réveillés par l'homme jouant du tambour et chantant une mélopée pour arracher les musulmans au sommeil et leur permettre de se nourrir avant le lever du soleil.

En raison de la chaleur de la nuit, impossible de se rendormir. Mieux valait préparer les bagages et regagner Le Caire en voiture.

Une vieille servante copte leur servit un petit déjeuner, et le curé qui les abritait leur procura une information importante.

— Une rumeur circule : dans un petit village, à une dizaine de kilomètres au sud de Louxor, on vient de faire une découverte extraordinaire concernant Toutânkhamon. Il y a eu tentative de vol, mais le trésor serait intact.

— Sait-on de quoi il s'agit ? demanda Mark.

— On parle de papyrus.

— Indiquez-nous l'endroit précis.

Le curé dessina un plan sommaire.

— Je trouverai, affirma Ateya.

L'appétit coupé, le couple quitta aussitôt la ville en direction de la campagne. Ateya conduisait prudemment une Peugeot en bon état.

À deux reprises, elle s'arrêta pour demander son chemin. Des paysans la renseignèrent et, alors que le soleil s'imposait après avoir vaincu les ténèbres, elle emprunta un chemin de terre bordé de jardinets.

Un policier lui ordonna de s'arrêter.

La jeune femme stoppa et descendit du véhicule.

— Je dois aller au village.

— Impossible.

— Pour quelle raison ?

— Un problème d'antiquités.

— Justement, je conduis un personnage officiel sur le site. C'est un expert américain qui doit examiner la situation.

— Ah... Allez voir mon chef. Il se trouve à l'entrée du village.

Le gradé interrogeait des fellahs.

Ateya l'aborda d'un air décidé.

— Je vous présente le professeur Wilder. Il vient constater l'étendue des dommages afin de rédiger un rapport à l'intention des autorités scientifiques.

— Moi, ça ne me concerne pas. Adressez-vous à l'inspecteur des antiquités. L'un des villageois vous conduira auprès de lui.

Ateya et Mark suivirent un paysan au visage fermé et au pas lent. Il sortit de la zone cultivée et pénétra dans le désert. Le sentier aboutissait à une baraque en ciment recouverte de tôles. Devant la porte, plusieurs personnes en grande discussion.

Parmi elles, l'inspecteur de Louxor qui avait autorisé le couple à visiter les tombes de Deir el-Bahari découvertes par Carter.

— Monsieur Wilder ! Quelle surprise… Vous connaissiez ce chantier ?

— On m'a parlé de fouilles récentes concernant Toutânkhamon.

— De simples rumeurs ! Mais nous venons de connaître un petit drame. Sur chaque site, nous assurons aujourd'hui une surveillance très stricte. Chaque trouvaille est soigneusement enregistrée et numérotée et, à la fin de la campagne de fouilles, les objets sont conservés dans un magasin comme celui-ci, gardé par des policiers. On obstrue l'accès avec des pierres et l'on pose des scellés. Ainsi, tout vol devient impossible. Et lors de la reprise des travaux, en présence des responsables, on vérifie que tout est intact. Cette fois, il y a eu un incident. Avant-hier, une femme et un gardien se sont querellés. Le panier qu'elle portait s'est renversé, et quelqu'un a aperçu des rouleaux de papyrus cachés parmi les courgettes. Ma hiérarchie m'a confié le soin d'inspecter ce magasin d'antiquités pour savoir si quelque chose avait disparu.

— A-t-on retrouvé cette femme et son trésor ?

— La police s'en occupe. Si vous désirez davantage de détails, allez voir le maire. C'est un homme très accueillant qui ne veut surtout pas d'ennuis. À mon avis, cette histoire de papyrus n'est pas sérieuse.

Le fellah ramena le couple vers le village.

À l'approche de l'aire où les ânes déversaient leurs sacs de céréales, un détail intrigua Ateya. Une dizaine de quadrupèdes, pourtant lourdement chargés, se tenaient immobiles et à bonne distance, comme s'ils refusaient de franchir l'espace les séparant de leur destination. D'ordinaire, ils n'avaient besoin de personne pour s'acquitter de leur tâche et trottinaient à leur allure, sérieux et ponctuels.

Une seule explication : un démon contrôlait le chemin, les ânes le redoutaient et attendaient de l'aide.

— C'est un piège, Mark. Il faut partir.

Surgissant de partout, des villageois les entourèrent.

Ils étaient armés de baguettes terminées par des pointes de fer et de hachettes aux lames plates. Rudimentaires, ces armes n'en étaient pas moins redoutables et servaient à éliminer l'adversaire lors de règlements de comptes entre clans. La police ne s'en mêlait pas, aucune enquête n'aboutissait.

Les papyrus avaient servi d'appât.

À présent, le couple était encerclé.

— Pourquoi cette hostilité ? demanda la jeune femme.

— Parce que cet étranger a déclenché la colère du Salawa ! éructa un édenté qui venait de fumer du haschisch. En le tuant, nous serons délivrés du mal.

— Tu te trompes ! Au contraire, cet homme combat le Salawa. Il le trouvera et le détruira.

Dans les rangs des agresseurs, un moment de flottement.

La colère de l'édenté explosa.

— Tu mens, parce que tu es sa complice ! Toi aussi, tu mourras !

Les armes se levèrent, menaçantes.

Mark n'avait plus qu'une seule carte à jouer.

Lentement, il exhiba le papyrus de l'abbé Pacôme.

Quand il posa le doigt sur le signe *ânkh*, il prononça le mot « vie », et le hiéroglyphe s'illumina. Croyant voir une flamme sortir du talisman, les fellahs se figèrent et lâchèrent leurs armes à l'instant où les ânes, affolés, se mirent à braire d'une manière tonitruante.

À une cinquantaine de mètres, le Salawa, dissimulé derrière le tronc d'un palmier, fut aveuglé. Terrassé par la douleur, il ne vit pas Ateya et Mark franchir le cercle des agresseurs et courir à toutes jambes vers leur voiture, sous le regard amorphe des policiers.

Cet incident ne les concernait pas.

— Elle démarre, constata avec soulagement la jeune femme qui ne ménagea ni l'embrayage ni l'accélérateur.

— Le monde moderne a tort de renier la magie, murmura l'avocat.

— Celle de Pacôme est particulièrement efficace, rappela Ateya.

— Je n'en doute plus. Direction Le Caire.

63

Trois notables de Louxor se présentèrent au bac, alors que l'aube naissait. Pendant la dernière heure d'une courte nuit, ils avaient ingurgité un nombre considérable de plats épicés et de pâtisseries plus délicieuses les unes que les autres. La période du ramadan avait du bon, mais il fallait à présent affronter une journée caniculaire sans avoir le droit de boire le moindre verre d'eau.

Sur le quai, un attroupement.

Le doyen des notables s'approcha.

— Que se passe-t-il ?

Les badauds s'écartèrent.

Le dignitaire aperçut le cadavre du vieux passeur, recroquevillé près d'un cordage.

— Il s'est noyé, expliqua un gamin.

— Sûrement pas, objecta un propriétaire de felouque. C'est le Salawa qui l'a tué. Il ne faut jamais bavarder quand ce démon sort des ténèbres. Jamais.

*

* *

Le retour au Caire s'était déroulé au mieux. Excellente conductrice, Ateya avait refusé de céder le volant à Mark qu'elle jugeait incapable de s'adapter au code de la route égyptien. Sa vigilance lui permit d'éviter une bonne dizaine d'accidents.

L'abbé Pacôme lui posa longuement les mains sur les épaules.

— Vous avez échappé de fort peu à la mort, estima-t-il. Le Salawa vous avait tendu un piège presque parfait en pervertissant l'âme des villageois. L'utilisation du talisman l'a pris au dépourvu. À présent, il sait qu'il doit le détruire pour accomplir la mission que lui a confiée le Professeur.

— Peut-il y parvenir ? s'inquiéta Mark.

— Je n'ai cessé de te suivre et de renforcer tes protections. Mais la puissance de nos adversaires est si considérable que l'issue demeure incertaine.

Ateya apparut reposée et détendue. Le magnétisme de l'abbé avait effacé toute trace de fatigue.

— Nous tenons peut-être le bon filon, annonça l'Américain : le gardien du tombeau de Toutânkhamon engagé par Carter, un soldat anglais nommé Adamson. Bien qu'il ne figure dans aucun document officiel, il a joué un rôle déterminant. Et si quelqu'un connaît la cachette des papyrus, c'est forcément lui.

Pacôme servit à ses hôtes un armagnac hors d'âge à la superbe robe ambrée.

— Une piste capitale, en effet. Voilà pourquoi le voyage à Louxor était indispensable. Il a coûté la vie au passeur qui vous a fourni ce renseignement. Le Salawa ne pouvait pas l'épargner. Désormais, plus un seul habitant de l'ancienne Thèbes n'osera parler. Seul le silence absolu leur permettra peut-être d'échapper aux crocs du monstre.

Mark apprécia le breuvage stimulant.

— Je dois quitter l'Égypte et retrouver la trace de cet Adamson... S'il est toujours vivant !

L'abbé ferma les yeux quelques instants.

— Il l'est, et ton voyage ne sera pas inutile. Demeure constamment sur tes gardes, car le Professeur s'attachera à tes pas. Sans doute ta démarche le prendra-t-elle au dépourvu. Mais si tu reviens en Égypte, il le saura.

— Je reviendrai, promit Mark.

— S'il t'arrive d'être en face de lui, dans un vaste bureau éclairé par une porte-fenêtre, et s'il te dit : « Je préfère la pénombre, il faut éteindre la lumière », n'hésite pas un instant, cours en direction de cette ouverture et jette-toi dans le vide. Tu n'auras qu'une fraction de seconde pour survivre.

— Ne pouvez-vous m'éviter cette rencontre ?

— L'heure est venue de mettre fin à tes illusions, Mark. Le Professeur ne te laissera pas découvrir les papyrus sans intervenir. Et sa seule manière d'agir, c'est d'anéantir son adversaire.

— Pourquoi refuse-t-il la vérité ?

Pacôme fit lentement tourner son verre entre ses mains.

— Parce qu'il est l'incarnation de ce monde et que ce monde la refuse. Si tu manques de vigilance, tu échoueras.

*

* *

Après avoir rechargé le talisman de Mark Wilder, l'abbé se retira dans sa chapelle pharaonique, consacrée aux dieux de l'ancienne Égypte. Il quitta son habit chrétien et se vêtit de celui de grand prêtre d'Amon.

Il célébra l'éveil en paix de la puissance créatrice et récita les formules de transformation en lumière, conçues à Héliopolis, la cité du soleil. Ces paroles de connaissance et de magie, contenant les secrets de l'au-delà, avaient été révélées pour la première fois à l'intérieur de la pyramide du roi Ounas, dernier monarque de la cinquième dynastie[1]. Ce texte fondamental, base de la spiritualité égyptienne, avait connu ensuite diverses adaptations, à travers les *Textes des Sarcophages* et le fameux *Livre des Morts*, dont le véritable titre était *Formules pour sortir au jour.*

Toutânkhamon n'ignorait rien de ces écrits ésotériques. Il en avait même développé certains aspects, notamment ceux consacrés à la naissance de la lumière et à la création de la vie. Et les papyrus offraient la clé des grands mystères que les scientifiques, en dépit de technologies toujours plus développées, ne parviendraient jamais à percer.

---

1. Ounas régna de 2375 à 2345 avant J.-C. Auparavant, les pyramides, notamment celles de Khéops, de Kephren et de Mykérinos sur le plateau de Guizeh, semblent muettes. Mais leurs formes géométriques sont, à elles seules, un langage et un enseignement.

Pacôme revécut les funérailles du jeune roi. À travers le *ka*, puissance vitale indestructible passant d'initié en initié, Pacôme avait participé au rituel et suivi le long chemin allant de l'atelier d'embaumement à la demeure d'éternité. Un cortège de ritualistes avait transporté les précieux objets jusqu'au tombeau, soigneusement dissimulé afin d'échapper aux pillards et de traverser les siècles.

Toutânkhamon avait pleinement réussi son œuvre et guidé Howard Carter vers la demeure de l'or où s'était levé un nouveau soleil sur un monde en perdition. La tâche du fouilleur n'étant pas tout à fait achevée, il revenait à son fils, Mark Wilder, d'écrire la dernière page de l'aventure.

Mais le Professeur et ses alliés se dressaient sur son chemin, résolus à le détruire s'il s'approchait trop près du but.

Aussi Pacôme devait-il multiplier ses efforts et fournir à Mark les forces nécessaires à l'accomplissement de sa mission. Parviendrait-il à retrouver Adamson, reviendrait-il sain et sauf en Égypte, pourrait-il et saurait-il utiliser les renseignements obtenus ?

Le grand prêtre remit sa destinée et celle de Mark Wilder entre les mains d'Amon, le dieu caché dont ni les humains ni les dieux ne connaissaient le véritable nom. De l'être injuste, il faisait un arbre sec, appelé à devenir du bois de chauffage ; du juste, un arbre épanoui dans le jardin du temple.

Et Pacôme vit des autels garnis de fleurs, sentit le parfum inondant le sanctuaire, entendit le chant des prêtresses célébrant la victoire de la lumière sur les ténèbres. Comme la vie était douce à l'ombre des palmes, au soir d'une longue journée de labeur, lorsque le vent du nord rafraîchissait les cœurs !

Au temps de la sérénité avait succédé celui du combat.

64

Mark embrassa tendrement Ateya, qui s'était endormie à peine allongée sur son lit, et regagna son appartement pour boucler ses valises. Quitter la femme qui l'aimait l'angoissait. Loin d'elle, il serait fragilisé, à moitié aveugle.

— N'allume pas, recommanda la voix de John.

— Comment es-tu entré ?

— Avec une simple clé. Mes services techniques travaillent bien, et j'ai horreur de laisser des traces de mon passage.

— Je suis fatigué, John, je veux dormir et je n'ai pas l'intention de t'aider.

— Désolé, mon ami, c'est indispensable. Pendant ton séjour à Louxor, la situation s'est détériorée, et l'Amérique n'y voit plus clair. Farouk et sa cour de corrompus se sont installés à Alexandrie afin de profiter des vents de la Méditerranée, loin de la chaleur écrasante du Caire. Le roi n'écoute plus que son chauffeur, son valet et son maître d'hôtel. Même les mises en garde d'Antonio Pulli demeurent lettre morte. Croyant tenir la situation en main, le gros Farouk est persuadé que le peuple et l'armée le vénèrent. Il a tout de même ordonné l'arrestation des officiers qui oseraient comploter contre lui, mais l'enquête n'aboutit à rien. Des révolutionnaires chez les militaires ? Sûrement pas ! Uniquement des patriotes fidèles à Sa Majesté. La désinformation pratiquée par les relais de Nasser fonctionne à merveille. Et lui demeure dans une ombre protectrice. La bonne solution pour un avenir radieux ? Nommer le bon général Naguib ministre de la Guerre. Entre banquets, bains de mer et parties de jambes en l'air, Farouk réfléchit et recherche le Premier ministre idéal qui maintiendra l'ordre sans trop de casse. Tout ça, de la poudre aux yeux ! Moi, je dois savoir ce que prépare *réellement* Nasser. Et toi, tu peux le découvrir grâce aux confidences de Mahmoud.

— Je te le répète, John, je suis fatigué.

— C'est urgent et vital, Mark. La stratégie de notre pays dépend de ce renseignement. Dors quelques heures et mets-toi en chasse dès demain matin.

*

*   *

Ateya était plus belle que jamais.

Quand elle ouvrit les yeux, Mark lui caressa longuement le visage. Elle lui sourit, ils s'aimèrent.

Enlacés, ils savouraient un bonheur impossible qu'ils avaient pourtant décidé de construire, jour après jour.

— John m'attendait chez moi, révéla Mark.
— Que te voulait-il ?
— Il exige que je reprenne contact avec Mahmoud afin de connaître les véritables intentions des révolutionnaires.
— Céderas-tu, une fois encore ?
— John me parle de l'intérêt supérieur des États-Unis d'Amérique et moi, je ne songe qu'à l'Égypte. Si je pouvais éviter de nouvelles émeutes et de nombreux morts, ne lui serais-je pas utile ?
— N'oublie pas les papyrus de Toutânkhamon.
— Rassure-toi, ils m'obsèdent. Après avoir rencontré Mahmoud, et cela ne saurait tarder, je partirai pour l'Angleterre.
— Et tu reviendras…
À la manière dont Mark lui témoigna son amour, Ateya n'en douta plus.

*

* *

Mark Wilder ne se trompait pas. Le réseau de Mahmoud le pistait avec autant de vigilance et de persévérance que celui de John. À peine sortait-il de l'immeuble qu'un cireur de chaussures l'aborda.
— Trois mandarines pour un dollar, patron.
— Je te suis.
La Peugeot noire était garée à une centaine de mètres.

L'Américain monta à l'arrière.

— Votre séjour à Louxor fut-il agréable ? demanda Mahmoud.

— L'endroit est inoubliable. Si le destin me le permet, j'y reviendrai flâner.

— Avez-vous récolté des indices intéressants ?

— Possible. La solution se cache peut-être en Angleterre.

— Ah… Vous allez donc quitter l'Égypte ?

— Contraint et forcé. Auparavant, je dois rassurer John. La CIA s'estime aveugle et sourde. Elle juge Farouk irresponsable, incapable d'apprécier la gravité de la situation, mais ignore les véritables intentions du lieutenant-colonel Nasser et du général Naguib. John me charge de les découvrir de manière à orienter la politique américaine.

— Je viens de participer à une réunion secrète où figuraient tous les Officiers libres, épris d'indépendance. Le noyau comprend quinze hommes dont dépendent trois cents sympathisants très actifs. Leurs objectifs demeurent inchangés : chasser les Anglais, mettre fin au colonialisme, prendre le contrôle du canal de Suez, supprimer le féodalisme, donner la primauté au politique sur l'économique, satisfaire les besoins du peuple, établir une démocratie reconnue par tous et former une armée protectrice de la nation. Mais ce processus doit se dérouler en douceur, et sans verser une seule goutte de sang. Nasser a été profondément ébranlé par l'attentat manqué qu'il a si mal conduit. Il se refuse désormais à toute opération terroriste et ne croit qu'à la force des idées.

— Au point de convaincre Farouk ?

— Que les Américains l'obligent à prendre le général Naguib comme principal ministre, et tout ira bien. Ce brave homme déteste la violence et saura défendre à la fois la cause de l'Égypte et celle du roi.

— Pas de révolution dévastatrice en vue, vous en êtes sûr ?

— Certain.

*

* *

Après avoir téléphoné à John pour le rassurer et lui donner les éléments déterminant la conduite à suivre, Mark joignit Dutsy Malone.

— Alors, tu reviens ?

— Encore un peu de patience.

— Toujours cette histoire d'amour ?

— Il faut t'y habituer, Dutsy.

— Toi, marié ! Je n'en reviens pas.

— Toi seul sauras organiser une cérémonie digne de ce nom. Comment vont les affaires ?

— On rame, on galère, on ventile ! Tu es beaucoup plus indispensable que tu ne le supposes.

— Pas de catastrophe en vue ?

— Non, mais ça va forcément arriver !

— Je dois me rendre en Angleterre, Dutsy, et il faut me préparer le terrain.

— Bon Dieu, dans quoi te lances-tu ?

— Je veux retrouver la trace d'un soldat anglais, Richard Adamson, auquel Howard Carter avait confié la mission de garder le tombeau de Toutânkhamon. Je suis certain qu'il est encore vivant et qu'il détient des informations capitales.

— Tu n'en sais pas davantage ?

— Malheureusement non. Et j'écarte les rumeurs qui risqueraient de fausser tes recherches.

— Et si ton bonhomme a pris sa retraite en Australie, en Papouasie ou aux îles Fidji ?

— Tu le retrouveras.

— Bon Dieu de bon Dieu ! Tu crois que je n'ai que ça à faire ?

— Urgent et prioritaire. Je prends l'avion pour Londres dès demain. À mon avis, Adamson coule des jours paisibles en Angleterre.

— Tu deviens impossible, Mark !

— Ne l'ai-je pas toujours été ?

65

À Londres, de faibles pluies s'intercalaient entre deux averses, et ce mois de juin se révélait plutôt agréable. Depuis trois jours, Mark Wilder passait son temps au British Museum où il scrutait chacune des pièces de la collection égyptienne. Matin et soir, il appelait longuement Ateya qui faisait visiter les églises coptes du Caire à des touristes européens.

Malgré ses efforts, Dutsy ne parvenait pas à retrouver la trace de Richard Adamson. Mais le bras droit de l'avocat n'était pas homme à renoncer. Au contraire, la difficulté l'excitait.

Et son quatrième appel fut nettement plus positif.

— Ton Richard Adamson existe bien, annonça-t-il d'une voix tonique. Il a travaillé à Portsmouth, dans un établissement dépendant de l'Amirauté, s'y est installé et a épousé le 24 octobre 1924 Lillian Kate Penfold qui, à ce jour, lui a donné quatre enfants. Pendant la Seconde Guerre mondiale, il a été réserviste volontaire au sein de la Royal Air Force. Un bonhomme tranquille, une carrière et une vie de famille sans histoires. Je me demande si on ne t'a pas refilé un tuyau crevé.

— Tu as obtenu son adresse, bien entendu ?

— Bien entendu. Et je lui ai même fixé un rendez-vous en te présentant comme un assureur, chargé de lui apporter d'excellentes nouvelles.

*

* *

— Je ne suis pas assureur, monsieur Adamson, mais avocat. J'exerce à New York et je cherche à reconstituer les moindres événements de l'aventure extraordinaire de mon père, Howard Carter.

— Carter… Vous ne parlez pas de…

— Si, de l'égyptologue qui a découvert la tombe de Toutânkhamon dont vous avez été le gardien vigilant.

Richard Adamson se cala dans son fauteuil et ferma les yeux[1]. Soudain, il quitta le confort douillet de son intérieur peuplé de fauteuils de cuir, de tapis de laine et de guéridons pour se retrouver dans la Vallée des Rois.

— Toutânkhamon… Je n'ai parlé qu'à ma femme des nuits inoubliables passées dans son tombeau, tout près de lui ! Personne ne peut imaginer ce que j'ai vécu. Mon lit de camp se trouvait entre le mur de la chambre funéraire et le sarcophage, et je n'avais jamais pensé que

1. Pour les souvenirs de Richard Adamson, voir E. Edgar, *A Journey Between Souls*, Lafayette, 1997.

j'aurais pu devenir le garde du corps d'un pharaon ! Au début, je dormais loin de sa momie. Plus la fouille avançait, plus je me suis rapproché. J'étais en présence non d'un mort, mais d'un vivant qui observait les humains. D'après Howard Carter, Toutânkhamon survivait dans l'esprit des dieux, et cette vérité-là, je l'ai ressentie. Je ne dormais pas beaucoup, car mille questions m'assaillaient. Incapable d'y répondre, je savais néanmoins qu'il m'arrivait quelque chose de fabuleux. Je tentais de tout saisir, de me souvenir de tout, de tout savourer. Une part de moi-même est restée dans la Vallée des Rois, une part de mon âme s'est infiltrée dans le sable et dans la pierre. Comment oublier l'instant où je me réveillais, face aux deux statues du *ka* royal, à la peau noire et au tablier d'or ? D'après Carter, elles gardaient intact l'esprit du pharaon et protégeaient son tombeau des forces maléfiques. Et moi, je me demandais : « Que suis-je en train de faire sur terre ? » Ces deux statues allaient-elles me répondre en inclinant leur tête, allaient-elles bouger ?

— Certains ont accusé Howard Carter d'avoir dérobé des objets, rappela Mark.

— Des menteurs ! Mon patron était le plus honnête et le plus intransigeant des hommes. Son triomphe a déclenché la jalousie d'une quantité de médiocres qui n'ont eu de cesse de l'abattre, mais il a tenu bon. Aujourd'hui, ces imbéciles sont oubliés, et lui demeurera le plus célèbre des archéologues.

— Pourquoi avez-vous exigé que votre nom ne figure nulle part, même pas dans les notes personnelles de Carter ?

Richard Adamson hésita à répondre.

— Croyez-vous au surnaturel, monsieur Wilder ?

— En Égypte, n'est-il pas partout présent ?

— À l'époque de la découverte, on a beaucoup parlé de la malédiction de Toutânkhamon. Et cette rumeur-là ne me faisait pas rire. Moi, j'observais et je notais. Et j'ai d'ailleurs rapporté quelques souvenirs de là-bas.

— Acceptez-vous de me les montrer ?

— C'est mon secret, personne n'a vu ces documents… Un jour, ils appartiendront à l'histoire !

Richard Adamson alla chercher une valise qu'il ouvrit avec précaution.

Le cœur de Mark battit plus vite.

Et si le gardien du tombeau avait conservé chez lui les papyrus de Toutânkhamon ?

Réapparurent des photographies, des notes relatant les étapes de la découverte de la tombe et des impressions personnelles, ainsi qu'une liste des personnalités frappées par la malédiction. Adamson avait précisé l'âge du décès et sa cause officielle. Une quarantaine de victimes, dont lord Carnarvon, Arthur C. Mace, Weigall, Georges Benedite ou lord Westbury.

— Moi qui fus si proche de la momie royale pendant tant de nuits, je n'ai pas été touché. Pourquoi Toutânkhamon m'a-t-il épargné, sinon parce qu'il acceptait ma présence ? Au fond, grâce à Carter, il est ressuscité !

Dans la valise, pas le moindre papyrus.

— Mon patron ne croyait pas à cette malédiction, rappela Adamson. Moi, j'ai préféré me montrer prudent. En tout cas, aujourd'hui, je suis un homme heureux, j'ai une femme merveilleuse et de beaux enfants.

— Howard Carter ne vous aurait-il pas confié de précieux documents ?

L'ex-militaire parut étonné.

— Je ne comprends pas...

— Je songe à des papyrus provenant de la tombe.

— Je n'étais qu'un gardien, pas un scientifique ! Cette histoire de papyrus a semé le trouble, je m'en souviens. Carter espérait en découvrir parmi les objets composant le trésor, mais il a été déçu. Enfin, officiellement.

— Et... officieusement ?

— Il aurait bien mis la main sur des papyrus, mais leur contenu lui aurait paru trop explosif pour être divulgué. C'est pourquoi il a jugé nécessaire de les soustraire à la curiosité ambiante, en attendant un moment favorable.

— À qui aurait-il pu confier de tels textes ?

— Howard Carter était solitaire et secret, se méfiait de tout le monde et ne comptait que très peu d'intimes. Un seul homme, à mon avis, aurait été digne de recevoir les papyrus et capable de les dissimuler.

Mark contint son impatience.

— C'était un personnage mystérieux dont j'ignore le nom, poursuivit Adamson. Carter lui témoignait respect et estime, en raison de sa réputation.

— Un égyptologue ?

— Non, un religieux, un abbé copte du Caire. Je n'en sais pas davantage.

66

Dans l'avion qui le ramenait au Caire, Mark lut une bonne dizaine de journaux. Aucun ne parlait de la situation politique en Égypte. En apparence, Farouk tenait solidement les rênes du pouvoir, et les Officiers libres ne songeaient pas à fomenter une révolution aux conséquences imprévisibles. Une fois de plus, le gros monarque saurait utiliser la persuasion, la ruse et la corruption afin de se maintenir sur le trône.

Mark demeurait sous le choc des révélations d'Adamson. Ainsi, c'était l'abbé Pacôme qui détenait les papyrus de Toutânkhamon ! Mais pourquoi l'avait-il envoyé à la recherche de ce trésor qu'il possédait depuis si longtemps, pourquoi s'était-il acharné à lui dissimuler la vérité ?

Complètement perdu, Mark avait hâte de serrer Ateya dans ses bras et de lui donner les incroyables résultats de son séjour à Portsmouth. Elle aussi était manipulée par cet abbé diabolique aux buts incompréhensibles.

Vêtue d'un corsage jaune et d'une jupe bleu nuit, elle l'attendait à l'aéroport.

Indifférents aux regards des badauds, ils s'étreignirent longuement.

— As-tu… les papyrus ?

— Non, Ateya. Et j'ai de bien curieuses nouvelles à t'apprendre.

— Mark… L'abbé Pacôme a disparu.

— Disparu… ou enfui ?

— Pourquoi utilises-tu ce terme ?

— Parce que Richard Adamson m'a appris qu'Howard Carter avait confié les papyrus de Toutânkhamon à Pacôme.

La jeune femme parut stupéfaite.

— Impossible ! En a-t-il la preuve ?

— C'est son opinion.

— Formulée de manière aussi précise ?

— Pas exactement. Il a parlé d'un abbé copte du Caire à l'excellente réputation.

— Ce n'est pas Pacôme, Mark ! Il existe d'autres saints hommes, dans notre communauté.

Les certitudes de l'Américain volèrent de nouveau en éclats.

— Pacôme disparu… En es-tu sûre ?

— Malheureusement oui ! Hier encore, il m'a parlé de menaces dont il faisait l'objet et m'a indiqué une procédure d'urgence en cas de malheur. Rendons-nous immédiatement à l'église la Suspendue pour y contacter un prêtre capable de nous renseigner.

*

* *

Un vent violent soulevait des nuages de sable et de poussière. En cette période de l'année, un phénomène exceptionnel qui ralentissait la circulation, irritait les yeux et les bronches. Au début de l'après-midi, il faisait si sombre que l'on devait allumer des lampes. Les nerfs des Cairotes étaient à vif, et l'on déplorait plusieurs blessés graves qu'avaient assommés des matériaux tombés des toits.

À l'intérieur de la Suspendue, un curé barbu à la forte stature baptisait un garçon par immersion, sept jours après sa naissance. Autour du bassin rempli d'eau bénite, sept bougies. Sur chacune d'elles, un billet comportant un prénom. Le prêtre attendait que s'éteigne la septième et dernière bougie, et donnerait à l'enfant le prénom sacralisé.

Alors que la lueur s'évanouissait, le prêtre regarda Ateya.

— Déplie le papier et révèle-nous le choix de Dieu.

— Cyrille, répondit la jeune femme.

Ateya se garda de lire la suite du texte en copte :

Pacôme a été arrêté par la police de Farouk. Allez voir l'abbé Chénouda dans la cité des morts et demandez-lui la pierre vivante.

*

* *

— Je connais bien ce Chénouda, dit Ateya en brûlant un feu rouge inutile. Il est plus âgé que

Pacôme et a souvent travaillé avec lui sur les anciens textes coptes.

— A-t-il rencontré Howard Carter ?

— C'est très probable, car Chénouda partageait son temps entre Louxor et Le Caire. Il a toujours été proche de Farouk et lui indiquait l'attitude à adopter vis-à-vis des coptes.

— Aurait-il fait arrêter Pacôme ?

— Impensable !

— Tu es trop optimiste, mon amour. L'expérience m'a montré que la nature humaine est capable du pire. Si Chénouda a jugé Pacôme encombrant, il s'en est débarrassé.

— Autrement dit, il aurait retrouvé les manuscrits et décidé d'éliminer ses adversaires ! En ce cas, nous nous jetons dans la gueule du loup.

— Il faut en avoir le cœur net, Ateya. Peut-être l'abbé Chénouda est-il un allié qui nous permettra de sauver Pacôme.

— Je te préviens, la cité des morts n'est pas un endroit agréable, et les étrangers n'y sont pas les bienvenus.

— Je compte sur ton charme pour apaiser les spectres.

— Ne plaisante pas, Mark. Faute de trouver un logement normal, de nombreuses familles ont élu domicile dans d'anciens cimetières musulmans. Une véritable ville s'est organisée, avec ses propres lois.

— Pourquoi l'abbé Chénouda s'est-il installé là-bas ?

— Il vient en aide aux plus pauvres, qu'ils soient coptes ou musulmans. La présence d'un homme de Dieu apaise les tensions et donne l'espoir d'une vie meilleure.

Ateya conduisait avec une dextérité remarquable et savait s'imposer dans les situations les plus délicates, notamment aux carrefours. L'usage du klaxon était vital, de même que l'art du dépassement et celui du zigzag. Une seule règle : ne pas se laisser impressionner et toujours prendre l'initiative.

Vue de loin, Bassatine, la cité des morts, apparaissait comme une vaste nécropole du Moyen Âge où reposaient califes, émirs, sultans et princesses. Des dômes dorés, des mosquées aux marbres plaqués de lames d'or et des minarets avaient jadis fait de l'endroit un superbe hommage aux puissants de cette époque lointaine.

Mais les vivants avaient estimé que ces morts-là en prenaient trop à leur aise et que leurs vastes tombeaux offraient des maisons souvent plus confortables que celles des quartiers déshérités de la capitale. Les autorités n'avaient pas réagi, et des familles entières s'étaient arrogé un droit de propriété sans éprouver le sentiment d'insulter les défunts. Plaques de marbre et lames d'or disparaissaient peu à peu, et les anciens monuments se réduiraient bientôt à de pauvres cubes de maçonnerie dénués de tout attrait.

La cité des morts avait sa propre économie, ses propres chefs, ses propres gardiens et sa propre police. L'ordre y régnait, et nul ne songeait à le troubler.

Ateya gara sa voiture près de l'une des entrées.

À peine franchissait-elle le seuil de la cité des morts en compagnie de Mark qu'un homme trapu armé d'un gourdin leur barra le passage.

— Vous n'habitez pas ici. Faites demi-tour et rentrez chez vous.

— Nous venons voir l'abbé Chénouda.

— Ah... Trop tard.

— Que veux-tu dire ?

— Il est décédé cette nuit.

— Un accident ? s'inquiéta la jeune femme.

— Non, l'extrême vieillesse.

— A-t-il laissé un message ?

— Il attendait la visite d'un étranger.

— Je suis américain et je m'appelle Mark Wilder.

Le gardien hocha la tête.

— C'est bien ce nom-là. Mais il faut quand même t'éloigner.

— Pour quelle raison ?

— Parce que les funérailles se déroulent mal. Deux clans s'affrontent, chacun revendique les biens de l'abbé. L'un comme l'autre préféreront tout détruire plutôt que de voir un vainqueur s'en emparer. L'affaire va prendre vilaine tournure, ne t'en mêle pas.

— L'abbé Chénouda désirait me léguer la pierre vivante, et je dois honorer sa mémoire. Le trahir serait impardonnable.

— Je t'aurai prévenu, étranger. Alors, suis-moi.

67

Le gardien guida Mark et Ateya dans un dédale de ruelles bordées de tombeaux. Soudain une forte odeur d'encens agressa leurs narines. Devant une sépulture de calife devenue la résidence de l'abbé Chénouda, un bassin rempli d'une eau trouble où flottait une croix en argent.

De part et d'autre d'un cercueil enveloppé d'une couverture blanche, deux groupes d'une dizaine d'hommes. À la tête du premier, un prêtre aveugle qui chantait d'anciennes mélopées d'une voix grave pendant que ses assistants lisaient des passages de l'Évangile de Marc. À la tête du second, un colosse au vaste poitrail, au visage fin, allongé comme celui d'un chacal.

Ateya crut mourir de peur.

— Le Salawa… C'est le Salawa !

Des femmes déposèrent au pied du cercueil des paniers remplis de pains ronds. Tel était le salaire du récitant, dont les formules magiques assureraient au défunt un au-delà paisible.

— Mange l'un de ces pains en l'honneur de notre abbé, supplia la doyenne.

Elle le remit au prêtre aveugle qui le dévora à belles dents.

— Donne cette nourriture aux affamés, ordonna-t-il. Chénouda aida les pauvres tout au long de son existence, et sa mort apparente ne l'empêchera pas de les secourir.

— Ces pains nous appartiennent, déclara un maigrichon hirsute qui se tenait à la gauche du Salawa. Personne ne nous les volera. Nous exigeons le logement de l'abbé et tous ses biens.

— Ne prononce pas de paroles remplies de fiel, mon fils. Célébrons la bonté du disparu et vénérons sa mémoire.

— Ta bouche lénifiante est celle d'un voleur ! C'est à mon clan, pas au tien, que l'abbé a légué ce qu'il possédait.

— Allons-nous déclencher un horrible combat au lieu de nous recueillir ?

— Décampez, et nulle violence ne souillera ce deuil !

— Mon frère, ton cœur est la proie d'une haine injuste. Chasse cette fureur destructrice, remplace-la par l'amour du prochain.

— Le responsable de notre affrontement, ce n'est pas toi, mais l'étranger auquel Chénouda voulait transmettre ce qui nous revient. Et cet étranger ose nous défier.

Le bras droit du Salawa se tendit en direction de Mark, et les regards convergèrent vers l'Américain.

— Voici l'incarnation du mal, déclara le maigrichon. Il faut l'anéantir pour que l'âme du saint homme repose en paix.

Ateya sentit son sang se glacer.

Mark était tombé dans le piège tendu par le Salawa. Lorsqu'il avait choisi sa victime, elle n'avait aucune chance de lui échapper. Et le miracle de Louxor ne se reproduirait pas.

Se souvenant de l'enseignement de Pacôme, la jeune femme s'interposa.

— L'âme d'un saint devient un oiseau qui s'envole vers le ciel, et seuls les justes peuvent le contempler. Cet étranger, l'héritier de l'abbé défunt, est l'un d'eux. Si vous l'agressez, vous serez damnés !

Des murmures parcoururent le clan du Salawa. L'un de ses partisans s'enfuit. Le maigrichon lui-même ne put s'empêcher de trembler.

L'homme au visage de chacal avança d'un pas dans la direction de Mark.

Clouée sur place, Ateya fut incapable de reprendre la parole.

Conscient de la puissance infernale qu'il allait affronter, Mark lui opposa le talisman de Pacôme.

Le Salawa se figea.

Quelques instants, Ateya espéra que le papyrus suffirait à le stopper.

Mais le monstre reprit sa marche en avant, et son regard flamboya.

Le signe de l'étoffe pliée, symbolisant la cohérence de l'être, fut effacé. Ensuite disparut la collerette florale, signe de l'épanouissement. Et s'évanouit le pilier osirien, incarnation de la stabilité.

Le Salawa supprimait une à une les défenses magiques.

La prière à Isis, protectrice de l'enfant Horus que Seth cherchait à tuer, ne lui résista pas.

Seule subsistait la croix ansée, l'*ânkh*, emblème de la vie.

Encore un pas, et le Salawa étranglerait Mark de ses énormes mains.

Refusant de céder, il plaqua le papyrus sur le visage du Salawa.

Jaillissant à la manière d'un serpent, Ateya le mordit au cou, à l'endroit où l'énergie montant de la colonne vertébrale irradiait le cerveau.

Le signe *ânkh* s'estompait, mais demeurait lisible.

Les mains du Salawa enserrèrent sa propre gorge, et il poussa un cri d'une telle violence que l'assistance se dispersa à la manière de moineaux affolés.

Des yeux du monstre sortit une fumée pestilentielle. Il se recroquevilla sur lui-même, et de son grand corps ne subsista qu'un tas de cendres.

— Vous nous avez délivrés, reconnut le gardien. La demeure du saint homme vous appartient.

En état de choc, épuisés, ignorant la frayeur des spectateurs de ce drame insensé, Ateya et Mark pénétrèrent dans le tombeau où l'abbé Chénouda avait vécu ses dernières heures.

À leur grande stupéfaction, ils découvrirent une vaste pièce composée de blocs antiques dont certains étaient ornés de hiéroglyphes ! Sur l'un d'eux, le nom de Ramsès II.

— Beaucoup proviennent des pyramides, précisa leur guide. Le saint homme aimait prier ici en faveur des pauvres.

— Où se trouve la pierre vivante ? demanda Mark.

— Tout au fond.

Sur le bloc, une inscription que l'Américain recopia soigneusement.

— L'abbé a-t-il donné sa signification ?

— Non, répondit le gardien. Il s'agissait d'un texte codé qu'il a montré à un curé français.

— De la cryptographie... Merci, l'ami. Cette demeure, je te la lègue.

Ateya et Mark sortirent de la cité des morts en courant. Ils peinaient à croire qu'ils avaient réussi à repousser le Salawa dans son monde obscur, mais étaient persuadés de détenir une information essentielle. Peut-être cette inscription les mènerait-elle aux papyrus de Toutânkhamon.

Un spécialiste saurait les déchiffrer : le chanoine Drioton.

Ateya conduisit plus vite que d'ordinaire, refusant à quiconque une hypothétique priorité.

*

* *

— Nous voulons voir le chanoine, dit Mark Wilder. C'est très urgent.

— Impossible, répondit le domestique chargé de surveiller le domicile de Drioton. Il prend ses vacances en France.

Dépités, Ateya et Mark regagnèrent leur voiture.

— Drioton, l'égyptologue de Farouk... Le roi ne revient-il pas au centre du jeu ? s'interrogea l'Américain.

— Pacôme saura lire cette inscription, affirma Ateya. Il faut le retrouver et le délivrer.

— Tu as raison, c'est notre priorité absolue. Et je sais qui pourra nous aider.

68

Après avoir gagné une partie d'échecs, Nasser alluma une Craven A. Il fumait un paquet de cigarettes par jour et, sans avoir la sensation de trahir sa foi, buvait de temps à autre un verre de whisky. Amateur de ping-pong, grand admirateur de la célèbre chanteuse égyptienne Oum Kalsoum dont les concerts du jeudi soir pouvaient durer six heures, « le fils du facteur », comme certains le surnommaient, appréciait aussi la musique classique.

Et ce soir-là, il écoutait un enregistrement du *Schéhérazade* de Rimski-Korsakov, un compositeur russe dont l'inspiration orientale le séduisait.

L'audition terminée, le lieutenant-colonel Nasser déclara d'une voix sèche :

— J'ai pris ma décision. Nous agirons au début du mois d'août. Les officiers auront touché leur solde, et ils se sentiront prêts à combattre pour la liberté.

*

* *

C'est un marchand de galettes qui conduisit Mark à la voiture de Mahmoud.

— J'avais besoin de vous voir d'urgence.

— Moi aussi, rétorqua l'Américain. L'abbé Pacôme a disparu.

— Les Officiers libres ne sont pas responsables. C'est forcément un mauvais coup de la police de Farouk.

— Je veux savoir où se trouve l'abbé.

— Ce ne sera pas facile, car d'autres priorités m'appellent. Nasser a décidé d'agir.

— Agir… De quelle manière ?

— Prendre le pouvoir au début du mois d'août.

— Je croyais qu'il voulait trouver un terrain d'entente avec Farouk !

— La situation s'est profondément dégradée, déplora Mahmoud, abattu. Le roi refuse obstinément de nommer ministre le général Naguib et il persiste à vouloir dissoudre le Club des officiers malgré l'avis contraire de son Premier ministre. Les membres seront transférés dans des garnisons éloignées du Caire, Naguib compris. Ainsi, Farouk estime briser les reins d'éventuels comploteurs. Une véritable déclaration de guerre aux cadres de l'armée !

— Les Officiers libres seront-ils arrêtés ?

— Non, l'organisation demeure hors d'atteinte grâce au cloisonnement établi par Nasser et à son sens du secret.

— Pourquoi s'estime-t-il prêt à sortir de l'ombre ?

— Parce que les événements l'exigent. Le roi va nommer son âme damnée, le général Sirri Amer, ministre de la Guerre. Ce boucher, lui, parviendra sûrement à débusquer les révolutionnaires et frappera sans pitié. Aussi Nasser doit-il le prendre de vitesse. Farouk demeure inconscient du danger. Il a changé une nouvelle fois de Premier ministre, et son attaché de presse[1], organisateur de ses plaisirs nocturnes, a répondu à un journaliste inquiet : « Mon cher, les révolutions, c'est nous qui les provoquons lorsque nous les estimons nécessaires. Et cela ne nous coûte pas cher. » Nous sommes en plein délire, monsieur Wilder ! Mais Nasser sait où il veut aller. Avertissez la CIA. Sinon, des flots de sang couleront dans les rues de la capitale.

*

* *

John alluma son cigare. D'un œil distrait, il assistait à un match de tennis entre deux jolies Anglaises qui croyaient encore que Le Caire resterait un morceau d'Occident.

— As-tu rencontré Mahmoud ?

— Il redoute le pire, annonça Mark.

— Il n'a pas tort. Le Premier ministre ne parvient pas à convaincre Farouk d'assouplir sa position vis-à-vis du général Naguib. Ce gros

1. Karim Tabet.

despote pense qu'il détient toujours les cartes majeures.

— Ce n'est pas ton avis ?

— Ce n'est pas celui de l'administration des États-Unis.

— La CIA abandonnerait Farouk ?

— À cause de toi, Mark. Tu nous as révélé le rôle capital de Nasser et nous avons tenu compte de cette information décisive. Farouk n'est plus qu'un pantin, incapable de jauger la situation et d'agir avec efficacité. Autour de lui, des courtisans, des spéculateurs, des flatteurs et des menteurs. Il a joué, il a perdu. Demain, c'est Nasser qui dirigera le pays. Il utilisera le général Naguib comme homme de paille et se débarrassera de ce pauvre type quand il aura décidé d'apparaître sur le devant de la scène en se dotant des pleins pouvoirs.

— Et s'il se détournait des États-Unis en choisissant d'autres alliances ?

— On fera le nécessaire.

— Ne redoutes-tu pas des milliers de morts ?

— C'est le lot de toutes les révolutions. L'Amérique elle-même a payé le prix du sang pour acquérir son indépendance.

— Imagines-tu la déception et la détresse de Mahmoud ?

— Ce n'est qu'un pion sur l'échiquier. L'enjeu le dépasse.

— Comment peux-tu te montrer aussi cynique, John ?

— Si tu veux devenir un homme politique de premier plan, il te faut oublier les sentiments et la bonne conscience. Seul compte le but à atteindre.

— Le choix de Nasser est-il définitif ?

— L'Amérique souhaite un régime fort et un partenaire commercial. Farouk est tellement corrompu qu'il en devient malhonnête et inefficace. À quelle date Nasser compte-t-il agir ?

— Début août.

— Essaie d'en savoir davantage.

— J'ai une autre priorité, précisa Mark. L'abbé Pacôme a été arrêté par la police de Farouk, et tu dois m'aider à le libérer.

— Désolé, mon ami, mais mon réseau doit rester d'une discrétion absolue.

— Je t'ai rendu beaucoup de services, John.

— Dans mon métier, il n'existe pas de réciprocité. Ton abbé, je m'en moque. À la veille d'un coup d'État qui modifiera l'avenir du Proche-Orient, j'ai d'autres préoccupations.

— Ne compte plus sur moi pour t'aider.

— Mahmoud est hors course, les événements vont s'enchaîner. Tu devrais quitter l'Égypte au plus vite, Mark. Désormais, tu n'auras que de mauvais coups à récolter.

L'avocat se leva et toisa l'agent secret.

— Tu me considères comme une éponge que l'on jette après un usage intensif, et tu te trompes lourdement. Une seconde et dernière fois, je te le demande : acceptes-tu de m'aider à libérer Pacôme ?

— Sécurité oblige, hors de question.

— Je saurai m'en souvenir, John.

— L'Histoire te fera tout oublier.

— Tu négliges l'importance des papyrus de Toutânkhamon. Seul l'abbé Pacôme peut me permettre de les retrouver. De leur contenu dépend le sort de la région, voire de notre monde.

— Je n'ai pas le temps d'attendre, Mark, et je dois m'adapter aux circonstances. Écoute mes conseils, et ne t'attarde pas au Caire. Ici, ton rôle est terminé. Songe à ta carrière et rentre à New York. Un personnage de ton envergure ne s'embourbe pas dans une liaison sentimentale vouée à l'échec. Le sénateur Wilder n'aura aucune peine à trouver une épouse fortunée appartenant à la meilleure société.

Un cri de joie retentit.

Grâce à un smash décisif, la plus jeune des deux tenniswomen venait de remporter la partie. John applaudit.

69

— Ni John ni Mahmoud ne veulent m'aider, avoua Mark à Ateya. Ils se moquent du sort de l'abbé Pacôme et ne s'intéressent qu'à l'évolution de la situation politique. Farouk semble fichu.

— Il peut réagir avec une extrême violence… Et moi, je dois te dire toute la vérité.

Il la prit dans ses bras.

— Que m'as-tu caché ?

— Je suis la fille unique de Pacôme. Ma mère est morte à ma naissance. Elle avait trente-huit ans, lui cinquante. Il m'a entourée d'une telle affection que j'ai réussi à surmonter l'absence et la souffrance. Me laissant libre d'agir à ma guise, il m'a tout appris.

— Pour nous deux… Tu lui as parlé ?

— Bien sûr. Il sait que nous nous aimons et approuve sans réserves ton projet de mariage.

— *Notre* projet !

Ateya sourit.

— Notre projet.

— Il faut libérer ton père ! Mais comment découvrir son lieu de détention ?

— J'ai peut-être la solution. Pacôme n'est pas seulement un abbé copte mais aussi le dernier représentant de la lignée des prêtres d'Amon qui a survécu jusqu'à nos jours, malgré les occupations successives de l'Égypte. Et je suis la seule à connaître la chapelle pharaonique où il officie quotidiennement. Là-bas, j'espère obtenir une réponse.

Ateya et Mark se rendirent au domicile de Pacôme.

La police ne le surveillait pas.

Au fond de la bibliothèque, un mur couvert d'images pieuses. En appuyant sur le visage de la Vierge, la jeune femme le fit pivoter.

Mark descendit trois marches de granit et découvrit un sanctuaire ancien peuplé de bas-reliefs décrivant des rites pharaoniques. Stupéfait, il se sentit brusquement transporté dans un lointain passé où ces symboles étaient emplis de force.

Ateya se recueillit devant une table d'offrandes datant de l'époque des grandes pyramides.

— Nous devons nous purifier par le feu et par l'eau, annonça-t-elle. Ensuite nous tenterons d'entrer en contact avec mon père.

Jouant le rôle d'une prêtresse, Ateya fit brûler trois boulettes d'encens, le *sônter,* « ce qui rend divin ». La fumée parfuma la chapelle et ouvrit le regard du couple à l'invisible.

Puis l'officiante prit un vase contenant de l'eau du *Noun,* l'énergie céleste où naissaient toutes les formes de vie. Elle en versa le contenu sur les épaules de Mark et sur les siennes. Ainsi entendraient-ils la grande parole traversant les mondes et les espaces.

Ateya lut le dernier rituel qu'avait célébré son père, consacré à l'éveil en paix de la puissance divine. Elle invoqua la protection d'Horus l'Ancien, l'immense faucon dont les ailes étaient à la mesure de l'Univers, et le pria de lui donner accès à l'esprit de son fidèle suivant, Pacôme.

À la surface de la table d'offrandes, le visage du prêtre d'Amon se dessina. Autour de lui, les murs d'une prison, des barreaux, un couloir, une rue, des immeubles.

Et l'image s'effaça.

— Je connais cet endroit, déclara la jeune femme.

*

* *

Le 20 juillet 1952 à minuit, les principaux responsables du mouvement occulte des Officiers libres, à l'exception de Sadate en mission au Sinaï, se réunirent autour de Nasser et du général Naguib, porteur de nouvelles inquiétantes.

En dépit de multiples interventions, le roi Farouk demeurait sur ses positions. Il était sur le point de nommer le redoutable Sirri Amer ministre de la Guerre afin de contrôler étroitement la situation et d'éliminer tous ses adversaires en utilisant la force si nécessaire.

Grâce aux précautions prises par Nasser, la police du régime ne soupçonnait pas l'existence de cette réunion.

— Cette fois, constata le lieutenant-colonel, nous sommes en danger. Si nous demeurons passifs, nous serons exterminés. L'opération prévue au début du mois d'août serait trop tardive. C'est pourquoi nous agirons immédiatement. Personne ne nous gênera : le gouvernement, discrédité, réside à Alexandrie ; les hommes politiques étrangers et les diplomates sont rentrés chez eux pour y passer des vacances. Bref, la voie est libre.

— Quel est ton plan ? demanda l'un des conjurés au fils du facteur.

— Les corps d'armée que nous contrôlons se rassembleront au PC de la cavalerie. Puis nous ordonnerons aux chars de prendre possession des endroits clés du Caire, pendant que d'autres troupes s'empareront du quartier général de l'armée.

Un long silence succéda à ces déclarations. Chacun avait conscience de participer à un moment historique en prenant la bonne décision qui changerait la destinée du pays.

Personne ne s'opposa à Nasser.

— Secret absolu, exigea-t-il. De lui dépendra notre succès. Préparons la coordination de nos diverses attaques en ne laissant rien filtrer de nos intentions. Un seul bavardage, et nous échouerons.

Mahmoud était au bord du malaise.

L'inévitable guerre civile se traduirait par des massacres d'une effroyable ampleur. Du général Sirri Amer ou du lieutenant-colonel Nasser, qui serait le vainqueur, trônant sur des monceaux de cadavres et une capitale dévastée ?

Si les Américains ne supprimaient pas Nasser, ils laisseraient l'Égypte courir à l'abîme. Lui, personne ne le soumettrait. Farouk, au contraire, deviendrait un pantin entre les mains des marionnettistes de la CIA.

Mahmoud devait alerter Mark Wilder au plus vite.

Nasser lui posa la main sur l'épaule.

— Tu vas jouer un rôle décisif, mon ami. Tes hommes serviront d'agents de liaison, tout au long des heures à venir.

— Vous pouvez compter sur moi.

— Si nos communications étaient interrompues, nous deviendrions une proie facile pour les chacals de Farouk.

— J'ai une excellente équipe.

— Courage, Mahmoud. Nous triompherons.

Les Officiers libres se dispersèrent.

Nasser passa devant deux policiers qui ne lui prêtèrent pas la moindre attention. Jusqu'à cette minute, aucun de ses partisans ne l'avait trahi. Il se sentait tellement confiant que les angoisses de ces dernières semaines disparaissaient.

Et son allure était celle d'un conquérant.

Effaré par tant d'assurance, Mahmoud était désemparé. S'il désobéissait aux ordres, Nasser ne tarderait pas à s'en apercevoir. Désormais, impossible d'échapper à la marche inexorable du destin. Les Américains avaient-ils décidé de soutenir Farouk ou de l'abandonner ? Le fils du facteur ignorait à quel point son pari était risqué !

L'homme lançait les dés, mais Dieu ne contrôlait-il pas leur course ?

70

Mark Wilder et John se rencontrèrent sur une felouque. On y servait du thé et des pâtisseries.

— Qu'as-tu de si urgent à me dire ? demanda l'agent secret.

— Je connais l'emplacement de la prison où l'abbé Pacôme est incarcéré. Toi seul peux intervenir pour le faire libérer.

— Pas le temps, mon ami.

— Je dispose d'un texte crypté que Pacôme doit déchiffrer et qui nous mènera aux papyrus de Toutânkhamon.

— Désolé, Mark, j'ai d'autres préoccupations. Bientôt, Le Caire sera sans doute à feu et à sang. L'Amérique doit tirer son épingle du jeu.

— Je ne te le demande pas, John. Je te l'ordonne.

L'espion sursauta.

— Pardon ?

— Farouk possède probablement l'ultime clé dont j'ai besoin, Pacôme me le confirmera. De plus, il est le père d'Ateya, la femme que j'aime. Si tu refuses d'intervenir, je dévoilerai ton véritable rôle à l'ambassade et à la presse. Et si tu m'élimines, Ateya s'en chargera, et après elle tous les coptes du Caire.

John était livide.

— Tu ne commettrais pas une pareille folie !

— Tu ne me laisses pas le choix.

— Sais-tu qui je suis vraiment. Mark ? Pendant la guerre contre Israël, en 1948, Nasser a eu plusieurs contacts avec un capitaine ennemi. Parler d'amitié serait excessif, mais les deux hommes ont beaucoup discuté. L'Égyptien était fasciné par la manière dont le peuple juif avait conquis son indépendance. Moi, j'ai bien connu le capitaine Yeruham Cohen, et ses informations me furent utiles pour orienter la politique de mes deux pays.

— Tu veux dire…

— Je suis juif et américain[1], et je dispose d'un réseau de douze agents israéliens infiltrés dans les principaux rouages de l'État et même dans l'armée. Ces hommes risquent leur vie à chaque seconde. Veux-tu être responsable de leur mort, au terme d'effroyables tortures ?

Mark repoussa sa tasse de thé.

— Tu as gagné, John. Je me débrouillerai seul.

— Toi aussi, tu as gagné. Je vais m'occuper de Pacôme, mais il me faudra deux ou trois jours afin d'agir avec souplesse. Et j'aurai peut-être besoin de toi, à un moment ou à un autre, afin de

---

1. John portait le nom de code de « Darling ». Il ne fut jamais identifié et, lors du démantèlement de son réseau, le 1er octobre 1954, il demeura introuvable.

communiquer un message à Nasser. À présent, tu sais pourquoi je ne peux pas le rencontrer en personne. Jamais il ne devra se douter de ma présence au Caire.

Mark se leva.

— Je suppose qu'il est inutile de t'indiquer l'emplacement de la prison de Pacôme. Tu le connais, bien entendu ?

— Exact.

*

*   *

À Alexandrie, cette matinée du 22 juillet 1952 était chaude et ensoleillée. Sur les cinq kilomètres du front de mer, on se pressait aux terrasses des cafés avant d'aller déjeuner dans un restaurant à la mode. Et le soir, après une sieste réparatrice et des bains de mer au cours desquels les élégantes exhiberaient leurs maillots une-pièce, on s'amuserait dans des boîtes de nuit dignes des capitales européennes.

La cité fondée par Alexandre le Grand demeurait cosmopolite, accueillant toutes les races et toutes les cultures, déclenchant l'irritation des musulmans fondamentalistes qui se promettaient de la brider dès que possible. Pour l'heure, les plages étaient pleines ; Turcs, Arméniens, Italiens, Grecs, juifs et autres ressortissants formaient une communauté paisible où l'on s'exprimait volontiers en français.

D'ordinaire, dès le 15 mai, la cour s'installait au palais de Montazah où elle séjournait pendant cinq mois, loin de la canicule qui écrasait Le Caire. Au bord de la Méditerranée, la résidence royale bénéficiait de somptueux jardins parcourus d'allées menant à des pavillons, aux potagers, au verger, à la ferme, à la laiterie et aux logis des fonctionnaires. Bien entendu. Sa Majesté disposait d'une plage privée.

Couronné de tourelles et de clochetons, le palais de Montazah comprenait trois étages. Au rez-de-chaussée, les salles de réception, la salle à manger, le bureau de Farouk et son billard ; au premier, les appartements privés du monarque et de son épouse.

Ce matin-là, Farouk réfléchissait.

À 17 heures, il recevrait les membres de son nouveau gouvernement dans son autre palais d'Alexandrie, celui de Ras el-Tine. Et il leur annoncerait sa principale décision : le choix du ministre de la Guerre, chargé de sauver le régime en protégeant la royauté contre d'éventuels séditieux.

Face aux incessantes critiques contre la nomination du violent Sirri Amer, Farouk avait changé son fusil d'épaule. Une fois de plus, il surprendrait tout son monde et prouverait qu'il restait le seul maître à bord.

Particulièrement satisfait de lui-même et de son sens des affaires, l'obèse déjeuna d'un bel appétit, s'offrit une longue sieste et se fit conduire au palais de Ras el-Tine qu'avait édifié son illustre prédécesseur, l'Albanais Méhémet-Ali, grand destructeur des monuments anciens, adepte de modernisme et dictateur sans nuances.

Les quinze ministres formant le gouvernement de Farouk l'attendaient avec impatience. Tant de rumeurs, de rancœurs et d'inquiétudes... L'écrin d'Alexandrie n'était-il pas qu'une illusion ? Au roi de prouver son autorité en prenant les bonnes mesures. Puisqu'il détenait tous les pouvoirs, à lui de les utiliser à bon escient.

Discret, Antonio Pulli espérait que le monarque suivrait ses conseils. Déjà, il avait renoncé à l'épreuve de force avec l'armée. Il ne lui restait qu'à appeler le général Naguib afin d'apaiser les tensions, de s'attirer la ferveur populaire et de repartir sur de nouvelles bases. Farouk avait commis suffisamment d'erreurs pour en tirer d'utiles leçons et choisir la voie du compromis.

Les quinze redingotes s'alignèrent.

Quand apparut le beau-frère du roi[1], le Premier ministre ne parvint pas à dissimuler son étonnement.

— Majesté, je ne comprends pas... Que fait-il parmi nous ?

— Messieurs, voici notre nouveau ministre de la Guerre. Mettons-nous au travail.

Le gouvernement se retira.

Comme les ministres, Antonio Pulli était atterré. Farouk semblait avoir perdu l'esprit en nommant un incapable à ce poste clé. Son beau-frère se réduisait à ce titre-là et n'exerçait aucune influence sur l'armée.

L'éminence grise regarda sa montre : 17 h 15 !

Une heure grave.

1. Le colonel Cherine.

71

Ateya et Mark venaient de faire l'amour lorsque le téléphone sonna.

Pour la première fois depuis que l'avocat le connaissait, la voix de John tremblait un peu.

— Farouk a trompé son monde, révéla-t-il. Il a ordonné l'arrestation de tous les officiers supérieurs soupçonnés de lui être hostiles, à commencer par le général Naguib. Les fidèles de Nasser seront emportés dans la tourmente. Tu dois le prévenir immédiatement.

— Comment le contacter ?

— Je t'envoie un chauffeur qui te conduira à son domicile. Annonce-lui que les États-Unis ne désapprouveront pas son action.

— Je n'occupe aucun poste officiel, John.

— C'est bien pourquoi je te confie cette mission. En cas d'échec de Nasser, notre pays ne sera pas impliqué.

— N'oublie surtout pas l'abbé Pacôme.

— Je viens d'acheter le directeur de la prison. Un peu de patience, et ton curé sera légalement libéré. Avec Nasser, tu risques ta peau. Tâche d'être convaincant.

Mark ne cacha rien à Ateya.

La jeune femme se lova contre lui.

— N'y va pas, Mark. C'est trop dangereux.

— J'ai conclu une sorte de pacte. Si je n'aide pas John, ton père risque le pire.

Ils s'embrassèrent comme s'ils ne devaient jamais se revoir.

Une voiture blanche attendait l'Américain au pied de l'immeuble de Zamalek. Le front bas, le chauffeur ne prononça pas un mot et conduisit à vive allure.

Mark reconnut le quartier et la maison de Manchiet el-Bakri.

À peine descendait-il du véhicule que deux hommes l'encadrèrent.

— Je veux voir Nasser, déclara-t-il d'une voix ferme. J'ai des informations vitales à lui communiquer.

Prenant l'Américain par les bras, les deux vigiles l'obligèrent à marcher vite en direction du domicile du leader occulte de la révolution.

À l'entrée, ils le fouillèrent.

Le lieutenant-colonel apparut.

— Monsieur Wilder ! Quel bon vent vous amène ?

— Farouk exige une rafle. Son chef d'état-major a convoqué les fidèles du roi à 22 heures. Ils décideront d'arrêter les principaux opposants et de proclamer la toute-puissance du roi.

Nasser regarda fixement son hôte.

— J'agirai donc plus tôt que prévu, annonça-t-il. Attendez-moi quelques instants.

Le fils du facteur revêtit son uniforme, donna à son frère tout l'argent liquide qu'il possédait, embrassa sa femme sur la joue et prit l'Américain par les épaules.

— Venez avec moi, monsieur Wilder.

— Une précision : la CIA ne bougera pas. Et l'Amérique ne s'opposera pas à vos initiatives.

— Vérifions-le sur le terrain, voulez-vous ?

À 19 h 10, Nasser et Mark Wilder montèrent dans une Morris. Le lieutenant-colonel voulait prévenir ses principaux soutiens que l'opération « prise de pouvoir » était avancée.

— Si nous contrôlons la totalité de l'armée, dit Nasser, nous réussirons. Tel est bien le désir des États-Unis, n'est-ce pas ?

Mark hocha la tête affirmativement.

Soudain, un barrage. Des soldats braquèrent leurs armes vers la Morris qui s'immobilisa.

— J'ai donné l'ordre d'arrêter les officiers à partir du grade de colonel, révéla Nasser. Ces braves l'exécutent.

La révolution risquait d'échouer parce que son chef avait été bloqué par ses propres partisans ! Son uniforme, en effet, le désignait comme suspect.

L'Américain jaillit de la voiture.

— Nous allons au quartier général, déclara-t-il. Les États-Unis vous appuient et chasseront les Anglais.

Un gradé de rang subalterne s'approcha et reconnut Nasser.

Aussitôt, il poussa des cris de joie, et la Morris redémarra, acclamée.

— Vous ne manquez pas de sang-froid, monsieur Wilder.

— Le métier d'avocat ne consiste-t-il pas à trouver de bons arguments ?

*

*   *

Il était 23 h 15.

Conformément aux directives de Nasser, un régiment favorable à la révolution venait d'emprisonner les généraux fidèles à Farouk et chargés de briser les reins des comploteurs. Malheureusement pour eux, ils jouaient moins bien aux échecs que le fils du facteur et avaient un coup de retard sur lui.

Le quartier général était aux mains des insurgés. Tentant de résister, deux sentinelles avaient été abattues.

En cette nuit décisive, les deux seuls morts à déplorer. Partout ailleurs, pas d'autres combats. Les soldats se ralliaient en masse aux Officiers libres et retrouvaient ainsi leur honneur perdu.

Abasourdi, Mark assistait à un putsch presque pacifique et minutieusement préparé. Les chars occupaient les points stratégiques de la capitale, et Sadate, spécialiste des transmissions, ne tarderait pas à s'emparer de la radio. En disposant d'une voix, la république pourrait bientôt parler au peuple.

— Vous avez réussi, colonel.

— Une étape essentielle, reconnut Nasser, mais seulement une étape. Nous contrôlons Le

Caire, l'armée nous obéit, mais Farouk demeure le chef de l'État, et sa réaction risque d'être brutale.

— Les États-Unis ne le soutiendront pas. Mon pays ne veut pas d'une guerre civile.

— Quelle sera l'attitude des Anglais ? Eux, ils occupent l'Égypte et n'abandonneront pas le canal de Suez.

— Il y aura des pressions diplomatiques afin d'éviter un bain de sang. Pris au dépourvu, les Britanniques n'auront pas le temps d'organiser une riposte efficace.

— Je compte un peu là-dessus, en effet. Quoi qu'il en soit, leur sort est scellé. Voilà bien des années que j'ai décidé de les chasser d'Égypte et j'y parviendrai.

— Si vous terrassez Farouk, quel sort lui réservez-vous ?

Pour Mark, la réponse à cette question était capitale. En cas de disparition brutale du roi, les papyrus de Toutânkhamon demeureraient inaccessibles.

— D'après mon expérience, affirma Nasser, le sang appelle le sang. Certains de mes compagnons exigent l'exécution du tyran, pas moi. Je tâcherai de trouver une meilleure solution. En attendant, l'un de mes proches contactera d'abord l'attaché naval américain, puis le chargé d'affaires britannique. Il leur apprendra que le général Naguib a été nommé commandant en chef de l'armée et que les Officiers libres contrôlent la capitale. Ils nommeront un nouveau

Premier ministre et contraindront le roi à entériner cette décision. Si les États-Unis et l'Angleterre se gardent d'intervenir, aucun désordre ne se produira et aucun étranger n'aura à souffrir du nouveau pouvoir. Maintenant, monsieur Wilder, rentrez chez vous et allumez votre poste de radio.

72

Peu avant 7 heures, Sadate lut à la radio un communiqué signé de Mohamed Naguib, commandant en chef de l'armée. Au peuple égyptien, il annonçait que le pays sortait enfin de la période la plus sombre de son histoire. Après tant d'années de corruption, l'armée était épurée et dirigée par des patriotes intègres méritant la confiance de tous. Le général Naguib ne tolérerait aucune violence, et les éventuels fauteurs de troubles seraient considérés comme des traîtres, passibles de lourdes sanctions. L'armée et la police feraient respecter la loi, et les étrangers n'avaient rien à craindre. Partout, le calme régnait.

Du balcon de l'appartement d'Ateya qu'il serrait tendrement contre lui. Mark contemplait Le Caire.

— Nasser a gagné. Les Anglais s'inclineront, les Américains abandonneront Farouk.

— Ils vont le pendre, prédit Ateya.

En bas de l'immeuble, une voiture s'arrêta.

En descendirent John… et l'abbé Pacôme !

Ateya se précipita dans l'escalier.

Mark se hâta de préparer du café auquel chacun fit honneur. Le vieil homme était marqué par sa détention, mais refusa d'évoquer ses heures douloureuses.

— Je n'oublierai jamais votre geste, dit Ateya à John.

— Nous avons eu de la chance. On vide les prisons remplies d'opposants à Farouk, on les remplit de ses partisans. Ainsi vont les révolutions. Le pire ennemi des Officiers libres, le général Sirri Amer, est en fuite[1]. Il n'a pas trouvé suffisamment d'hommes pour lancer une contre-attaque. Le bon général Naguib n'est qu'un pantin entre les mains de Nasser qui contrôle désormais la totalité des forces armées. Quant au nouveau Premier ministre nommé par les révolutionnaires, l'expérimenté Maher, il est âgé de soixante-dix ans et déteste les Anglais. Ce ne sera qu'un pion sur l'échiquier de Nasser.

— Les Anglais, justement… Comment réagissent-ils ? s'inquiéta Mark.

— Ils sont K-O debout. Leurs diplomates et leurs services secrets n'ont rien vu venir.

— Tu les as bien désinformés, me semble-t-il.

— Nos cousins britanniques sont fous de rage, mais contraints de s'incliner devant le fait accompli, d'autant plus que les États-Unis ne dissimulent pas leur satisfaction. Ni l'opinion ni les

1. Il sera arrêté alors qu'il tentait de passer en Libye.

journalistes[1] ne prennent encore conscience de l'ampleur des événements. Ça laissera à Nasser le temps de traiter le cas Farouk.

— Est-il décidé à lutter ?

— Lui non plus n'a rien compris et persiste à croire que l'armée lui restera fidèle. Antonio Pulli, en revanche, ne se fait plus d'illusions. Il vient d'entrer en contact avec l'ambassadeur[2] des États-Unis et le supplie de sauver Farouk. Bien qu'aucun navire de guerre américain ne soit proche d'Alexandrie, ce qui nous arrange bien, le diplomate a promis que la vie du roi serait épargnée. Il s'est rendu en personne au palais afin de servir de négociateur entre Sa Majesté et les révolutionnaires. Désormais, Nasser est le maître du jeu… À lui de décider. Dans les prochains jours, de nombreux agents de la CIA et quantité de « conseillers » arriveront en Égypte pour aider le pays à sortir de l'oppression coloniale sans sombrer dans un enfer communiste. Le Nouveau Monde se porte au secours de la plus vieille des civilisations.

— Je dois m'entretenir avec Farouk, décréta Mark.

— Reste ici, en famille, et attends que la crise soit résolue. Ne tente surtout pas de te rendre à Alexandrie.

— Tu as terminé ta mission, John. Moi, je dois accomplir la mienne.

---

1. Le journal *Le Monde* affirmera que, « si l'autorité du roi a été bravée, sa position personnelle n'est pas mise en cause ».

2. Jefferson Caffery.

— Ces fameux papyrus... Oublie-les, marie-toi et sois heureux. Ne finis pas comme ce pauvre Mahmoud qui s'est suicidé à l'aube, le jour du triomphe de Nasser. Officiellement, il ne supportait plus les souffrances dues à une maladie incurable. Jusqu'à présent, tu t'en es bien tiré ; ne force pas ta chance. Tu es un type bien, mon ami. On ne se reverra sans doute jamais.

— Donne-moi les autorisations nécessaires pour atteindre le palais royal d'Alexandrie.

— C'est de la folie, Mark. Nul ne sait ce qui va se passer là-bas.

— Tu me dois bien cela.

— À ta guise. Dans une heure, tu auras une voiture avec un chauffeur.

Détestant les congratulations, John s'éclipsa.

L'abbé Pacôme commençait à reprendre quelques forces. Sa fille Ateya lui tenait les mains.

Mark lui montra l'inscription hiéroglyphique qu'il avait recopiée dans la tombe où résidait le défunt Chénouda.

— « Recherche le dieu parfait dont on se glorifie », déchiffra Pacôme. Il s'agit d'un texte de Toutânkhamon. Malheureusement, il ne nous procure aucune indication sur la cachette des papyrus.

La déception de Mark fut profonde. Cette fois, il s'attendait à franchir une étape décisive. Mais le trésor demeurait inaccessible.

— Tu as échappé au Salawa, rappela Ateya, et ce fut un véritable miracle ! N'insulte pas Dieu, mon amour, et accepte cette défaite-là. N'est-ce pas ton avis, père ?

— Ma fille a raison, approuva Pacôme. T'obstiner serait inutile.

— Sûrement pas ! J'ai le sentiment d'être proche du but. Puisque Farouk va perdre son trône et peut-être sa vie, pourquoi continuerait-il à mentir ? Grâce à Pulli, je connaîtrai la vérité.

— Le risque est trop grand ! protesta la jeune femme.

— Combien de temps aimerais-tu un lâche, incapable de tenir sa parole ? J'ai fait une promesse solennelle à ton père et j'irai jusqu'au bout de mon voyage. Quand j'aurai retrouvé les papyrus de Toutânkhamon, nous nous marierons et tu choisiras le pays où tu voudras vivre. Si l'Égypte de Nasser devient inhospitalière, l'Amérique vous accueillera, toi et ton père.

Le regard de l'abbé Pacôme était approbateur, et sa fille ne put opposer aucun argument digne de convaincre Mark de renoncer.

*

* *

Le chauffeur de la CIA disposait des autorisations nécessaires pour franchir d'éventuels barrages entre Le Caire et Alexandrie. Comme l'espérait Nasser, le pays n'était pas à feu et à sang. Chacun voyait bien, notamment en raison de la présence de nombreux chars, que les Officiers libres régnaient sur la capitale.

Mais qu'adviendrait-il de Farouk ? L'habile prestidigitateur d'autrefois saurait-il reprendre la main en hypnotisant ses adversaires ? Les spécialistes de la politique égyptienne prédisaient d'ailleurs l'échec du mouvement des Officiers libres, faute de leaders d'envergure. Seul Naguib, d'origine soudanaise, était un peu connu en raison de son attitude courageuse pendant la guerre en Palestine. Mais ni lui ni ses obscurs compagnons ne possédaient la moindre expérience gouvernementale, et leur aventure se terminerait forcément en queue de poisson. Après quelques soubresauts, Farouk se débarrasserait de ces trublions. Le Wafd, vieux parti nationaliste, reviendrait aux affaires et les soldats rentreraient dans le rang.

Un peu partout, les gens se regroupaient autour de radios en espérant des nouvelles précises qui mettraient fin au cortège de rumeurs. Écrasées de chaleur, les rues du Caire étaient presque vides. On traversait un monde étrange, suspendu entre la peur et l'espérance.

Mark Wilder, lui, ne songeait qu'au bref parcours entre la capitale et Alexandrie. Les dieux lui éviteraient-ils tout obstacle ?

73

Ce 25 juillet 1952, Alexandrie était calme.

À croire que la révolution des Officiers libres n'avait pas eu lieu et que la cour de Farouk, toujours monarque absolu, passait de tranquilles vacances au bord de la mer.

Grâce à ses accréditations, Mark Wilder passa aisément deux postes de contrôle et, en fin de soirée, fut reçu au palais de Montazah par Antonio Pulli.

L'éminence grise de Farouk avait vieilli de dix ans.

— Venez-vous du Caire, monsieur Wilder ?

— En effet.

— Les révolutionnaires contrôlent-ils vraiment la ville ?

— Sans aucun doute.

— La population ?

— Elle leur est favorable. Ils promettent l'indépendance, la fin des privilèges et de la corruption.

— Comme ils vont être déçus ! Décidément, les humains ne peuvent se nourrir que d'illusions. Pourquoi désiriez-vous me voir, monsieur Wilder ?

— Je continue à rechercher les papyrus de Toutânkhamon et j'ai acquis la certitude qu'ils sont entre les mains de Farouk.

— En raison de la gravité de la situation, j'ai fait sortir d'Égypte un certain nombre de trésors appartenant à Sa Majesté. Les révolutionnaires les auraient brûlés. Quand des ambitieux avides de puissance prennent le pouvoir, ils commencent par détruire. Ceux-là n'éprouveront pas vis-à-vis de la culture pharaonique le même respect que le roi Farouk. Ils chasseront les étrangers, et le chanoine Drioton ne reverra jamais ses chères antiquités. Voici la fin d'un monde trop critiqué, monsieur Wilder. Celui qui naît sera bien pire. Vous, les Américains, vous repentirez bientôt d'avoir abandonné Farouk.

— Les papyrus de Toutânkhamon ont-ils quitté l'Égypte ?

Antonio Pulli hésita à répondre.

— Lors de sa rencontre avec Carter, Farouk lui a fait une promesse. Parfois, le roi a tenu sa parole.

— Autrement dit, vous connaissez l'endroit où ils sont cachés.

— Justement pas, monsieur Wilder. À cause de la malédiction, j'ai déconseillé à Sa Majesté de s'intéresser de trop près à ces documents. Sans doute a-t-il eu tort de ne pas m'écouter.

— Avez-vous vu les papyrus ?

— Jamais.

— Connaissez-vous leur contenu ?

— La rumeur prétend qu'ils révèlent les secrets de la vie éternelle, prouvent que Pharaon est le modèle dont s'inspira le Christ, fournissent les circonstances exactes de l'Exode et annoncent l'avenir du Proche-Orient pour les siècles à venir. Nos contemporains ne sauraient accepter autant de science et de sagesse. Ils ne veulent que des passions, des croyances et de la politique. Laissez les papyrus de Toutânkhamon là où ils sont. Howard Carter a eu raison de les occulter.

— Et s'ils exerçaient un effet positif sur l'avenir ?

— Mon maître, le roi Farouk, n'en a plus beaucoup. Et je crains d'être moins bien loti.

— Dites-moi toute la vérité, monsieur Pulli.

— Je n'en sais pas davantage.

— Le roi vit peut-être ses dernières heures. Permettez-moi de le voir et de l'interroger.

— En ces heures tragiques, Sa Majesté est surchargée de travail. Je vais néanmoins tenter de vous donner satisfaction, mais n'espérez pas une réponse positive.

— Suppliez-la de me donner les informations qu'elle possède à propos de ces papyrus.

— Pourquoi accepterait-elle ?

— Ne souhaite-t-elle pas prouver sa générosité ?

— Un domestique va vous conduire à votre chambre.

— Quels sont vos projets, monsieur Pulli ?

— Permettre à Sa Majesté de sortir vivante de ce désastre.

— Et vous-même ?

— Les révolutionnaires ne me laisseront pas partir à l'étranger. Aux yeux des Américains, je ne suis plus rien. Et demain, mes meilleurs amis affirmeront qu'ils ne me connaissent pas.

— J'interviendrai auprès de Nasser. Ce n'est pas un homme sanguinaire.

— Ne vous donnez pas cette peine, cher monsieur. Le chef des révolutionnaires doit faire des exemples, comme on dit. Ne suis-je pas le meilleur ?

Bien que le palais de Montazah fût entré dans une sorte de léthargie, le personnel vaquait à ses occupations. Farouk ne continuait-il pas à régner ?

On offrit à Mark un somptueux dîner, et l'un des officiers du service de sécurité lui ordonna de ne pas quitter sa chambre, digne d'un chef d'État.

*

*   *

À 2 heures du matin, on frappa à la porte.

Mark se réveilla en sursaut.

C'était le chauffeur qui l'avait conduit du Caire à Alexandrie.

— Habillez-vous rapidement. On déménage.

— Que se passe-t-il ?

— Des bruits de bottes. Ce palais ne serait plus très sûr.

— Où m'emmenez-vous ?

— Au second palais de Farouk à Alexandrie, Ras el-Tine. Le nouveau Premier ministre et le délégué de l'ambassadeur des États-Unis s'y trouvent déjà. *A priori*, vous y serez en sécurité.

— Le roi est là-bas ?

— Avec sa famille et ses conseillers.

Mark devait obtenir un entretien, même très bref. Il n'avait qu'une seule question à poser au monarque et saurait se montrer suffisamment persuasif pour obtenir une réponse.

Le palais de Montazah entrait en agonie.

On ne savait plus qui donnait les ordres, on ne connaissait plus le nombre de petits déjeuners à préparer, de draps à laver, de services à rendre à une cour royale en décomposition. Il fallait néanmoins sauver les apparences, en espérant que les futurs propriétaires apprécieraient le luxe et le protocole.

— Avez-vous des informations précises ? demanda l'avocat à son chauffeur, roulant à vive allure.

— Au Caire, le ton s'est durci. Certains officiers exigent l'exécution immédiate de Farouk, d'autres veulent d'abord le juger. En tout cas, ça sent mauvais. On annonce des mouvements de troupes en direction d'Alexandrie.

— La CIA ne songe-t-elle pas à évacuer le roi ?

— Hors de question. Ce serait faire injure aux nouveaux maîtres du pays, désireux de régler leurs comptes avec lui. Nous, on ne bouge pas et on observe.

Au palais de Ras el-Tine, l'angoisse était perceptible.

Antonio Pulli distribuait des consignes au personnel et remerciait de fidèles serviteurs de Farouk qui refusaient de quitter les lieux.

— Monsieur Wilder… La sagesse consisterait à partir.

— Le roi accepte-t-il de me recevoir, ne fût-ce qu'une minute ?

— Patientez, je vous prie. Mais je ne vous promets rien.

Mark avait subi tant de déceptions qu'il aurait dû céder au scepticisme. Pourtant, il sentait que cette démarche-là était décisive. Farouk, et lui seul, possédait la clé du mystère. Un mot de lui, une simple confidence, et la voie menant aux papyrus de Toutânkhamon serait ouverte.

Mais ce mot-là serait-il prononcé ?

On s'empressa de lui servir du café et des pâtisseries dans un service en argent massif. La nuit était chaude, l'air délicieux.

À plusieurs reprises, Mark vit Antonio Pulli courir dans tous les sens.

Peu après 7 heures, au matin du 26 juillet 1952, des bruits de moteurs alertèrent la garde du palais.

L'avocat se précipita à la fenêtre.

Une colonne de chars prenait position autour de Ras el-Tine. Nasser avait décidé de lancer l'assaut final.

74

À peine les premiers coups de feu échangés entre la garde du roi et les révolutionnaires, l'ordre du monarque tomba : pas de combat, fermeture des portes du palais et résistance passive. Personne ne pourrait dire qu'il avait fait tuer l'un des soldats de sa propre armée.

Prisonnier, Mark n'avait toujours qu'une idée en tête : parler à Farouk.

L'affolement gagnait Ras el-Tine. À l'évidence, Nasser avait décidé d'écraser sous les obus la résidence du despote. Au milieu des ruines, on retrouverait son cadavre et ceux de ses proches.

Redoutant d'être assassiné par ses derniers fidèles qui se blanchiraient ainsi aux yeux des vainqueurs, Farouk se terrait dans son bureau. Il ne parlait plus qu'à Antonio Pulli auquel il demanda d'appeler l'ambassadeur des États-Unis pour qu'il empêche un massacre et lui garantisse la vie sauve.

Les chars demeurèrent en position, mais ne tirèrent pas.

À 9 heures, le Premier ministre Maher transmit à Farouk une lettre signée du général Naguib. Reprochant au monarque sa mauvaise gestion, ses violations de la Constitution, son mépris de la volonté du peuple, la présence au pouvoir de traîtres et de malhonnêtes réalisant des fortunes scandaleuses, le nouveau commandant en chef de l'armée égyptienne, naguère trompée et bafouée, ordonnait à Sa Majesté d'abdiquer en faveur du prince héritier, son fils Fouad, et de quitter l'Égypte ce jour même, le samedi 26 juillet, avant 18 heures. En cas de rejet de l'ultimatum, Farouk serait seul responsable des conséquences de sa décision.

Voûté, les traits creusés, Pulli s'assit en face de Mark. On leur servit du thé et des pâtisseries orientales.

— Sa Majesté a tenté une ultime manœuvre, révéla-t-il. Il a demandé à des juristes d'étudier la validité du document signé par le général Naguib.

— Résultat ?

— L'ultimatum a force de loi. Le roi est obligé de s'incliner.

— Que demande-t-il en échange ?

— La possibilité de quitter l'Égypte à bord de son yacht le *Mahroussa* avec la totalité de ses biens… et moi-même.

— Réaction de Naguib ?

— D'accord pour le yacht, refus pour le reste. Les biens du roi doivent rester en Égypte… Et moi aussi.

— C'est une condamnation à mort !

— Ne noircissons pas le tableau, monsieur Wilder. Puisque Nasser ne veut pas voir couler le sang, peut-être se contentera-t-il de m'envoyer en prison pendant quelques années[1]. Comme Sa Majesté refusait de partir sans moi, je lui ai conseillé de renoncer à cette exigence. « Je reste, lui ai-je annoncé, et je ne vous suivrai pas. » Mon attitude l'a étonnée et j'ai ressenti sa profonde tristesse. L'un et l'autre, nous avions du mal à retenir nos larmes. Le monde que nous espérions construire sur des bases solides s'écroule devant nos yeux, et nous n'aurons même pas le réconfort de l'amitié. Sa Majesté signera son abdication à 10 h 30.

— Accepte-t-il de me recevoir ?

— Nous en reparlerons plus tard.

Vers midi, Pulli réapparut.

Terrorisé, les mains tremblantes, Farouk s'y était repris à deux fois pour écrire correctement son propre nom. Tout-puissant quelques heures auparavant, il n'avait plus qu'à plier bagage et à quitter définitivement un pays qu'il croyait à jamais soumis.

Âgé de quelques mois, son fils Fouad lui succédait. Cette mascarade n'abusait personne. Nasser écarterait le bambin et le bon général Naguib avant de s'imposer comme le maître absolu de l'Égypte.

Informée par la rumeur, la foule s'amassait devant le palais de Ras el-Tine. À l'intérieur,

1. Pulli ne fut pas exécuté et devint petit commerçant.

c'était l'ébullition. On préparait le départ du roi, avec la certitude qu'il ne reviendrait jamais.

Mark s'impatientait.

Si les termes de l'ultimatum étaient respectés, Farouk quitterait son palais sans lui parler.

Vers 17 h 30, l'ambassadeur des États-Unis, accompagné du Premier ministre Maher, pénétra dans le salon où se tenait Farouk, en uniforme blanc d'amiral de la flotte. Auprès de lui, la famille royale.

Ravi de la tournure pacifique des événements, le général Naguib ne s'était pas opposé à cette démarche diplomatique. L'Amérique saluait le départ de l'ex-chef d'État et l'instauration d'un nouveau pouvoir. Tout se déroulait de manière tranquille, entre gens de qualité qui avaient renoncé à s'entre-tuer.

À la surprise générale, Farouk n'emportait que deux costumes et six chemises. Prenant dans ses bras le petit Fouad âgé de six mois, la reine emprunta une sortie discrète pour se rendre au port.

Des serviteurs transportèrent les malles jusqu'au yacht, pendant que l'on abaissait le drapeau royal surmontant le palais.

Vingt et un coups de canon résonnèrent.

À l'instant où Farouk s'apprêtait à gravir la passerelle, une Jeep s'immobilisa près de lui. En descendit le général Naguib.

Tous ceux qui assistaient à la chute du monarque crurent que le vainqueur modifiait les règles du jeu et que cette journée prenait brusquement une tournure dramatique.

Mais Naguib tenait seulement à évoquer un souvenir personnel, un des épisodes marquants de sa carrière.

— En 1942, Majesté, je vous avais présenté ma démission afin de protester contre l'humiliation que les Anglais vous avaient fait subir. J'étais alors un fidèle sujet de la couronne. Vous avez refusé cette démission, et je suis resté dans l'armée.

— Prenez-en soin, général.

— Rassurez-vous, elle est enfin entre de bonnes mains.

— Vous m'avez plumé pour votre déjeuner, Naguib. Moi, j'allais vous accommoder pour mon souper.

— L'aviation et la marine vous salueront lorsque vous sortirez des eaux territoriales, Majesté. Alors l'Égypte renaîtra.

Farouk grimpa péniblement les marches de l'exil.

Naguib, lui, fut acclamé par une foule en liesse. Il se dirigea vers le palais de Ras el-Tine, désormais propriété des Officiers libres et du peuple égyptien auquel ces résidences remplies de richesses seraient bientôt accessibles.

Seize années de règne étaient effacées.

À l'orée des jardins, Antonio Pulli aborda Mark.

— Tout est fini. Jamais Sa Majesté ne reverra son pays et son peuple.

L'Américain faisait grise mine. Les papyrus de Toutânkhamon demeuraient inaccessibles.

— Farouk n'a pas eu le temps de vous recevoir, monsieur Wilder, et vous le comprendrez aisément. Mais il a écouté votre requête avec attention et m'a ordonné de vous transmettre ce message : « Qu'il étudie le témoignage de Breasted, et il saura. »

75

Le chauffeur de la CIA ramena Mark au Caire.

Des chars stationnaient devant les bâtiments officiels et les ambassades, l'armée gardait les ponts, mais il n'y avait ni émeute ni mouvement de foule. Grâce à la radio, la population savait que Farouk avait abdiqué et quitté l'Égypte. Ni affrontement ni victimes. Les rues étaient de nouveau pleines de badauds, les magasins accueillaient de nombreux acheteurs.

D'après un journal en français, le départ du roi ressemblait à un miracle digne de Lourdes. Le bon général Naguib devenait un héros national, une sorte de saint qui avait chassé l'injustice et la corruption.

Quelques excités abattirent les grilles des jardins de l'Ezbékieh. Désormais les pauvres n'auraient plus à payer une piastre pour pénétrer dans cet espace vert naguère réservé aux riches. On abattrait acacias, palmiers et mûriers afin d'édifier des immeubles où logeraient les défavorisés.

On ne parlait plus de « royauté », mais de « patrie ». Et le Conseil de régence, accordant le pouvoir à un bambin de six mois qui ne résidait même pas en Égypte, serait rapidement remplacé par un pouvoir fort dont seuls quelques privilégiés connaissaient le véritable leader : le fils du facteur, le lieutenant-colonel Nasser. Un officier venait de lui demander d'arrêter la chanteuse Oum Kalsoum, trop proche de Farouk. Réponse cinglante du chef des révolutionnaires : « Je ne t'ai pas ordonné de détruire les pyramides ! »

Pourtant, dans les cafés et autour de la table familiale, on s'interrogeait : la nouvelle Égypte serait-elle un satellite communiste ? Expulserait-on les étrangers ? L'armée imposerait-elle une dictature ?

À l'euphorie née du départ de Farouk succédait l'inquiétude.

Mark oublia ses préoccupations pour étreindre Ateya.

— Je craignais tant de ne pas te revoir, avoua-t-elle. Certains parlaient de combats sanglants, de l'assassinat de Farouk et du nouveau massacre de ses fidèles. Et mon père…

— Ton père ?

— Il est mourant, Mark. Bien qu'il le nie, la détention et la torture lui ont ôté ses dernières forces. Depuis ton départ, il ne se lève plus et refuse toute nourriture.

— As-tu appelé un médecin ?

— Bien sûr, et il ne m'a laissé aucun espoir. L'abbé Pacôme vit ses dernières heures.

— Peut-être vais-je lui offrir un ultime bonheur.

— Les papyrus de Toutânkhamon…

— Farouk m'a donné une indication. Seul ton père en appréciera la valeur.

Quand Mark entra dans la chambre où il reposait, le dernier grand prêtre d'Amon ouvrit les yeux. Il respirait à peine.

— Je t'attendais, Mark. Tu as réussi, n'est-ce pas ?

— Farouk connaissait la vérité à propos des papyrus.

Avant de quitter l'Égypte, il a révélé que le témoignage de Breasted me permettrait de comprendre.

James Henry Breasted, l'archéologue américain qui avait participé, sous la direction de Carter, à la fouille du tombeau de Toutânkhamon.

— Je me souviens de cet homme sévère, murmura l'abbé Pacôme dont le souffle semblait de plus en plus court. Il n'était pas un érudit ordinaire et un égyptologue borné. Au contraire, il admirait la spiritualité de l'ancienne Égypte. Et lorsqu'il travaillait à l'intérieur du tombeau, il entendait la voix des ancêtres sous la forme d'étranges bruissements que l'on attribua à des modifications survenant dans l'air du sépulcre. Breasted éprouvait l'intense sentiment de la mort et de l'usure du temps. « La vie de toutes les merveilles qui m'entourent est limitée, déplorait-il ; dans quelques générations, les objets qui ne sont pas en pierre, en métal ou en céramique disparaîtront. »

Si émouvants fussent-ils, les sentiments de l'archéologue américain ne fournissaient pas la moindre piste.

— Pourquoi Farouk a-t-il parlé d'un témoignage capital de Breasted ? interrogea Mark.

L'abbé Pacôme prit une profonde inspiration.

— Je me souviens... Oui, je me souviens ! Breasted parlait de Toutânkhamon comme d'un souverain généreux régnant à l'époque où Moïse n'était pas encore né, et il s'intéressait aux sceaux et aux inscriptions si difficiles à déchiffrer. Et soudain, il vit l'une des deux grandes statues à la peau noire qui gardaient le tombeau du pharaon cligner de l'œil. Elle vivait et le regardait. Affolé, il eut envie de s'enfuir. Surmontant sa terreur, il osa s'approcher. Alors, Toutânkhamon lui transmit son ultime secret. Ensuite, il fallut donner une explication acceptable. Les sourcils de la statue n'étaient-ils pas composés d'un pigment qui s'était écaillé en répandant un éclat ?

L'abbé Pacôme surmonta sa lassitude. Il devait léguer au fils d'Howard Carter le moindre des souvenirs lui permettant d'aller jusqu'au terme de sa Quête.

— Ces deux personnages de grande taille[1] sont en bois rouge recouvert d'or. Ils incarnaient le *ka* de Toutânkhamon, géant spirituel chargé de transmettre aux générations futures la connaissance des grands mystères. Symboles des « justes de voix », ils étaient honorés par un bouquet d'éternité, évoquant leur perpétuelle floraison, et veillaient sur le passage entre l'antichambre et la chambre de résurrection, seulement accessible à l'être de lumière.

1. 1,92 m (socle compris).

Pacôme se dressa sur ses coudes.

— Le texte trouvé chez l'abbé Chénouda, « Recherche le dieu parfait dont on se glorifie », est inscrit sur l'une des statues, chargée de guider l'âme royale dans l'autre monde.

— Cela signifie...

— Cela signifie que les papyrus de Toutânkhamon sont dissimulés à l'intérieur de l'une des statues, voire des deux.

Ateya serra la main de Mark.

À présent, ils savaient.

— Tu as parcouru un long chemin, rappela Pacôme. Désormais, la vérité est à portée de ta main.

— Vous m'avez tout appris, mon père.

— Ton véritable père était Howard Carter. Moi, je n'ai été que l'intermédiaire entre toi et l'au-delà. À l'heure de quitter cette terre, je n'ai pas le droit de t'imposer ta conduite. Tu sais qui tu es vraiment, Mark. Ce trésor-là vaut tous les autres.

— Si proche du but, m'inciteriez-vous à renoncer ?

— N'as-tu pas découvert le bonheur ? Le temps de risquer ta vie est passé.

— Vous m'avez confié une mission, et je vous ai donné ma parole.

— Je t'en délie, Mark.

— Il n'y a pas de meilleure façon de m'obliger à la tenir. Et je ne vous décevrai pas. Dès demain, je me rendrai au musée du Caire et je convaincrai le conservateur d'extraire les papyrus de ces statues.

— J'aimerais contempler le couchant, demanda l'abbé.

Ateya et Mark l'aidèrent à se lever et à s'asseoir dans un fauteuil. Les rayons d'un soleil orange baignèrent le visage du vieillard.

— Comme ce pays est beau… Tant que l'inondation viendra à son heure, tant que le soleil et la lune se lèveront à leur place, l'espérance d'une vie juste nous animera. Qu'importe la première mort, celle du corps. Il faut éviter la seconde, celle de l'âme, car elle condamne les insensés à l'anéantissement. Je te lègue l'héritage de plusieurs millénaires, Mark. Avec ma fille, formez le couple qui résistera à toutes les destructions. Surtout, n'oublie pas que tu vas rencontrer le Mal et qu'il te proposera d'éteindre la lumière. N'aie pas la vanité de l'affronter, échappe-toi par la fenêtre du ciel. Sinon, les ténèbres t'engloutiront.

Pacôme croisa les bras sur sa poitrine, selon la posture rituelle d'Osiris.

Ateya posa les mains sur la nuque de son père, en signe de protection. Et l'esprit du dernier grand prêtre d'Amon s'envola vers la lumière de l'origine.

— À toi de lui succéder, dit Mark à Ateya.

— J'accomplirai les rites, mais seuls les papyrus de Toutânkhamon assureront la transmission de la sagesse sans laquelle notre monde ne sera qu'un bateau sans gouvernail, en proie à toutes les tempêtes.

— Ils réapparaîtront, je te le promets.

— Promets-moi surtout de revenir, Mark.

— Aie confiance, Ateya.

76

En cette fin d'après-midi, le musée du Caire était fermé. Il n'y avait pas de policiers supplémentaires pour garder ses trésors, car la capitale demeurait d'un calme surprenant. L'abdication de Farouk donnait totale satisfaction au peuple qui espérait des réformes indispensables afin de lutter contre la misère et la pauvreté.

Mark pénétra dans un bureau où sommeillait le responsable de permanence.

— Je dois examiner de toute urgence le trésor de Toutânkhamon. Veuillez avoir l'extrême amabilité de m'y conduire.

— Désolé, c'est impossible.

— Je reviendrai donc avec les militaires, annonça Mark. Ni le général Naguib ni le lieutenant-colonel Nasser, qui m'honore de son amitié, n'apprécieront votre attitude. Sans doute êtes-vous un proche du chanoine Drioton, l'égyptologue de Farouk ?

Le responsable se leva.

— En aucun cas ! Puis-je connaître votre nom ?

— Mark Wilder.

— Un instant, je vous prie.

On apporta du thé, et l'attente débuta

Elle ne dura qu'une dizaine de minutes.

— Suivez-moi, monsieur Wilder, exigea le responsable.

Silencieux et désert, le musée du Caire était inquiétant. Les chefs-d'œuvre emprisonnés, arrachés à leurs sites d'origine, n'émettaient-ils pas des reproches à l'encontre des prédateurs et d'une société de curieux, incapable d'en percevoir le véritable sens ?

L'Américain contempla les deux grandes statues où survivait le *ka* de Toutânkhamon, sa puissance créatrice[1].

Le pied gauche en avant, chaussées de sandales dorées, elles avançaient sans crainte sur les chemins de l'autre monde. Tenant la longue canne, symbole du pouvoir et de l'autorité, elles rythmaient leurs pas en franchissant les portes de l'éternité. Leur perruque incarnait la capacité de la pensée royale à traverser le cosmos, au-delà des limites humaines. Et les inscriptions identifiaient Toutânkhamon à « l'Horus de la double contrée de lumière ». Quant à la massue, « la brillante[2] », elle permettait au monarque d'illuminer les ténèbres.

Un détail intéressait Mark : ces deux statues étaient-elles composées de plusieurs panneaux de bois ? Son examen attentif lui procura une réponse positive. Elles pouvaient donc être

1. Une seule des deux statues mentionne explicitement le *ka*.
2. *Hedj*.

démontées et avaient bien servi de reliquaires abritant l'ultime secret de Toutânkhamon.

— De merveilleux objets, dit la voix douce du Professeur. Pourquoi désiriez-vous les admirer toutes affaires cessantes ?

— L'ignorez-vous vraiment ?

— Venez dans mon bureau, monsieur Wilder. Nous y discuterons à l'abri des oreilles indiscrètes.

La pièce était vaste et meublée en style Louis XV. Une seule fenêtre l'éclairait. Elle donnait sur une rue momentanément interdite à la circulation. La lampe de bureau était allumée.

Sur une table basse, du café, du thé et des pâtisseries.

— Le canapé vous tend les bras, avança le Professeur.

— Je préfère rester debout.

— À votre guise.

Mark s'approcha de la fenêtre entrouverte. En plongeant dans le vide, il risquait de se briser les os.

Pourquoi ne pas terrasser cet homme de taille moyenne qui n'avait rien d'un colosse ? Vêtu de blanc, d'un calme imperturbable, l'érudit ne semblait pas terrifiant.

Mark ne devait-il pas dépasser l'apparence en se remémorant les mises en garde de l'abbé Pacôme ? Il se souvint de la remarque de Dutsy Malone, au terme d'un procès tordu : l'astuce suprême du diable ne consiste-t-elle pas à se faire oublier ?

— Nous vivons des moments dramatiques, rappela le Professeur. Par bonheur, la violence est évitée. Espérons que l'avenir de l'Égypte sera radieux. Quand regagnez-vous New York, cher ami ?

— Pas avant d'avoir retrouvé les papyrus de Toutânkhamon.

Le Professeur eut un léger sourire.

— Toujours cette chimère... Surprenant, chez un homme de votre qualité et de votre importance.

— Le chemin fut long, très long. Et j'aurais pu succomber sous les coups du Salawa.

— Une légende destinée à épouvanter les âmes crédules ! L'Égypte est encore remplie de superstitions.

— Bien entendu, vous saviez que les deux grandes statues noires de Toutânkhamon contiennent des papyrus. Carter, lui aussi, le savait.

— Un joli roman auquel aucun scientifique ne croira, monsieur Wilder. Il est admis, une fois pour toutes, que la tombe de Toutânkhamon n'abritait aucun papyrus.

— Les deux statues, si.

Les coudes posés sur son bureau, le Professeur croisa les doigts.

— À qui raconterez-vous cette fable ?

— Pas aux égyptologues dépendant de vous, mais à la presse qui mènera une enquête et informera le grand public. L'entreprise prendra du temps, il faudra convaincre les nouvelles autorités égyptiennes, mais l'on finira par démonter ces statues, sans les briser, et l'on ramènera au jour les papyrus.

— À supposer que vous ayez raison, qu'espérez-vous ?

— Le monde entier ne se passionnera-t-il pas pour une telle révélation ?

— La science doit rester la propriété des savants, monsieur Wilder. Le grand public ne saurait en apprécier la complexité et la profondeur.

— Le Moyen-Orient, et bien d'autres contrées, n'ont-ils pas envie de connaître la vérité sur l'Exode ? Chaque être humain ne souhaite-t-il pas découvrir le secret de l'immortalité ? Et voici seulement deux des thèmes abordés par les sages qui rédigèrent ces papyrus !

— Comment pouvez-vous en être sûr ?

— Ai-je tort, Professeur ?

L'érudit s'empara d'un stylo dont il ôta le capuchon.

— Admettons que ces documents existent et que leur contenu ne manque pas d'importance. Pourquoi troubler les croyances actuelles en ressuscitant des pensées antiques datant d'une époque révolue ? Le bon sens consiste à ne pas ruiner l'ordre établi et à laisser l'Histoire suivre son cours.

— Ce n'est pas une attitude très scientifique, me semble-t-il.

— Parfois, il convient de ne pas exhumer certaines trouvailles. Les Églises et les divers pouvoirs nous en ont donné maints exemples. Toutânkhamon doit reposer en paix.

— Je n'ai pas l'intention de renoncer, affirma Mark.

— Le fils d'Howard Carter est aussi têtu que son père ! Votre protecteur, l'abbé Pacôme, ne vous a-t-il pas recommandé la prudence ? En oubliant ces papyrus, vous mènerez une existence brillante, aux côtés de votre épouse Ateya. Sacrifier un tel avenir pour s'occuper de si vieux documents, n'est-ce pas une démarche trop aventureuse ?

— Notre devenir ne dépend-il pas des valeurs qu'ont su construire d'authentiques civilisations comme celle de l'Égypte pharaonique ?

— Vous n'avez pas besoin d'argent, vous ne briguez pas un poste universitaire, vous ne souffrez d'aucun vice exploitable… Difficile de vous acheter, monsieur Wilder.

— Impossible.

— Quel but poursuivez-vous réellement ?

— L'avocat vous répondrait volontiers : « la vérité ». Je l'ai toujours aimée et ne supporte pas qu'on tente de l'étouffer.

— La vérité… Notre époque ne s'y intéresse pas. Elle préfère le spectacle et le mensonge.

— J'ai conscience de votre capacité de nuisance, Professeur, et des obstacles auxquels je me heurte. Mais vous comme moi savons que l'échéance est inévitable : tôt ou tard, on sortira les papyrus de leur cachette.

Le Professeur griffonna de curieuses figures sur une feuille de papier glacé.

— Rien ne saurait vous faire changer d'avis, monsieur Wilder ?

— Rien.

Le regard de l'homme au costume blanc se durcit.

À cet instant, l'Américain comprit que son interlocuteur avait décidé de le tuer.

L'atmosphère de la pièce changea, les objets eux-mêmes devinrent hostiles. Le Professeur n'était pas seul. Autour de lui, de multiples forces destructrices qu'il manipulait à sa guise. Et leur efficacité dépassait celle de n'importe quelle arme conventionnelle.

Face à ce démon, le plus courageux des guerriers ne serait pas de taille. Selon la prédiction de l'abbé Pacôme, la seule solution était la fuite. Aussi Mark se rapprocha-t-il de la fenêtre.

— J'ai une solution à vous proposer. En tant qu'avocat, je préfère la conciliation aux confrontations et aux procès. Vous deviendrez l'archéologue qui a découvert l'emplacement des papyrus et acquerrez une célébrité mondiale. Pourvu qu'ils soient publiés et traduits, je m'effacerai volontiers et vous abandonnerai toute la gloire de cet exploit.

Un très long silence salua cette avancée.

— J'apprécie beaucoup cette tentative de négociation, monsieur Wilder. Malheureusement, elle néglige un détail essentiel : je suis le Professeur, et c'est moi qui décide de ce que doivent savoir les humains. Au sujet des papyrus de Toutânkhamon, ma décision est définitive et irrévocable : ils resteront inaccessibles.

— Ôtez-moi d'un doute : avez-vous sorti les papyrus des statues, déchiffré les textes et replacé ce trésor inestimable dans son écrin originel ?

Le Professeur sourit, songeant au dossier contenant le secret de Toutânkhamon toujours fermé par des sceaux de cire rouge que personne ne parviendrait à briser.

— Je suis un professionnel et vous, un amateur.

Les rayons du soleil couchant envahirent le bureau.

Mark Wilder se trouvait tout près de la fenêtre.

— Mes félicitations, cher ami. Vous avez découvert la vérité, mais en pure perte. Seule la communauté scientifique a raison, et son opinion est faite : les papyrus de Toutânkhamon n'existent pas. C'est pourquoi vous vous tairez à jamais. Beau coucher de soleil, n'est-ce pas ? Je préfère la pénombre, il faut éteindre la lumière.

ÉPILOGUE

D'après des amis cairotes qui habitaient près de l'immeuble où avaient logé Ateya et Mark Wilder, la jeune femme quitta son appartement le lendemain de l'enterrement de son père dont la tombe devint un lieu de pèlerinage pour de rares initiés.

Personne ne la revit au Caire.

Mark Wilder ne retourna pas à New York et, malgré tous ses efforts, Dutsy Malone ne parvint pas à retrouver sa trace. En 1955, la police égyptienne lui annonça qu'elle abandonnait les recherches, d'ailleurs jamais entamées.

Pourtant, le gardien de la tombe de Toutânkhamon m'a juré que Mark et Ateya vivaient, sous un faux nom, dans un village reculé où les étrangers n'étaient pas les bienvenus. Ils y menaient une existence heureuse, paisible et secrète.

Le Professeur s'adapta fort bien au régime de Nasser et à ceux qui le suivirent. D'après ce que je crois savoir, les papyrus se trouvent toujours à l'intérieur d'une des deux grandes statues gardiennes, voire des deux. Pourquoi refuser de les exhumer et d'en connaître le message ?

C'est l'ultime secret de Toutânkhamon.

Le Caire, avril 2007.

Achevé d'imprimer
en octobre 2008
par Printer Industria Gráfica
pour le compte de France Loisirs, Paris

Numéro d'éditeur : 53794
Dépôt légal : septembre 2008
Imprimé en Espagne